TGAU
Daearyddiaeth
ar gyfer Manyleb A CBAC

Andy Owen, Jo Pritchard,
Colin Lancaster, Jacqui Owen
& Dirk Sykes

CRAIDD

Cyhoeddwyd dan nawdd Cynllun Addysgu a Dysgu CBAC

TGAU
Daearyddiaeth ar gyfer Manyleb A CBAC: Craidd

Addasiad Cymraeg o *GCSE Geography for WJEC A*

Noddwyd gan Lywodraeth Cynulliad Cymru

Cyhoeddwyd dan nawdd
Cynllun Adnoddau Addysgu a Dysgu CBAC

Cydnabyddiaeth

Darnau o destun a sgrinluniau

t.14 *d* a **t.15** *gch* Cynllun o amddiffynfeydd rhag llifogydd Boscastle, Asiantaeth yr Amgylchedd/NCDC; **t.16** sgrinlun 'Eich cynllun llifogydd', Asiantaeth yr Amgylchedd; **t.18** Sgrinlun o'r Future Flooding Report, t.103, www.foresight.gov.uk/Flood%20and%20Coastal%20Defence/Chapter4a.pdf; **t.22** Sgrinlun o fap llifogydd o wefan Asiantaeth yr Amgylchedd; **t.31** *g* sgrinlun o grifft broga © Coed Cadw; **t.33** Dr Malcolm Ramsay, © Jim Metzner Productions, Inc.; **t.38** Modelau cyfrifiadurol gan y Panel Rhynglywodraethol ar Newid yn yr Hinsawdd (IPCC); **t.44** Beddington Zero Energy Development (BedZed) o *www.eco-schools.org.uk*; **t.53** Sgrinlun yn dangos cylchfaoedd geothermol a llosgfynyddoedd gweithredol yn ne-orllewin Gwlad yr Iâ o *http://gullhver.os.is*; **t.57** ystadegau ymwelwyr Montserrat, 2002–2006 (Cyfundrefn Gwladwriaethau Dwyrain y Caribî (OECS)); **t.59** Gweithgarwch monitro yn Llosgfynydd Bryniau Soufrière gan Montserrat Volcano Observatory; **t.62** *ch* Taflen ar gyfer digwyddiad 'Shake Out' o *www.shakeout.org*; **t.65** Tabl rhybudd o beryglon ar gyfer Montserrat wedi ei ail-lunio o *www.mvo.ms*; **t.67** *i gyd* Sgrinlun o hafan Worldmapper, *www.worldmapper.org*, © 2006 SASI Group (Prifysgol Sheffield) a Mark Newman (Prifysgol Michigan); **t.75** *cd* Cymharu galwedigaethau yn Amwythig a Bishop's Castle o Gyfrifiad *2001*; **t.79** *g* Sgrinlun o wefan Ystadegau Gwladol, *www.statistics.gov.uk/census2001/pyramids/pages/uk.asp*; **t.86–87** *i gyd* Sgrinlun yn dangos mapiau a phyramidiau poblogaeth y byd o *www.population.action.org*; **tt.91, 92** a **93** Dosbarthiad byd-eang ffatrïoedd, labordai a swyddfeydd Nokia; a gwerthiannau a gweithwyr cyflogedig Nokia, 2003–7; **t.95** International Telecommunications Union, sgrinlun o danysgrifwyr ffonau symudol yn Affrica o *www.itu.int*; **t.98** Darn o *World Migration 2005: Costs and Benefits of International Migration* (IMO); **t.99** Ffynhonnell y sgrinlun: Eurostat; **t.100** *bch* Ystadegau lleoliad 200 cwmni mwyaf y byd (Forbes, 2008); **t.104** *b* Map sgrinlun o safleoedd Coca-Cola o http://www.coca-colaindia.com; **t.105** Darn ar Coca-Cola o wefan India Resource Centre; **t.121** *i gyd* Sgrinluniau o fap rhyngweithiol o'r byd © The World Bank, *http://devdata.worldbank.org/atlas-mdg*; **t.124** Darn o wefan yr Adran dros Ddatblygu Rhyngwladol (DFID). Mae erthygl wedi ei diweddaru ar gael yn *http://www.dfid.gov.uk/Global-Issues/Millennium-Development-Goals/2-Achieve-Universal-primary-education*; **t.128** *g* Sgrinlun yn dangos cyfran y boblogaeth sy'n defnyddio gwell dŵr yfed (diogel), © Hawlfraint United Nations Development Programme, *www.mdgmonitor.org*.

Atgynhyrchir deunydd hawlfraint y Goron o dan Drwydded Dosbarth Rhif C02P0000060 â chaniatâd Rheolydd Llyfrfa Ei Mawrhydi.

Atgynhyrchir y map ar **t.12** o fapiau Arolwg Ordnans â chaniatâd Rheolydd Llyfrfa Ei Mawrhydi, © Hawlfraint y Goron. Cedwir pob hawl. Trwydded rhif 100036470.

Ymdrechwyd i sicrhau bod cyfeiriadau gwefannau'n gywir adeg mynd i'r wasg, ond ni ellid dal Hodder Education yn gyfrifol am gynnwys unrhyw wefan a grybwyllir yn y llyfr hwn. Gall fod yn bosibl dod o hyd i dudalen we a adleolwyd trwy deipio cyfeiriad tudalen gartref gwefan yn ffenestr LlAU (*URL*) eich porwr.

Polisi Hachette UK yw defnyddio papurau sydd yn gynhyrchion naturiol, adnewyddadwy ac ailgylchadwy o goed a dyfwyd mewn coedwigoedd cynaliadwy. Disgwylir i'r prosesau torri coed a'u gweithgynhyrchu gydymffurfio â rheoliadau amgylcheddol y wlad y mae'r cynnyrch yn tarddu ohoni.

Archebion: cysylltwch â Bookpoint Cyf, 130 Milton Park, Abingdon, Oxon OX14 4SB. Ffôn: (44) 01235 827720. Ffacs: (44) 01235 400454. Mae llinellau ar agor 9.00–5.00, dydd Llun i ddydd Sadwrn, gyda gwasanaeth ateb negeseuon 24 awr. Ewch i'n gwefan yn www.hoddereducation.co.uk

© Andy Owen, Jo Pritchard, Colin Lancaster, Jacqui Owen a Dirk Sykes 2009 (Yr argraffiad Saesneg)
© CBAC 2010 (Yr argraffiad hwn ar gyfer CBAC)

Cyhoeddwyd am y tro cyntaf yn 2009 gan Hodder Education,
Cwmni Hachette UK,
338 Euston Road,
London NW1 3BH

Rhif argraffiad	5	4	3	2	1
Blwyddyn	2013	2012	2011	2010	

Cedwir pob hawl. Heblaw am ddefnydd a ganiateir o dan gyfraith hawlfraint y DU, ni ellir atgynhyrchu na thrawsyrru unrhyw ran o'r cyhoeddiad hwn mewn unrhyw ffurf na thrwy unrhyw gyfrwng, yn electronig nac yn fecanyddol, gan gynnwys llungopïo a recordio, neu ei chadw mewn unrhyw system storio ac adalw gwybodaeth, heb ganiatâd ysgrifenedig gan y cyhoeddwr neu o dan drwydded yr Asiantaeth Drwyddedu Hawlfraint Cyfyngedig. Mae rhagor o fanylion am drwyddedau o'r fath (ar gyfer atgynhyrchu reprograffig) ar gael gan yr Asiantaeth Drwyddedu Hawlfraint Cyfyngedig, Saffron House, 6–10 Kirby Street, London EC1N 8TS.

Llun y clawr: Crater llosgfynydd, Vanuatu, Oceania © Larry Dale Gordon/zefa/Corbis
Darluniau gan Barking Dog Art, Oxford Designers & Illustrators a DC Graphic Design Cyf
Cysodwyd mewn Trade Gothic 10.5pt gan DC Graphic Design Cyf, Swanley Village, Kent
Argraffwyd yn yr Eidal

Mae cofnod catalog ar gyfer y teitl hwn ar gael gan y Llyfrgell Brydeinig

ISBN: 9781444118414

Cynnwys

Cyflwyniad ... iv
Cydnabyddiaeth ffotograffau ... vi

A Y Byd Ffisegol

Thema 1 – Dŵr ... 1
- Beth yw prosesau afon a pha dirffurfiau y maent yn eu creu? ... 1
- Sut y dylid rheoli afonydd? ... 14

Thema 2 – Newid Hinsawdd ... 23
- Beth yw achosion newid hinsawdd a pha dystiolaeth sydd ar gael? ... 23
- Beth yw'r gwahanol fathau o ddyfodol? ... 32

Thema 3 – Byw mewn Cylchfa Weithredol ... 45
- Pam y mae ymylon platiau yn beryglus? ... 45
- Sut y mae modd lleihau'r risgiau sy'n gysylltiedig â chylchfaoedd folcanig a daeargrynfeydd? ... 58

B Byd Global

Thema 4 – Poblogaethau Newidiol ... 67
- Ble mae pobl yn byw? ... 67
- Beth fydd yn digwydd i boblogaeth y byd? ... 76

Thema 5 – Globaleiddio ... 89
- Beth yw globaleiddio? ... 89
- Beth yw effeithiau globaleiddio ar wledydd sydd ar wahanol lefelau o ddatblygiad? ... 98

Thema 6 – Datblygiad ... 111
- Sut y mae patrymau datblygiad byd-eang yn cael eu hadnabod? ... 111
- Pa gynnydd sy'n cael ei wneud tuag at gyflawni Cyrchnodau Datblygiad y Mileniwm? ... 120

Geirfa ... 133
Mynegai ... 137

Cyflwyniad

Mae TGAU Daearyddiaeth ar gyfer Manyleb A CBAC yn gwrs daearyddiaeth newydd ar gyfer myfyrwyr yng Nghymru a Lloegr. Bydd y pynciau sydd wedi eu dewis yn eich helpu i ddeall y byd rydym yn byw ynddo – byd sy'n prysur newid. Mae'r llyfr hwn yn archwilio materion cyfredol sy'n newid bywydau miliynau o bobl: fel newid hinsawdd, peryglon daeargrynfeydd, llifogydd, pryderon iechyd, globaleiddio a thlodi.

Roeddwn wrth fy modd pan ofynnodd CBAC i mi helpu i strwythuro'r cwrs newydd hwn ac rwyf wedi mwynhau ysgrifennu'r llyfr hwn yn fawr. Rwy'n gobeithio y bydd yn ddefnyddiol ar gyfer eich cwrs ac y bydd yn eich ysbrydoli i gymryd mwy o ddiddordeb mewn astudiaethau daearyddol ehangach.

Andy Owen

Prif nodweddion y llyfr

Mae'r llyfr hwn yn cynnwys nodweddion sydd â'r nod o'ch helpu i gael y gorau o'ch cwrs a'ch paratoi ar gyfer eich arholiadau. Y nodweddion hyn yw:

- Gweithgareddau SGD (*GIS*) sy'n egluro sut y mae technoleg ddigidol yn cael ei defnyddio i storio ac adalw gwybodaeth ddaearyddol.
- Cyngor gan un o'r arholwyr, sy'n dangos sut i gael y marciau gorau wrth ateb cwestiynau arholiad cyffredin.
- Adrannau sy'n gofyn i chi ragweld beth allai ddigwydd i ddaearyddiaeth yn y dyfodol, mewn 20, 50 neu 100 o flynyddoedd.
- Astudiaethau achos o leoedd go iawn i roi enghreifftiau o'r cysyniadau rydych wedi eu hastudio.

Systemau Gwybodaeth Daearyddol (SGD/*GIS*)

Mae System Gwybodaeth Ddaearyddol (SGD) yn ffordd o storio data daearyddol digidol ar gyfrifiadur neu weinydd. Yn y rhan fwyaf o systemau SGD, bydd y defnyddiwr yn gallu rhyngweithio â'r data i greu tabl, graff neu fap pwrpasol. Mae rhai cwmnïau'n gwerthu rhaglenni SGD sy'n eich galluogi i gasglu, storio a phrosesu data ar system gyfrifiadurol eich ysgol. Fodd bynnag, nid pob ysgol sydd â'r rhaglenni hyn, felly mae'r paneli SGD yn y llyfr hwn yn rhoi cyfeiriadau ambell i wefan SGD ddefnyddiol sydd ar gael yn ddi-dâl ar y rhyngrwyd. Ar y gwefannau hyn gallwch weld a phrosesu'r data a gasglwyd, ond ni allwch ychwanegu eich data eich hun yn y rhan fwyaf o achosion.

Mae'r gallu i gynllunio a chynnal ymholiad (neu ymchwiliad) daearyddol yn rhan hanfodol o'ch cwrs TGAU. Gallwch ddefnyddio'r gwefannau SGD hyn i ddod o hyd i ddata daearyddol a allai fod o gymorth i chi yn eich ymholiadau daearyddol eich hun.

Cyngor Arholwr

Diben y paneli Cyngor Arholwr yw eich helpu i baratoi ar gyfer cwestiynau safonol sy'n cael eu gofyn yn yr arholiadau. Maent wedi eu hysgrifennu gan Dirk Sykes, prif arholwr CBAC, sy'n gyfrifol am osod cwestiynau ac arwain tîm o arholwyr sy'n marcio'r arholiadau.

Cynnwys y paneli Cyngor Arholwr	Tudalen
Deall mapiau Arolwg Ordnans (AO)	13
Disgrifio graffiau	29
Deall geiriau gorchymyn: cymharwch ac anodwch	78
Gwella eich ysgrifennu estynedig	103
Deall geiriau gorchymyn: eglurwch	123

Daearyddiaeth i'r Dyfodol

Datblygiad cyffrous diweddar ym maes addysg ddaearyddol yw'r syniad y dylem allu defnyddio ein dealltwriaeth o brosesau a phatrymau daearyddol i ragweld beth allai ddigwydd yn y dyfodol. Dyma ran bwysig iawn o'ch cwrs, ac oherwydd hynny mae llawer o dudalennau'r llyfr hwn yn trafod 'Daearyddiaeth i'r Dyfodol'. Mae cynllunio ar gyfer y dyfodol yn gwneud synnwyr, felly mae tudalennau Daearyddiaeth i'r Dyfodol yn ymdrin â materion fel:

- Sut y bydd newid hinsawdd yn effeithio ar ein bywydau?
- A yw tywydd eithafol yn dod yn fwy cyffredin a sut y gallwn amddiffyn ein hunain orau yn erbyn llifogydd afonydd a llifogydd arfordirol yn y dyfodol?
- Sut a pham y mae poblogaethau gwledydd yn newid a sut y gallwn lwyddo i fynd i'r afael â chlefydau fel malaria?

Astudiaethau achos

Enghraifft fanwl o gysyniad neu fater daearyddol yw astudiaeth achos. Bydd angen i chi ddysgu ambell i astudiaeth achos er mwyn dangos i'r arholwr eich bod yn gwybod am leoedd go iawn. Bydd angen i chi wybod:

- Enw'r lle a lleoliad eich astudiaeth achos yn y byd.
- Enghraifft dda o beth yw'r astudiaeth achos.
- Ychydig o ffeithiau neu ffigurau syml am yr astudiaeth achos.

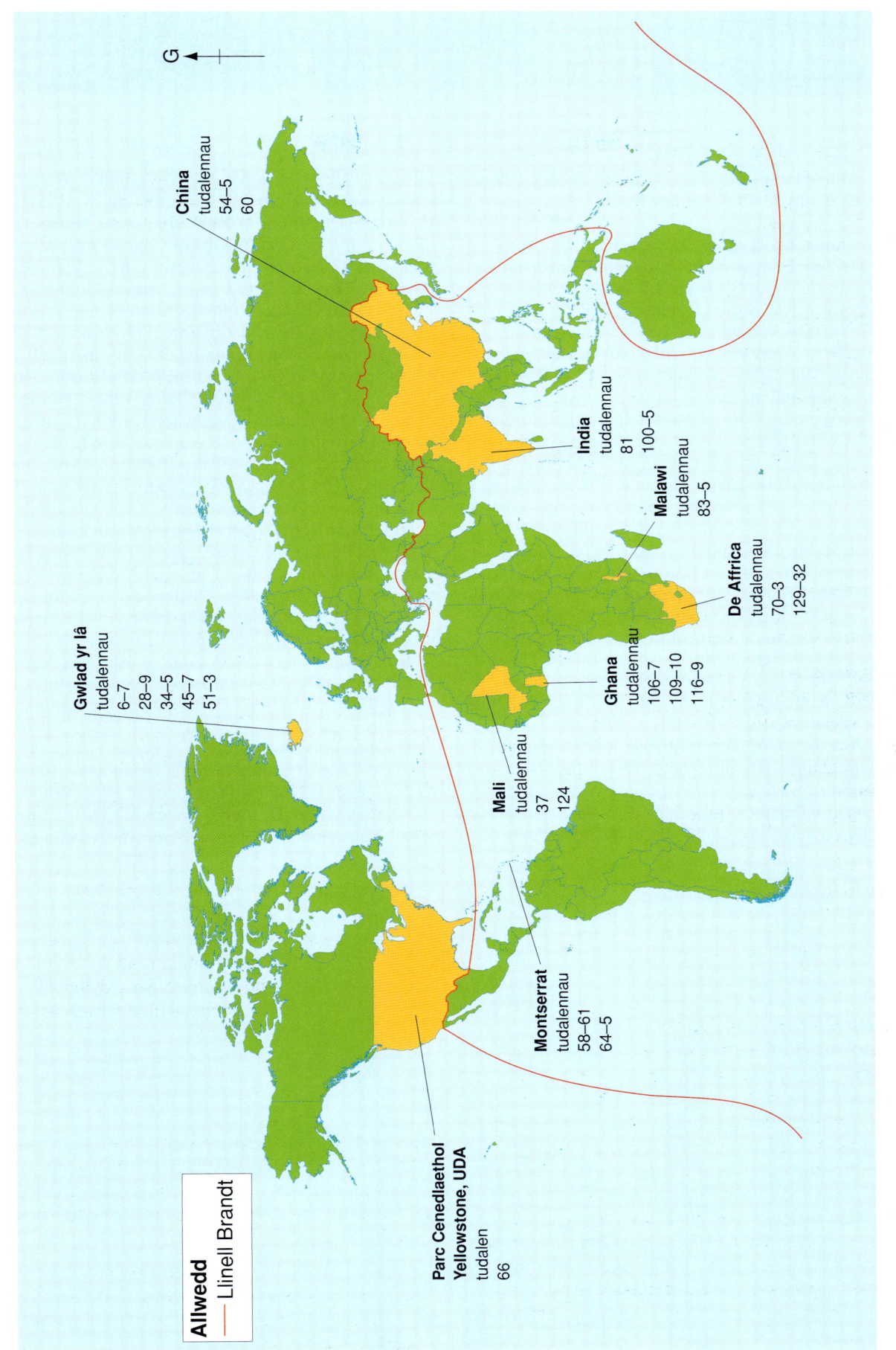

Ffigur 1 Lleoliad yr astudiaethau achos [y tu allan i'r DU] sydd yn y llyfr hwn

Cydnabyddiaeth ffotograffau

Dymuna'r cyhoeddwyr ddiolch i'r canlynol am roi caniatâd i atgynhyrchu deunyddiau o dan hawlfraint:

t.1 © Andy Owen; **t.2** © Andy Owen; **t.3** *i gyd* © Andy Owen; **t.4** © Colin Lancaster; **t.5** *b* © Colin Lancaster, *g* © Andy Owen; **t.6** © Andy Owen; **t.7** © Andy Owen; **t.8** © PA Photos; **t.9** © Simon Robinson, 2004; **t.13** © Patryk Galka/iStockphoto.com; **t.14** © Andy Owen; **t.15** © *bch a bd* © Andy Owen; **t.17** © Steve Sant/Alamy; **t.18** *b* © Oliver Malms/iStockphoto.com; **t.19** © PA Photos/AP/Debra Gulbas; **t.20** © Oliver Malms/iStockphoto.com; **t.23** © Rex Features/James D. Morgan; **t.26** © Nick Cobbing/Alamy; **t.28** © Icelandic Photo Agency/Alamy; **t.29** © Patryk Galka/iStockphoto.com; **t.30** *bd* © Nature Picture Library/Mats Forsberg; **t.31** *bch a bdd* © Coed Cadw; **t.32** *ch* © Skyscan/Corbis, *b* © Rex Features/Sipa Press, *gd* © Corbis/Arko Data/Reuters; **t.34** *bch* © Oliver Malms/iStockphoto.com; **t.34** *bd* © Getty Images/photographer's choice; **t.36** © Oliver Malms/iStockphoto.com; **t.37** © Getty Images/Daniel Pepper; **t.38** © Oliver Malms/iStockphoto.com; **t.39** © Eduardo Abad/epa/Corbis; **t.40** © Oliver Malms/iStockphoto.com; **t.44** © Raf Makda/View Pictures/Rex Features; **t.45** © David Lyon/Alamy; **t.47** © Andy Owen; **t.49** © imagebroker/Alamy; **t.50** © R. Stewart ac E. Joseph, hawlfraint © 2008 Montserrat Volcano Observatory **t.51** © Throstur Thordarson/Nordic photos/Photolibrary; **t.52** © Magnus T. Gudmundsson, University of Iceland; **t.53** © Sigurjón Sindrason; **t.54** *i gyd* © LIU JIN/AFP/Getty Images; **t.55** © Sipa Press/Rex Features; **t.56** © Paul A. Souders/Corbis; **t.58** Atgynhyrchwyd â chaniatâd y British Geological Survey © NERC. Cedwir pob hawl; **t.60** © Wang Xiwei/ChinaFotoPress/Getty Images; **t.63** *i gyd* © R. Stewart ac E. Joseph, hawlfraint © 2009 Montserrat Volcano Observatory; **t.66** *bch* © Oliver Malms/iStockphoto.com; **t.66** *gd* © C. Barry – Fotolia.com; **t. 68** © Stan Gamester/Alamy; **t.74** *ch* © Getty Images/Maeers/Hulton, *d* Still Pictures/Paul Glendell; **t.85** © Panos Pictures/Alfredo Caliz; **t.88** © Oliver Malms/iStockphoto.com; **t.89** *bch* © Still Pictures/Ron Giling, *bd* © Getty Images/Raveendran/AFP, *gch* © PETER PARKS/AFP/Getty Images, *gd* © Corbis/Strauss/Curtis; **t.90** © Nokia 2009, **t.92** © Corbis/Andreas Gebert/DPA; **t.93** © Corbis/Claro Cortes IV/Reuters; **t.97** © PA Photos/Kirsty Wigglesworth; **t.100** © Stuart Freedman/Panos Pictures; **t.101** © Rex Features; **t.103** © Patryk Galka/iStockphoto.com; **t.104** © Getty Images/Raveendran/AFP; **t.106** © Corbis/Flip Schulke; **t.107** *ch* © Christian Aid/Austin Hargreaves, *d* © Corbis/Reinhard Krause/Reuters, *gd* © Panos Pictures/Karen Robinson; **t.109** © Christian Aid/Penny Tweedie; **t.110** *ch* © Atgynhyrchwyd â chaniatâd caredig Oxfam, *d* © Greg Williams/Oxfam; **t.111** *l* © Panos Pictures/Christien Jaspars, *d* © *Thin Black Lines* (1988), t24; **t.113** © *Thin Black Lines* (1988); **t.117** © Panos Pictures/Karen Robinson; **t.118** © Still Pictures/Jorgen Schytte; **t.122** *i gyd* © United Nations Development Programme; **t.123** *b* © Panos Pictures/Giacomo Pirozzi; **t.123** *g* © Patryk Galka/iStockphoto.com; **t.124** © Panos Pictures/Crispin Hughes; **t.126** © United Nations Development Programme; **t.128** © United Nations Development Programme; **t.130** © Transformation Resource Centre; **t.132** *b* © International Water Management, *g* © PlayPumps International.

A Y Byd Ffisegol
Thema 1 Dŵr

Beth yw prosesau afon a pha dirffurfiau y maent yn eu creu?

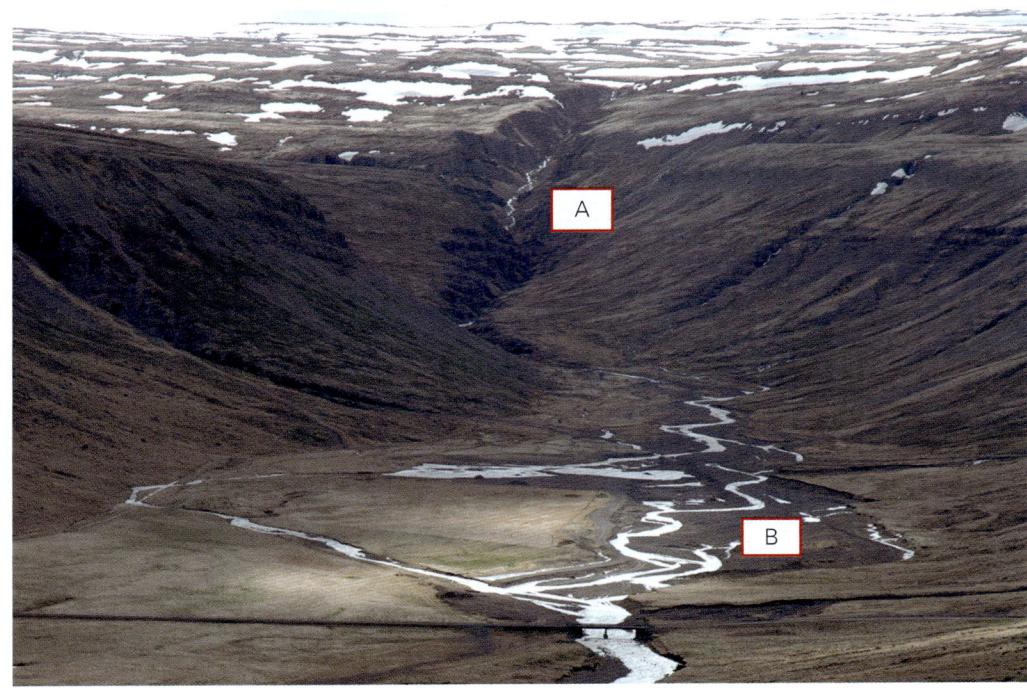

Ffigur 1 Pa brosesau tirffurf a greodd y dirwedd hon?

Gweithgaredd

1 Gweithiwch mewn parau. Trafodwch y dirwedd yn Ffigur 1 cyn ateb y cwestiynau canlynol.
   a) Disgrifiwch sut y mae'r afon a'i dyffryn yn newid wrth iddi lifo tuag atoch. Defnyddiwch y tabl canlynol i gymharu'r afon a'i dyffryn yn A a B.

	Afon yn A	Afon yn B
Graddiant y sianel (pa mor serth yw'r afon)		
Lled llawr y dyffryn		
Siâp sianel yr afon (uwcholwg)		
Geiriau sy'n disgrifio'r tirffurfiau y gallwch eu gweld		
Y prosesau a all ddigwydd yn y darn hwn o'r afon		

   b) Ym mha ffyrdd y gall hinsawdd effeithio ar sut y mae tirwedd yn datblygu? Meddyliwch yn arbennig am yr uwchdir ar hyd top y ffotograff. Defnyddiwch dystiolaeth o'r rhan hon o'r ffotograff i egluro sut y gall yr hinsawdd effeithio ar yr afon a'r llystyfiant.

2 Tynnwyd y ffotograff hwn 65° i'r Gogledd ac mae'r mynyddoedd 600 metr uwchlaw lefel y môr. Tynnwyd y ffotograff ym mis Mai.
   a) Awgrymwch sut y byddai'r dirwedd yn wahanol yn y gaeaf.
   b) Awgrymwch sut y gallai'r lleoliad hwn effeithio ar brosesau'r afon drwy gydol y flwyddyn.

Thema 1: Dŵr

Prosesau afon

Ffigur 2 Mae sawl proses afon i'w gweld yn yr afon hon yng Ngwlad yr Iâ

Unwaith y mae dŵr yn dechrau llifo dros arwyneb y tir, mae disgyrchiant yn rhoi grym i'r dŵr erydu'r dirwedd. Mae egni disgyrchol y dŵr sy'n llifo yn galluogi'r afon i **gludo** ei **llwyth** o glogfeini, graean, tywod a silt i lawr yr afon. Lle y mae lefelau egni yn uchel, **erydiad** yw prif broses yr afon. Ar adegau eraill o'r flwyddyn, neu mewn darnau eraill o'r afon lle y mae lefelau egni yn is, **dyddodiad** yw'r brif broses.

Felly, mae erydiad yn digwydd pan fydd gan yr afon ddigon o egni, er enghraifft, pan fydd yr afon yn llifo'n gyflym neu pan fydd yr afon yn llawn dŵr ar ôl glaw trwm. Mae afonydd sy'n llifo ar hyd llethrau graddol (fel ym mhwynt B yn Ffigur 1 neu yn yr afon yn Ffigur 2) yn tueddu i lifo gyda'r grym mwyaf ar ochr allanol pob tro (neu **ystum afon**). Caiff y dŵr ei daflu i'r ochr i gyfeiriad glan yr afon, gan erydu glan yr afon trwy weithred hydrolig a sgrafelliad (cyrathiad). Yn raddol, bydd y lan yn cael ei thandorri, a bydd y gordo pridd yn cylchlithro i sianel yr afon lle y gall y llwyth newydd hwn o ddefnyddiau gael ei gludo i lawr yr afon gan lif y dŵr.

Y broses gludo	Maint neu fath o waddod	Amodau llif nodweddiadol	Disgrifiad o'r broses
Hydoddiant	Mwynau hydawdd fel calsiwm carbonad	Unrhyw rai	Mae mwynau yn y pridd neu'r creigiau yn hydoddi ac yn cael eu cario gyda'r llif
Daliant	Gronynnau bach e.e. clai a silt	Mae daliant yn digwydd ym mhob afon heblaw'r rhai sy'n llifo'n fwyaf araf	Mae gronynnau bach yn cael eu cario am bellter mawr yn llif y dŵr
Neidiant	Tywod a graean bach	Afonydd mwy egnïol sy'n llifo'n gynt	Mae'r gwaddod yn sboncio a sgipio i lawr yr afon
Tyniant (rholiant)	Graean mwy, coblau a chlogfeini	Dim ond mewn sianeli afon egnïol iawn neu ar adeg llifogydd	Mae llwyth y gwely'n rholio ymlaen ar hyd gwely'r afon

Ffigur 3 Cludo gwaddod

Thema 1: Dŵr

Prosesau erydu

Gweithred hydrolig – mae dŵr yn taro i fylchau yn y pridd a'r graig, gan gywasgu'r aer a gwthio'r gronynnau ar wahân

Sgrafelliad (cyrathiad) – mae'r dŵr yn codi creigiau o'r gwely ac maent yn taro yn erbyn glannau'r afon

Athreuliad – mae creigiau sy'n cael eu cludo yn yr afon yn taro yn erbyn ei gilydd, felly maent yn treulio yn ronynnau llai a mwy crwn

Cyrydiad – mae mwynau fel calsiwm carbonad (y prif ddefnydd mewn creigiau sialc a chalchfaen) yn hydoddi yn nŵr yr afon

Ffigur 4 Pedair proses erydu sianel afon

Mae dyddodiad yn digwydd pan fydd yr afon yn colli ei hegni. Er enghraifft, pan fydd afon yn llifo i mewn i lyn ac mae'r dŵr llonydd yn arafu'r llif. Mae dyddodiad yn digwydd hefyd mewn darnau bas iawn o sianel yr afon lle y mae'r ffrithiant rhwng gwely'r afon a'r dŵr yn achosi i'r afon golli ei hegni a dyddodi ei llwyth. Mae'r broses ddyddodi'n ffurfio haenau o dywod a graean sydd yn aml yn cael eu didoli yn ôl maint y gwaddod, gan mai'r gwaddod mwyaf bras sy'n cael ei ddyddodi gyntaf.

Gweithgaredd

1. Astudiwch Ffigur 2. Defnyddiwch dystiolaeth o'r ffotograff i awgrymu pa brosesau afon sy'n digwydd yn A, B ac C.

2. Gwnewch bedwar o ddiagramau neu gartwnau i ddangos sut y mae afon yn cludo defnydd mewn gwahanol ffyrdd.

3. Astudiwch Ffigur 5 ac eglurwch sut y mae'r prosesau erydu, cludo a dyddodi wedi ffurfio'r tirffurf hwn.

4. Astudiwch Ffigurau 1, 2 a 5. Defnyddiwch dystiolaeth o'r ffotograffau i egluro'r gwahaniaeth rhwng sgrafelliad (cyrathiad), gweithred hydrolig ac athreuliad.

Ffigur 5 Mae sianel yr afon hon wedi ymrannu yn nifer o allafonydd llai wrth iddi lifo i gorff llawer mwy o ddŵr

Thema 1: Dŵr

Ymchwilio i brosesau afon a thirffurfiau

Mae'r afon yn A yn Ffigur 1 a'r afon yn Ffigur 6 yn dangos nodweddion cyffredin afon sy'n llifo dros lethrau mwy serth. Mae'r afonydd hyn yn erydu'n fertigol, yn fwy nag ar draws. Wrth i'r afon erydu tuag i lawr mae'n torri i mewn i'w sianel gan greu dyffryn cul gydag ochrau serth ar ffurf V. Efallai y bydd creigiau gwely'r afon yn dangos olion o sgrafelliad (cyrathiad) ar ffurf **ceubyllau** (neu dyllau sgwrio) wedi'u torri'n llyfn.

Mae gan afonydd sy'n llifo dros lethrau serth ddigon o egni i erydu a chludo llawer iawn o ddefnyddiau. Mae'r llwyth ar wely'r afon yn y fan hon yn fawr ac yn onglog. Wrth i afon lifo i lawr mae'r broses athreuliad yn lleihau maint cyffredinol y llwyth yn raddol.

Ffigur 6 Mae Ashes Valley, Swydd Amwythig yn enghraifft nodweddiadol o **ddyffryn ar ffurf V**. Yr Ymddiriedolaeth Genedlaethol yw perchennog y dyffryn ac mae'n annog myfyrwyr i ymweld â'r safle. Mae cynifer â 40,000 o fyfyrwyr daearyddiaeth yn ymweld bob blwyddyn

Bydd afonydd sy'n llifo dros lethrau graddol yn tueddu i siglo o'r naill ochr i'r llall. Mae'r dŵr yn llifo'n gynt ar ochr allanol pob ystum afon. Mae hyn yn erydu'r glannau yn hytrach na gwely'r afon, proses a elwir yn **erydiad ochrol**. Yn y cyfamser, mae'r dŵr sy'n llifo'n araf ar ochr fewnol pob ystum afon yn colli egni ac yn dyddodi ei lwyth. Mae'r defnyddiau'n cael eu didoli, gyda'r graean mawr yn cael ei ddyddodi gyntaf, yna'r tywod, ac yn olaf y silt.

Mae afonydd sy'n dolennu, e.e. Afon Hafren yn Ffigur 8, yn tueddu i lifo ar draws **gorlifdir** llydan. Mae'r nodwedd hon wedi'i chreu dros filoedd o flynyddoedd trwy brosesau erydu ochrol a dyddodi.

Ffigur 7 Maint gwaddod (cm) o ddau safle yn Ashes Valley, Swydd Amwythig

| Safle 1 I fyny'r afon ||| Safle 2 I lawr yr afon |||
Glan chwith	Canol	Glan dde	Glan chwith	Canol	Glan dde
16.1	22.0	10.1	7.8	11.1	2.4
10.4	10.5	10.4	7.6	2.1	6.1
22.0	9.0	3.0	3.6	7.0	1.8
6.5	3.6	1.5	1.5	1.3	10.6
12.0	7.9	6.4	1.4	2.7	6.0
7.4	2.1	6.0	2.2	5.1	2.0
7.4	3.5	1.6	9.0	1.1	6.7
6.5	8.9	3.8	0.9	1.3	2.1
11.0	8.4	5.4	4.3	2.0	4.7

Gweithgaredd

1. Astudiwch Ffigur 6. Eglurwch sut y ffurfiwyd pob un o'r nodweddion canlynol:
   a) ochrau dyffryn ar ffurf V
   b) clogfeini onglog mawr yng ngwely'r nant
   c) sbardunau pleth.

2. Mae myfyriwr wedi casglu data gwaddod o ddau safle yn Ashes Valley a'u rhoi mewn tabl (Ffigur 7).
   a) Lluniwch graff i gymharu maint y gwaddod ar y ddau safle.
   b) Disgrifiwch sut y mae maint y gwaddod yn newid:
      i) ar draws lled yr afon
      ii) wrth i'r afon lifo i lawr y dyffryn.
   c) Eglurwch y prosesau sy'n achosi newid ym maint y gwaddod.

3. Astudiwch Ffigurau 8 a 9. Disgrifiwch bob un o'r nodweddion canlynol ac eglurwch sut y cafodd ei ffurfio:
   a) bar-bwynt (*point bar*)
   b) gorlifdir.

4. a) Defnyddiwch yr wybodaeth yn Ffigurau 10 ac 11 i lunio trawstoriad o Afon Onny.
   b) Disgrifiwch ac eglurwch siâp y sianel hon.

Thema 1: Dŵr

Ffigur 8 Nodweddion ystumiau afon a gorlifdir Afon Hafren yn Ironbridge

Ffigur 9 Y prosesau sydd ar waith ar ystum afon

Ffigur 10 Casglu data er mwyn llunio trawstoriad o sianel afon, Afon Onny, Swydd Amwythig

Lled ar draws yr afon (m)	0	0.5	1.0	1.5	2.0	2.5	3.0	3.5	4.0	4.5	5.0	5.5	6.0	6.5	7.0
Dyfnder i'r gwely o'r lein (cm)	20	115	112	102	87	82	78	80	72	68	60	55	48	42	36

Ffigur 11 Mesuriadau dyfnder a gymerwyd gan fyfyrwyr yn Afon Onny. Roedd dyfnder y dŵr yn mesur 22 cm ar bellter o 4 m ar draws y nant

Thema 1: Dŵr

Gwlad yr Iâ

Ymchwilio i dirffurfiau afonydd: rhaeadrau a cheunentydd

Mae nifer mawr o raeadrau yng Ngwlad yr Iâ gan gynnwys Gullfoss a Dettifoss, sef rhaeadrau mwyaf Ewrop. Yn yr astudiaeth achos hon byddwn yn ymchwilio i rai o'r gwahanol ffyrdd o greu rhaeadrau.

Ffigur 12 Rhaeadr Gullfoss. Gallwn weld gris uchaf y rhaeadr yn glir yn rhan uchaf y ffotograff. Mae rhan uchaf yr ail ris ar waelod y ffotograff.

Ffigur 13 Nodweddion a phrosesau sy'n creu'r rhaeadr yn Gullfoss

Gweithgaredd

1. a) Astudiwch Ffigur 13 am un funud ac yna cuddiwch y diagram.
   b) Gwnewch eich diagram eich hun i ddangos sut y ffurfiwyd rhaeadr Gullfoss.
   c) Labelwch eich diagram i ddangos sut y cafodd ei ffurfio.
   ch) Gwiriwch eich gwaith.

Mae rhaeadr Gullfoss yng nghanolbarth de Gwlad yr Iâ, 100 km i'r dwyrain o'r brifddinas Reykjavík. Dyma lle y mae Afon Hvitá yn cwympo 31 m dros ddau ris fertigol. Islaw'r rhaeadr mae yna ddyffryn cul gydag ochrau sydd bron yn fertigol. **Ceunant** yw'r enw ar y nodwedd hon. Ffurfiwyd Gullfoss a'i cheunant gan brosesau erydiad afon. Mae'r dirwedd yn cynnwys haenau o lafa a chreigiau gwaddod bob yn ail. Mae'r lafa yn dda iawn am wrthsefyll erydiad, ond mae'r creigiau gwaddod yn erydu'n haws. Wrth i'r afon blymio dros yr haen denau gyntaf o lafa mae'n arllwys ar ben y graig fwy meddal islaw. Mae cyfuniad o weithred hydrolig a sgrafelliad (cyrathiad) yn erydu'r graig hon yn weddol hawdd gan greu plymbwll. Mae sgrafelliad yng nghefn y plymbwll yn tandorri'r haenau o greigiau folcanig. Yn y pen draw, bydd y gordo yn torri a bydd y creigiau'n syrthio i'r plymbwll lle y byddant yn cael eu chwalu trwy athreuliad. Felly mae pob gris yn cael ei dorri'n ôl yn raddol ac mae'r rhaeadr yn encilio ar hyd cwrs yr afon. Y broses encilio sydd wedi creu'r ceunant.

Thema 1: Dŵr

Sut arall y mae rhaeadrau'n ymffurfio?

Mae llawer o raeadrau yng Ngwlad yr Iâ (ac mewn rhannau eraill o ogledd Ewrop, gan gynnwys y DU) yn cael eu ffurfio oherwydd prosesau tirffurf a ddigwyddodd ar ddiwedd yr oes iâ tua 10,000 o flynyddoedd yn ôl. Yn ystod yr oes iâ, roedd llawer o ganolbarth Gwlad yr Iâ wedi ei orchuddio gan lenni o iâ. Roedd rhewlifau dyffryn yn llifo o'r llenni iâ hyn tuag at y môr. Cerfiodd y rhewlifau ddyffrynnoedd dwfn gydag ochrau serth (**dyffrynnoedd ar ffurf U**) yn y dirwedd. Mae Ffigur 14 yn dangos sut y gwnaeth y dirwedd rewlifol hon greu'r rhaeadrau rydym yn eu gweld heddiw.

Ffigur 15 Llinell amser yn egluro effaith yr oes iâ ar lefelau'r môr o amgylch Gwlad yr Iâ

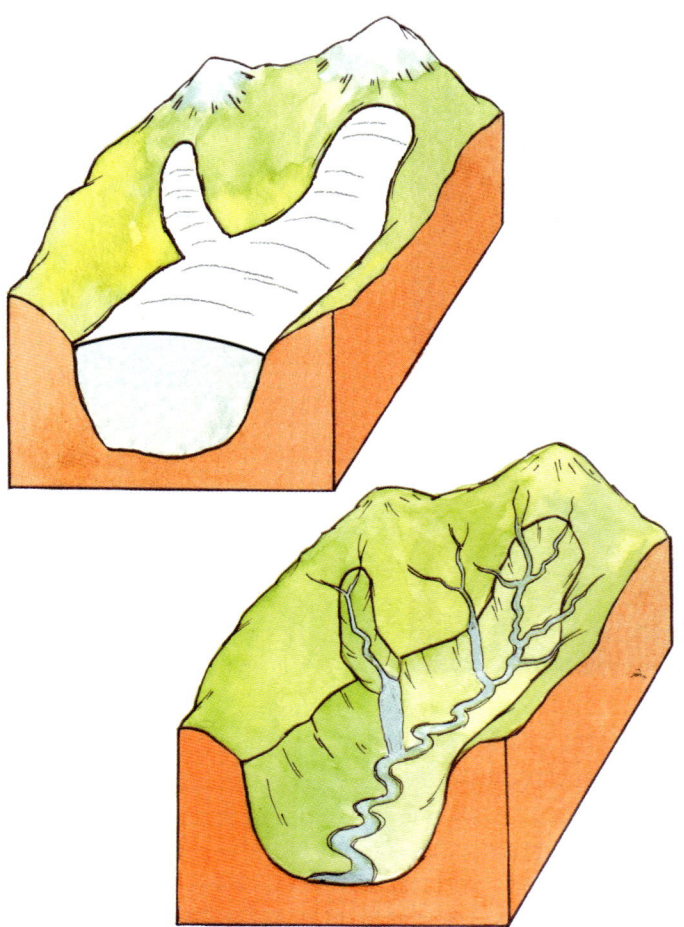

Ffigur 14 Tirwedd rewlifol a'r dirwedd heddiw

Ffigur 16 Rhaeadr Seljalandsfoss, de Gwlad yr Iâ, yn plymio dros gyforglogwyn (*raised sea cliff*)

Gweithgaredd

2 Astudiwch y pâr o ddiagramau yn Ffigur 14. Defnyddiwch gynifer o dermau daearyddol ag y gallwch i egluro sut y ffurfiwyd tirwedd heddiw.

3 Defnyddiwch Ffigur 15 i lunio cyfres o ddiagramau neu gartwnau syml i ddangos sut y mae uchder lefel y môr wedi newid. Defnyddiwch y diagramau hyn i egluro pam y mae cynifer o raeadrau yn ne Gwlad yr Iâ.

Thema 1: Dŵr

Pam y gwnaeth yr afon hon orlifo?

Sut y gallwn reoli'r afon yn y dyfodol?

Ffigur 17 Y llifogydd yn Boscastle, Cernyw ym mis Awst 2004

Gweithgaredd

1 Dychmygwch eich bod wedi cael eich achub o ben to yn Boscastle. Defnyddiwch Ffigur 17 i ddisgrifio'r hyn y gallech ei weld a sut y byddech yn teimlo yn ystod y llifogydd.

2 Eglurwch pam y mae afon sy'n gorlifo yn gallu:
   a) achosi mwy o erydu nag arfer
   b) dyddodi llawer iawn o waddodion.

Sut y mae prosesau afon a thirffurfiau yn effeithio ar fywydau pobl?

Mae Afon Valency yn afon fer sy'n llifo trwy ddyffryn siâp-V serth i'r môr yn Boscastle, Cernyw. Fel arfer, mae'r bryniau sy'n ffurfio dalgylch Afon Valency yn cael 100–120 mm o lawiad yn ystod mis Awst. Ond ar brynhawn 16 Awst 2004, tarodd storm law anarferol y bryniau uwchben Boscastle. Mewn pedair awr yn unig cwympodd 200 mm o law gan achosi i'r afon orlifo ei glannau. Gorlifodd yr afon i faes parcio'r dref a chario 80 o geir allan i'r môr. Cwympodd pum adeilad ac achoswyd difrod i 37 arall oherwydd grym y dŵr a oedd yn rhuthro'n wyllt drwy'r dref. Diolch byth, ni chafodd neb ei ladd yn ystod y llifogydd hyn. Cyrhaeddodd hofrenyddion brys yn gyflym ac achub pobl o doeon adeiladau a oedd yng nghanol y llifogydd.

Yn ystod llifogydd 2004 amcangyfrifir bod yr un faint o ddŵr yn Afon Valency ag sydd yn Afon Tafwys wrth iddi lifo heibio i'r Senedd yn Llundain. Mae pob litr o ddŵr yn pwyso un cilogram, felly gallwch ddychmygu faint o rym oedd gan yr afon ar gyfer gweithredu hydrolig. Mae afonydd sydd wedi gorlifo yn gallu cludo llwythi llawer mwy hefyd. Yn ystod y llifogydd hyn roedd gan Afon Valency ddigon o egni i godi a chario clogfeini mawr. O ganlyniad, cafodd y gwely a'r glannau eu sgrafellu. Wrth i ddŵr llifogydd adael y sianel a llifo dros y gorlifdir mae'n colli egni ac mae llawer iawn o waddodion yn cael eu dyddodi.

Thema 1: Dŵr

Symudiad dŵr trwy ddalgylch afon

Er mwyn deall llifogydd tebyg i'r rhai yn Boscastle rhaid i ni ddeall sut y mae dalgylch afon yn gweithio. Ychydig iawn o ddyodiad (*precipitation*) sy'n cwympo'n syth i afonydd. Mae'r rhan fwyaf yn cwympo ar ochrau bryniau, caeau a choedwigoedd ac yn cymryd amser i gyrraedd afon. Gall dyodiad sy'n cwympo yn y dalgylch afon yn Ffigur 18 ddilyn un llwybr o blith nifer o rai gwahanol cyn mynd i'r afon.

Wrth gyrraedd y ddaear, bydd dŵr wyneb naill ai'n llifo dros yr arwyneb fel **llif trostir** neu bydd yn **ymdreiddio** i'r storfa bridd. Unwaith y mae yn y pridd, mae dŵr yn llifo'n araf tuag i lawr y llethr fel **trwylif**. O dipyn i beth mae dŵr pridd yn **trylifo** yn ddyfnach i'r ddaear ac yn cyrraedd y creigwely lle y mae'n parhau i deithio fel **llif dŵr daear**. Bydd cyfraddau ymdreiddio, trwylif a llif dŵr daear yn dibynnu ar y math o bridd a chraig.

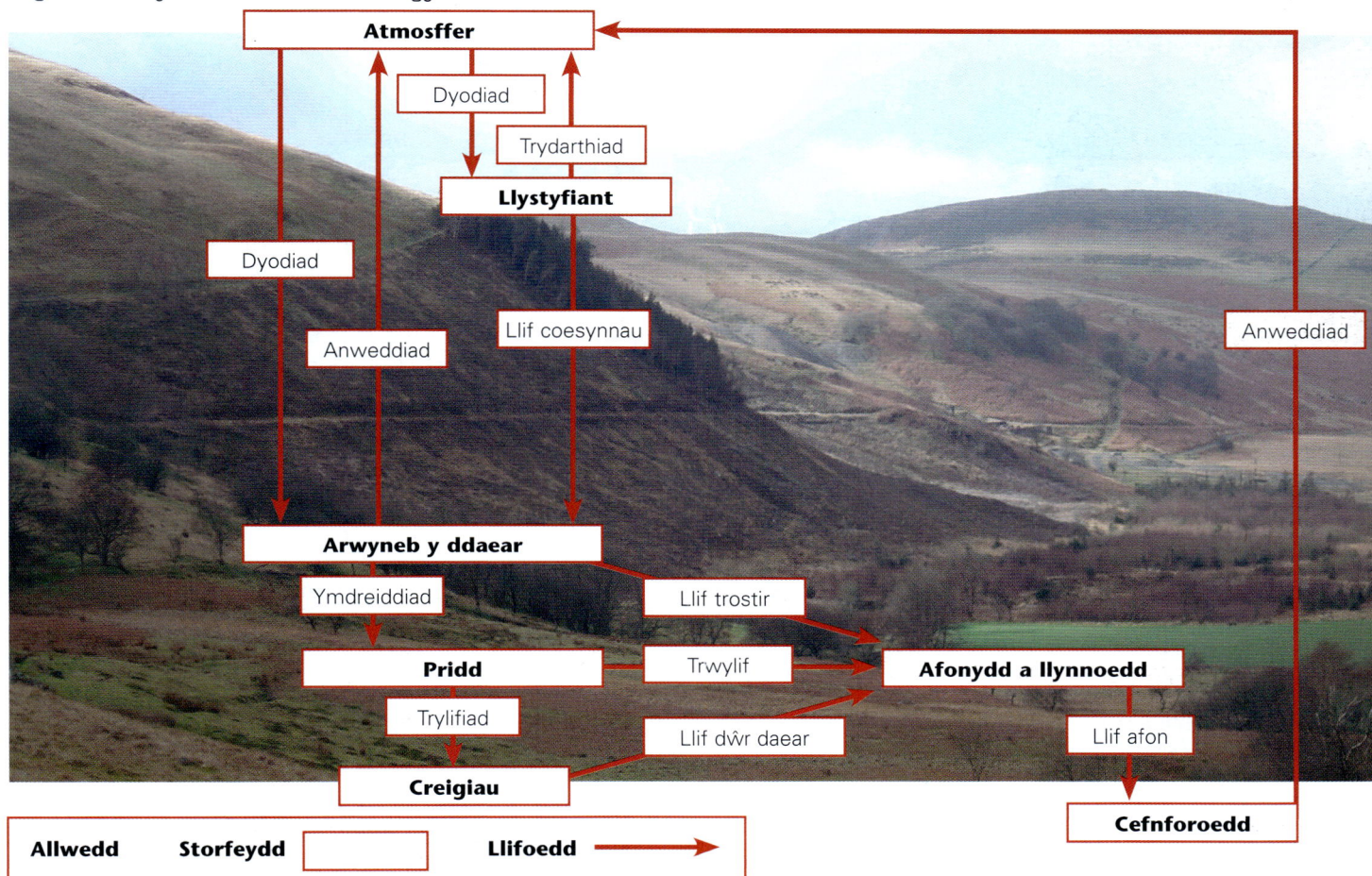

Ffigur 18 Storfeydd a llifoedd dŵr mewn dalgylch afon naturiol

Gweithgaredd

3 Defnyddiwch Ffigur 18 i enwi:
   a) tair storfa ddŵr ar yr arwyneb
   b) dau fan lle y mae dŵr yn cael ei storio dan yr arwyneb.

4 Awgrymwch pam y mae dyodiad mewn dalgylch afon sy'n cynnwys creigiau anathraidd yn debygol o gyrraedd yr afon llawer yn gyflymach na dŵr glaw sy'n syrthio mewn ardal o greigiau mandyllog.

5 Mae Ffigur 18 a'r testun ar y tudalen hwn yn cynnwys llawer o eiriau newydd. Rhestrwch o leiaf 12 gair sy'n cael eu defnyddio wrth ddisgrifio storfeydd a llifoedd dŵr mewn dalgylch afon ac ysgrifennwch eich diffiniadau eich hun ohonynt.

Thema 1: Dŵr

Pam y mae llifogydd yn digwydd?

Bydd llifogydd yn digwydd pan fydd amodau'n achosi i ddŵr lifo dros y tir yn hytrach nag ymdreiddio i'r pridd. Gall llifogydd ddigwydd dan yr amgylchiadau hyn:

- Mae'r ddaear eisoes wedi'i dirlenwi â dŵr ar ôl cyfnod hir o law
- Mae'r ddaear wedi rhewi
- Mae'r glawiad mor drwm fel na all y ddaear amsugno'r cyfan.

Mae palmantu dros y pridd yn creu arwyneb anathraidd, felly mae twf ardaloedd trefol yn cynyddu'r perygl o lifogydd. Mae hydrograff llifogydd yn dangos arllwysiad afon adeg llifogydd. Mae Ffigur 19 yn dangos sut y gallai afon fach ymateb i lifogydd. Mae'r bar glas yn cynrychioli glaw trwm sydyn, fel y digwyddodd yn Boscastle. Yn yr enghraifft hon mae'n cymryd dwy awr i lif trostir o ddalgylch yr afon gyrraedd sianel yr afon. Bryd hynny mae cyfanswm y dŵr yn y sianel yn codi'n gyflym. Yr enw ar yr amser rhwng y glawiad brig a'r **arllwysiad brig** yw **oediad amser**. Mae oediad amser ac anterth yr arllwysiad brig yn dibynnu ar nodweddion y dalgylch afon. Mewn dalgylchoedd afon lle y mae llai o ymdreiddiad, bydd yr oediad amser yn llai a'r arllwysiad brig yn fwy. Mae rhai o'r ffactorau hyn i'w gweld yn Ffigurau 20 a 21.

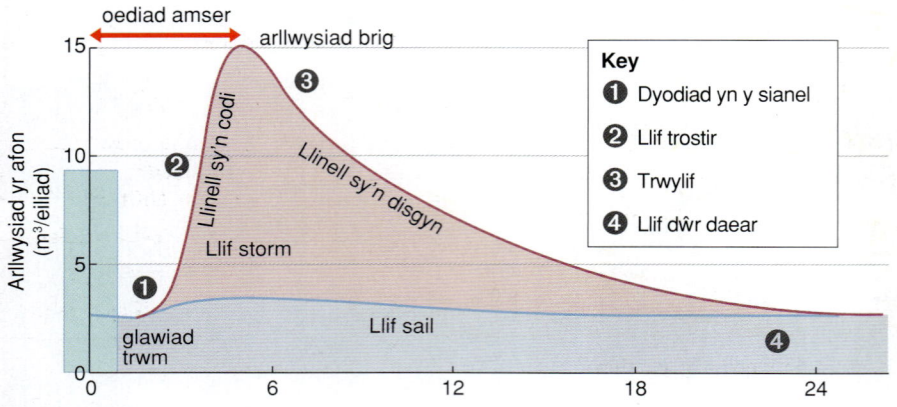

Ffigur 19 Hydrograff llifogydd syml

Gweithgaredd

1. Astudiwch Ffigur 19.
   a) Defnyddiwch amserau a ffigurau'r arllwysiad yn yr hydrograff i ddisgrifio:
      i) siâp y llinell sy'n codi a'r oediad amser
      ii) siâp y llinell sy'n disgyn a'r llif sail
   b) Defnyddiwch eich dealltwriaeth o Ffigur 18 ar dudalen 9 i egluro sut y mae llif trostir, trwylif a llif dŵr daear yn cyfrannu at lifogydd ar wahanol adegau.

Afon Valency

Astudiaeth achos o ddalgylch Afon Valency

Afon fer iawn yw Afon Valency yng Nghernyw gan ei bod yn llifo llai na 10 km o'i **tharddiad** i'w **haber**. Mae tarddiad yr afon 280 metr uwchben lefel y môr. Mae'r tarddiad uchel a'r ffaith ei bod yn fyr yn gwneud graddiant yr afon braidd yn serth. Tua 26 km² yw cyfanswm maint dalgylch yr afon. Llechi, sy'n **anathraidd**, yw creigiau dalgylch yr afon yn bennaf. Mae gan yr afon nifer o lednentydd bach. Mae'r nentydd hyn wedi torri dyffrynnoedd ar ffurf V dwfn yn y dirwedd.

Does dim trefi mawr yn nalgylch yr afon. Mae arwynebedd Boscastle ei hun yn llai nag 1 km². Defnyddir uwchdir dalgylch yr afon ar gyfer pori. Mae coed yn tyfu yn rhai o'r dyffrynnoedd, ac mae'r coed hyn yn helpu i gael gwared ar beth o'r dŵr o'r pridd cyn iddo gyrraedd yr afon. Fodd bynnag, yn ystod llifogydd, gall canghennau sy'n hongian dros yr afon gael eu torri. Mae'r canghennau hyn wedyn yn cyfyngu llif y dŵr yn yr afon, yn enwedig os ydynt yn cael eu dal yn erbyn pileri pontydd. O dan yr amodau hyn mae pont garreg gul yn debycach i argae na phont gan achosi rhwystr yn sianel yr afon.

Thema 1: Dŵr

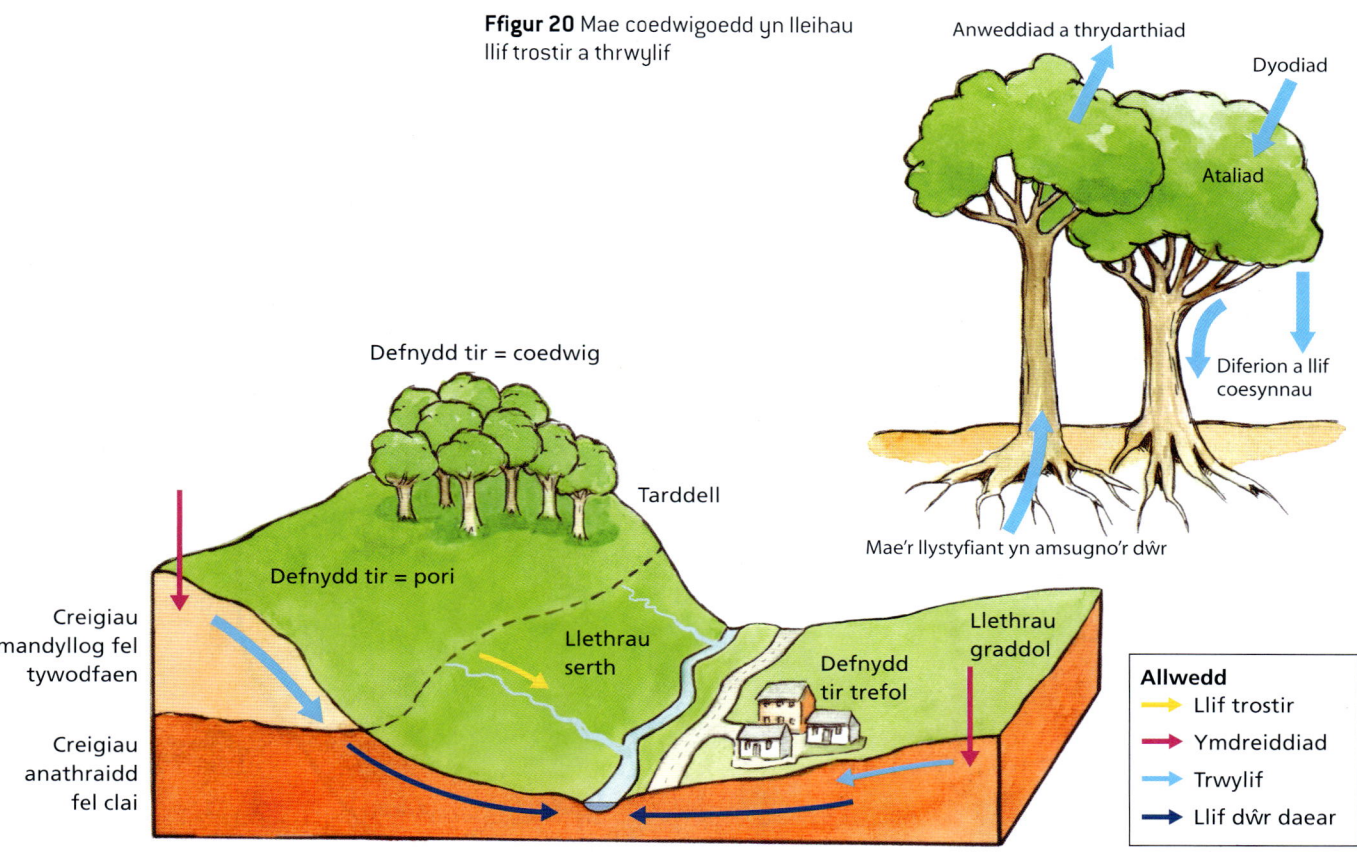

Ffigur 20 Mae coedwigoedd yn lleihau llif trostir a thrwylif

Ffigur 21 Ffactorau sy'n dylanwadu ar ymdreiddiad a llif trostir yn nalgylch afon.

Gweithgaredd

2 Defnyddiwch Ffigur 20 i egluro sut y gallai torri coedwig fawr effeithio ar oediad amser ac arllwysiad brig mewn afon gerllaw.

3 Defnyddiwch Ffigurau 18, 19, 20 a 21 i'ch helpu i gopïo a llenwi'r tabl isod.

Ffactor dalgylch afon	Effaith ar ymdreiddiad	Effaith ar lif trostir a thrwylif	Effaith ar oediad amser
Llethrau serth			
Llethrau graddol			
Creigiau mandyllog			
Creigiau anathraidd			
Defnydd tir trefol			
Plannu mwy o goed			

4 Lluniwch bâr o hydrograffau llifogydd i ddangos y gwahaniaeth rhwng dalgylchoedd afon tebyg eu maint sydd â:
   a) creigiau mandyllog o'u cymharu â chreigiau anathraidd
   b) defnydd tir trefol o'i gymharu ag ardal o goedwigoedd.

5 Awgrymwch sut y gwnaeth nodweddion dalgylch Afon Valency effeithio ar oediad amser yr afon adeg llifogydd 2004.

11

Thema 1: Dŵr

Dalgylch Afon Valency

Ffigur 22 Rhan o fap Arolwg Ordnans yn dangos dalgylch Afon Valency. Graddfa 1:50,000 Dalen 190

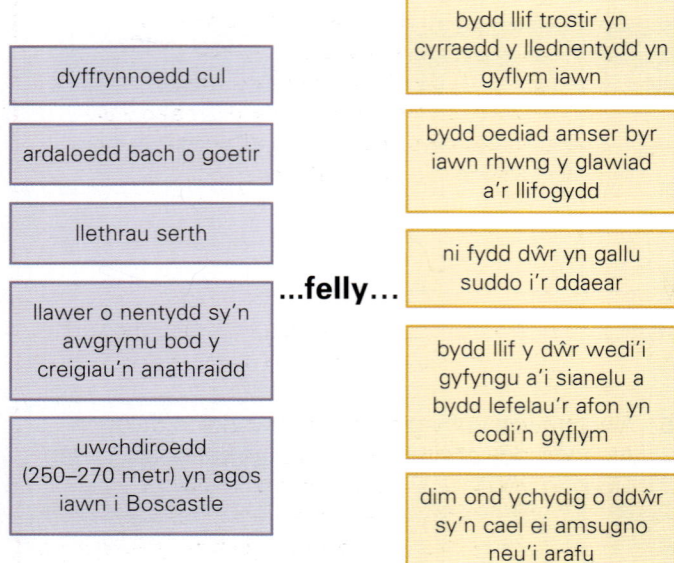

Ffigur 23 Rhesymau pam y gwnaeth Afon Valency godi'n sydyn yn ystod llifogydd 2004

- dyffrynnoedd cul
- ardaloedd bach o goetir
- llethrau serth
- llawer o nentydd sy'n awgrymu bod y creigiau'n anathraidd
- uwchdiroedd (250–270 metr) yn agos iawn i Boscastle

…felly…

- bydd llif trostir yn cyrraedd y llednentydd yn gyflym iawn
- bydd oediad amser byr iawn rhwng y glawiad a'r llifogydd
- ni fydd dŵr yn gallu suddo i'r ddaear
- bydd llif y dŵr wedi'i gyfyngu a'i sianelu a bydd lefelau'r afon yn codi'n gyflym
- dim ond ychydig o ddŵr sy'n cael ei amsugno neu'i arafu

Gweithgaredd

1. a) Parwch y datganiadau yn Ffigur 23 i greu pum brawddeg sy'n helpu i egluro sut y gwnaeth nodweddion dalgylch yr afon hon arwain at y llifogydd yn 2004.
   b) Defnyddiwch y map AO (Ffigur 22) i ddod o hyn i bum sgwâr grid gwahanol sy'n rhoi tystiolaeth ar gyfer eich pum brawddeg. Er enghraifft, gallech ddewis 0989 i gyd-fynd ag 'uwchdiroedd yn agos iawn i Boscastle… felly…'
   c) Gan ddefnyddio Ffigur 24 fel amlinelliad syml, gwnewch eich llinfap eich hun o ddalgylch Afon Valency. Ychwanegwch eich pum datganiad mewn mannau priodol ar y map fel anodiadau.

2. Rhowch grynodeb o'r ffordd y gallai coetiroedd ger yr afon fod wedi effeithio ar y llifogydd.

Thema 1: Dŵr

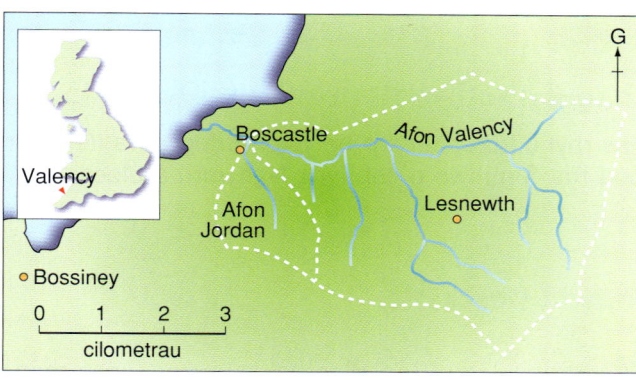

Ffigur 24 Dalgylch Afon Valency

Cyngor Arholwr

Deall mapiau Arolwg Ordnans (AO)

Mae'n siŵr y cewch chi fap AO fel adnodd mewn o leiaf un cwestiwn yn yr arholiad. Mae mapiau AO yn dangos nodweddion ffisegol a dynol tirwedd Prydain. Ar gyfer yr arholiad bydd disgwyl i chi allu:

- rhoi cyfarwyddiadau
- deall cyfeirnodau grid
- adnabod symbolau
- defnyddio graddfa
- disgrifio tirwedd
- adnabod patrymau.

Cwestiwn enghreifftiol

Astudiwch Ffigur 22. Disgrifiwch dirwedd hanner gorllewinol y darn o'r map AO (i'r gorllewin o ddwyreiniad 12). [5]

Ateb Ymgeisydd A

Mae'r cyfuchlinau yn agos at ei gilydd, ac mae hyn yn dangos bod llawer o fryniau yn yr ardal ✓ gyda llethrau serth. ✓ Y pwynt uchaf yw 274 m. ✓ Mae'r B3263 yn rhedeg trwy'r ardal. Mae'n ardal eithaf coediog. Mae afonydd yn llifo trwy'r ardal ac mae llawer o ddyffrynnoedd dwfn. ✓

Ateb Ymgeisydd B

Mae'r dirwedd yn fryniog. ✓ Mae yna goedwig ac afon. Pwynt uchaf yr ardal yw 274 m. ✓

Sylwadau'r arholwr!

Disgrifiwch yw'r gorchymyn mwyaf cyffredin mewn arholiadau TGAU – mae angen i chi ddefnyddio digon o ansoddeiriau, e.e. uchel neu fynyddig i ddisgrifio'r uwchdir, a dwfn neu gul i ddisgrifio dyffrynnoedd. Mae 5 marc ar gael felly er mwyn cael marciau llawn bydd angen i chi ddisgrifio pump o nodweddion y dirwedd yn y darn hwn o'r map. Byddwch yn ofalus – nid yw rhestr yr un fath â disgrifiad. Cofiwch geisio datblygu'r pwyntiau rydych yn eu gwneud. Er enghraifft, 'mae llawer o fryniau yn y gorllewin gydag ambell i gopa dros 250 metr o uchder'. Mae Ymgeisydd A yn cael pedwar marc am wneud pedwar pwynt clir. Dim ond dau farc mae Ymgeisydd B yn eu cael. Nid yw'r un o'r ddau ymgeisydd yn deall ystyr tirwedd yn llawn. Tirwedd yw siâp y tir a oedd yn cynnwys nodweddion fel uchder, llethrau graddol a serth, clogwyni a dyffrynnoedd.

Ymarfer arholiad

Astudiwch Ffigur 22.

1 a) Pa dirffurf afon sy'n cael ei henwi yn 1091? [1]
   b) I ba gyfeiriad yn gyffredinol y mae Afon Valency yn llifo rhwng Trafalgar yn 1291 a'i haber yn 0991? [1]
   c) Pa mor bell y mae Afon Valency yn llifo o'i tharddiad yn 152889 i'w haber yn 093915? [1]
   ch) Rhowch gyfeirnod grid chwe ffigur ar gyfer y ciosg ffôn yn Tresparrett. [1]

2 a) Nodwch ddau symbol map sy'n awgrymu bod yr ardal yn Ffigur 22 yn boblogaidd gyda thwristiaid. [2]
   b) Disgrifiwch atyniadau ffisegol yr ardal ar gyfer twristiaeth. [5]
   c) Enwch un grŵp o bobl a all fod yn erbyn defnyddio'r ardal hon ar gyfer twristiaeth ac eglurwch pam y maent yn gwrthwynebu o bosibl. [5]

Thema 1: Dŵr

Sut y dylid rheoli afonydd?

Pa mor llwyddiannus yw'r agweddau rheoli gwahanol o safbwynt problem llifogydd?

Yn y Deyrnas Unedig, cyfrifoldeb Asiantaeth yr Amgylchedd yw rhybuddio pobl am beryglon llifogydd a lleihau'r risg o lifogydd afonydd ac arfordirol. Maent yn amcangyfrif bod tua 5 miliwn o bobl yng Nghymru a Lloegr yn byw mewn ardaloedd lle y mae perygl o lifogydd.

Boscastle — Amddiffynfeydd rhag llifogydd Boscastle

Wedi llifogydd 2004, Asiantaeth yr Amgylchedd oedd yn gyfrifol am gynllunio cynllun amddiffyn rhag llifogydd i Boscastle. Costiodd yr amddiffynfeydd £4.6 miliwn gan gymryd dwy flynedd i'w cwblhau (2006–8). Mae llawer o nodweddion pwysig y cynllun i'w gweld yn Ffigur 25. Un o'r prif nodweddion oedd gwneud sianel yr afon yn fwy llydan a dwfn fel y gallai gario mwy o ddŵr. Yr enw ar y math hwn o waith rheoli afon yw **peirianneg galed** gan fod cwrs yr afon yn cael ei reoli'n artiffisial. Roedd peirianwyr yn ymwybodol bod canghennau mawr a oedd wedi'u golchi i lawr yr afon wedi achosi rhwystr ym mhontydd troed a ffordd y dref yn ystod y llifogydd. Penderfynwyd gwneud gwely'r afon yn ddyfnach o dan y brif bont ac adeiladu pontydd newydd yn lle'r ddwy bont arall. Mae rhychwant y pontydd newydd yn llawer mwy llydan, felly mae'n fwy anodd i falurion achosi rhwystr.

Yr Ymddiriedolaeth Genedlaethol yw perchennog rhan fawr o ran isaf dyffryn afon Valency. Yn y gorffennol cafodd yr afon ei gwneud yn fwy syth a'i charthu fel y gallai'r dŵr gael ei ddefnyddio mewn melinau dŵr. Mae'r Ymddiriedolaeth Genedlaethol ac Asiantaeth yr Amgylchedd wrthi'n adfer rhannau o'r afon fel ei bod yn fwy naturiol. Er enghraifft, ychydig cyn iddi gyrraedd y dref mae sianel yr afon yn fwy llydan a bas. Dylai hyn arafu llif y dŵr ac annog graean i gael ei ddyddodi mewn patrwm **plethog** naturiol. Pe bai llifogydd mawr eto byddai'r rhan 'naturiol' hon o'r afon yn helpu i ddal clogfeini a llwythi arall cyn iddynt gyrraedd y dref lle y gallent achosi difrod. Yr enw ar ddefnyddio nodweddion naturiol afon fel hyn yw **peirianneg feddal**.

Ffigur 25 Mae'r rhan o'r afon rhwng y brif bont a'r harbwr wedi ei gwneud 75 cm yn ddyfnach. Mae'r afon wedi ei lledu hefyd

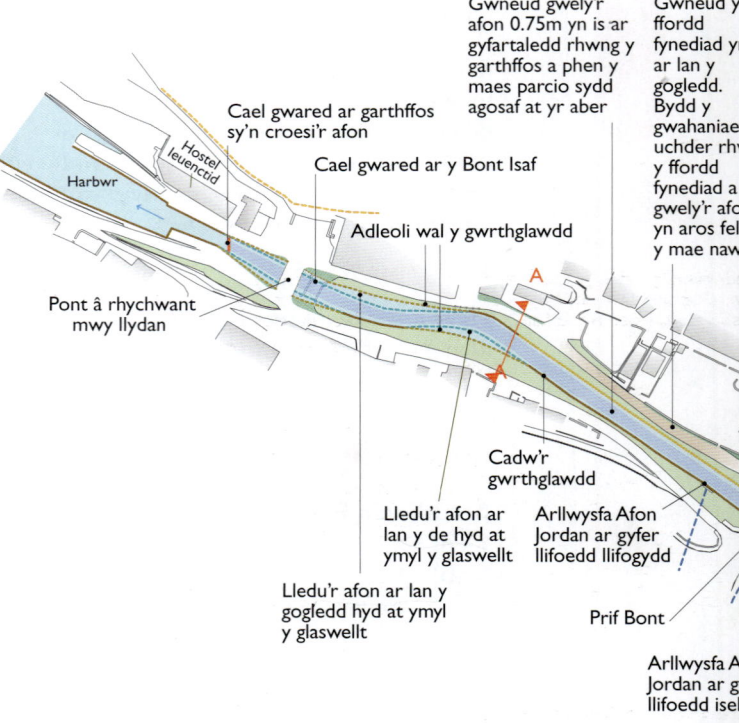

Ffigur 26 Cynllun o amddiffynfeydd rhag llifogydd Boscastle a gynlluniwyd gan Asiantaeth yr Amgylchedd. Fe'u hadeiladwyd yn 2006–2008

Thema 1: Dŵr

Ffigur 27 Gweithwyr yn defnyddio JCB i gloddio gwely creigiog yr afon o dan y brif bont yn ystod 2007. Dyma'r bont sydd i'w gweld yn Ffigur 17

Ffigur 28 Un o'r pontydd troed newydd ynghyd â golygfa i'r dwyrain ar hyd yr afon fwy llydan. Mae'r maes parcio y tu ôl i'r adeilad ar ochr chwith y ffotograff

Gweithgaredd

1. Defnyddiwch Ffigur 26 i ddisgrifio llif Afon Valency trwy Boscastle.

2. Defnyddiwch Ffigur 26 i egluro pam yr oedd siopau Bridge Walk mewn perygl yn ystod llifogydd 2004.

3. Eglurwch sut y mae'r nodweddion canlynol sydd i'w gweld yn Ffigur 26 yn lleihau'r perygl o lifogydd yn y dyfodol:
   a) gwneud gwely'r afon yn is
   b) lledu sianel yr afon
   c) clirio coed wrth ymyl yr afon
   ch) codi dwy bont newydd â rhychwant mwy llydan.

4. Defnyddiwch Ffigurau 25–28 i roi enghreifftiau o wahanol fathau o:
   a) peirianneg galed
   b) peirianneg feddal.

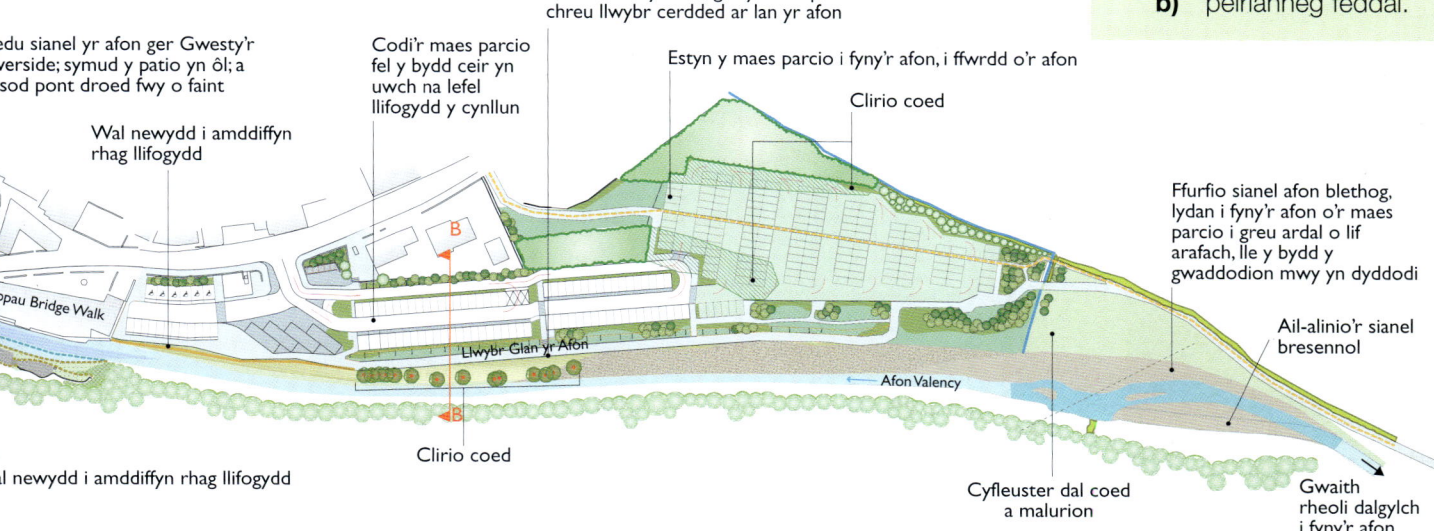

Thema 1: Dŵr

Afon Hafren

Bod yn barod am lifogydd

Mae adeiladu amddiffynfeydd rhag llifogydd yn ddrud ac yn ddadleuol. Mae rhai gwyddonwyr yn dadlau bod gwneud afonydd yn fwy syth ac adeiladu argloddiau llifogydd yn cynyddu'r perygl o lifogydd ymhellach i lawr yr afon. Yn ogystal ag adeiladu amddiffynfeydd rhag llifogydd mae Asiantaeth yr Amgylchedd o'r farn y gellir lleihau'r perygl o lifogydd trwy:

- annog perchnogion cartrefi a busnesau i sicrhau bod ganddynt gynllun llifogydd
- gwella rhagolygon y **tywydd** a monitro lefelau afonydd a all ddarparu rhybuddion cywir o lifogydd
- cynghori awdurdodau lleol a chynllunwyr am beryglon llifogydd. Annog defnydd tir risg isel yn unig (fel meysydd parcio neu gaeau pêl-droed) mewn ardaloedd lle y mae perygl mawr o lifogydd.

your flood plan

Know how to turn off your gas, electricity and water mains supplies

Start preparing today before a flood happens. Use this checklist as your flood plan.

1. **Check your insurance cover**
   - Check your buildings and contents insurance policy.
   - Confirm you are covered for flooding.
   - Find out if the policy replaces new for old, and if it has a limit on repairs.
   - Don't underestimate the value of your contents.

2. **Know how to turn off your gas, electricity and water mains supplies**
   - Ask your supplier how to do this.
   - Mark taps or switches with stickers to help you remember.

3. **Prepare a flood kit of essential items** (please tick)
   - ☐ Copies of your home insurance documents.
   - ☐ A torch with spare batteries.
   - ☐ A wind-up or battery radio.
   - ☐ Warm, waterproof clothing and blankets.
   - ☐ A first aid kit and prescription medication.
   - ☐ Bottled water and non-perishable foods.
   - ☐ Baby food and baby care items.
   - ☐ This leaflet including your list of important contact numbers.
   - ☐ Keep your flood kit handy.

4. **Know who to contact and how**
   - Agree where you will go and how to contact each other.
   - Check with your council if pets are allowed at evacuation centres.
   - Keep a list with all your important contacts to hand.

5. **Think about what you can move now**
   - Don't wait for a flood. Move items of personal value such as photo albums, family videos and treasured mementos to a safe place.

6. **Think about what you would want to move to safety during a flood**
   - Outdoor pets
   - Cars
   - Furniture
   - Electrical equipment
   - Garden pot plants and furniture
   - What else? ....
   ....

Ffigur 29 Sgrinlun o wefan Asiantaeth yr Amgylchedd yn dangos 'Eich cynllun llifogydd'

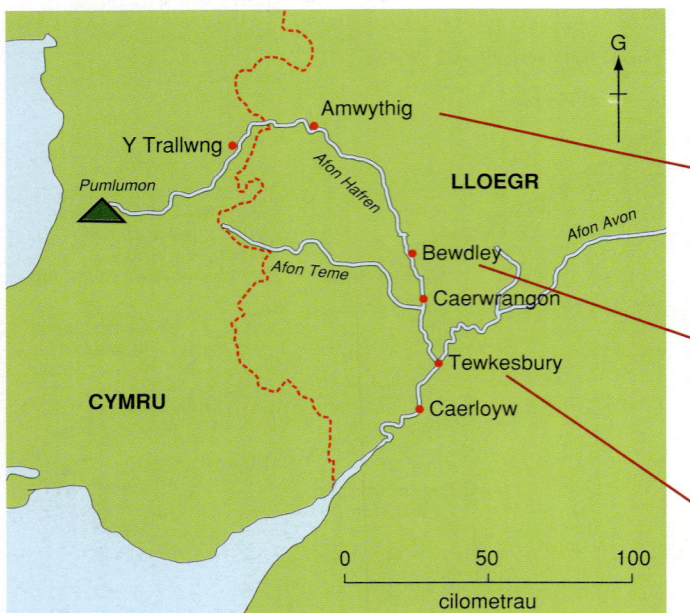

Amwythig. Difrod llifogydd yn 1998, 2000, 2002 a 2004. Oherwydd y llifogydd difrifol yn 2000 adeiladwyd amddiffynfeydd rhag llifogydd a gafodd eu cwblhau yng ngwanwyn 2007.

Bewdley. Difrod llifogydd yn 1998, 2000 a 2002. Cwblhawyd amddiffynfeydd rhag llifogydd (gan gynnwys rhwystrau y gellir eu datgymalu yn Ffigur 31) cyn llifogydd mis Chwefror 2004.

Mae **Tewkesbury** yn sefyll yn y man lle y mae Afon Avon ac Afon Hafren yn cydlifo â'i gilydd. Cafodd Tewkesbury a **Chaerloyw** eu heffeithio'n arw gan y llifogydd yn 2000 a 2007.

Ffigur 30 Llifogydd diweddar ar Afon Hafren

Thema 1: Dŵr

Pileri y gellir eu datgymalu wedi'u gosod mewn socedi ar ben y wal lifogydd ychydig cyn y llifogydd.

Brig rheiliau haearn sydd o dan ddŵr y llifogydd.

Mae estyll alwminiwm wedi eu slotio yn y pileri.

Ffigur 31 Rhwystrau rhag llifogydd y gellir eu datgymalu (a elwir hefyd yn amddiffynfeydd anweledig rhag llifogydd) yn cael eu defnyddio yn Bewdley am y tro cyntaf yn ystod llifogydd mis Chwefror 2004

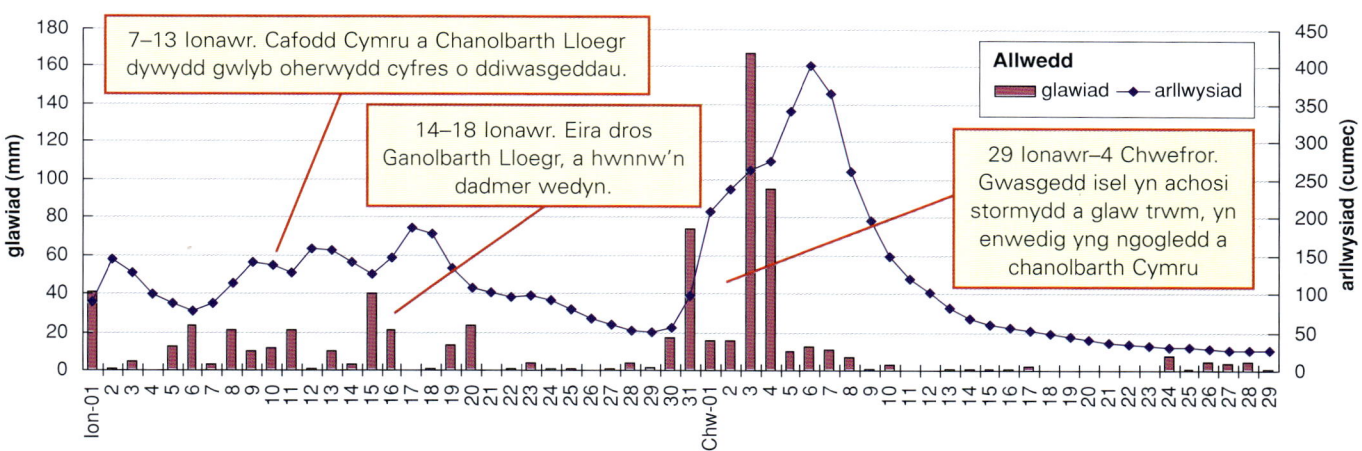

7–13 Ionawr. Cafodd Cymru a Chanolbarth Lloegr dywydd gwlyb oherwydd cyfres o ddiwasgeddau.

14–18 Ionawr. Eira dros Ganolbarth Lloegr, a hwnnw'n dadmer wedyn.

29 Ionawr–4 Chwefror. Gwasgedd isel yn achosi stormydd a glaw trwm, yn enwedig yng ngogledd a chanolbarth Cymru

Ffigur 32 Hydrograff llifogydd ar gyfer Afon Hafren yn Bewdley (Ionawr–Chwefror 2004). Data glawiad ar gyfer Capel Curig, Gogledd Cymru yw'r data.

Gweithgaredd

1 Eglurwch sut y gall pob un o'r chwe phwynt yn y cynllun llifogydd (Ffigur 29) leihau colledion yn ystod llifogydd.

2 Disgrifiwch gwrs Afon Hafren.

3 Astudiwch Ffigur 32.
   a) Disgrifiwch sut y mae pob un o'r digwyddiadau tywydd a ddisgrifir yn y labeli wedi effeithio ar lif yr afon.
   b) Disgrifiwch siâp yr hydrograff llifogydd rhwng 29 Ionawr a 29 Chwefror yn ofalus. Gwnewch yn siŵr eich bod yn defnyddio termau fel oediad amser ac arllwysiad brig yn eich ateb.
   c) Defnyddiwch Ffigurau 30 a 32 i awgrymu sut y mae Asiantaeth yr Amgylchedd yn defnyddio data glawiad o Gymru i ragweld llifogydd yn Bewdley.

Thema 1: Dŵr

Daearyddiaeth i'r dyfodol

A ddylem newid ein hagwedd at reoli afon a gorlifdir yn y dyfodol?

Yn 2004 comisiynodd Llywodraeth y Deyrnas Unedig adroddiad gwyddonol ar ddyfodol llifogydd afonydd a llifogydd arfordirol yn y DU. Ystyriodd y gwyddonwyr sut y gallai newid hinsawdd a thwf mewn poblogaethau effeithio ar y perygl o lifogydd erbyn y flwyddyn 2080. Dyma brif ganfyddiadau adroddiad *Foresight Future Flooding*:

- Gallai nifer y bobl sydd mewn perygl mawr o lifogydd godi o 1.5 miliwn i 3.5 miliwn.
- Bydd costau economaidd difrod llifogydd yn codi. Ar hyn o bryd mae difrod llifogydd yn costio £1 biliwn y flwyddyn yn y DU. Erbyn 2080 gallai gostio cymaint â £27 biliwn.
- Un o brif achosion y perygl ychwanegol o lifogydd yw newid hinsawdd. Mae hinsawdd y DU yn debygol o fod yn fwy stormus gyda glaw trwm yn amlach. Bydd codiad yn lefel y môr yn cynyddu'r perygl o lifogydd arfordirol.
- Mae tua 10 y cant o dai'r DU eisoes wedi'u hadeiladu ar orlifdiroedd afonydd ac mae'r cartrefi hyn mewn perygl o lifogydd. Bydd cannoedd o filoedd o dai newydd yn cael eu hadeiladu yn yr 20 mlynedd nesaf a gallai llawer o'r rhain fod mewn perygl hefyd.
- Gallai llifogydd afonydd achosi peryglon iechyd anferth os bydd dŵr llifogydd yn cynnwys carthion heb eu trin neu gemegion sydd wedi eu golchi oddi ar dir fferm.
- Bydd trefi a dinasoedd mewn perygl o fflachlifau hyd yn oed os nad ydynt wedi eu hadeiladu gerllaw afon. Ni fydd draeniau a ddylai gario dŵr glaw i ffwrdd yn gallu ymdopi gyda chawodydd trwm sydyn o law. Gallai'r math hwn o lifogydd effeithio ar gynifer â 710,000 o bobl.

Gweithgaredd

1. Defnyddiwch Ffigur 33 i ddisgrifio dosbarthiad yr ardaloedd lle y mae nifer uchel o bobl mewn perygl o lifogydd.

2. Disgrifiwch sut y mae llifogydd yn y dyfodol yn debygol o effeithio ar bobl sy'n byw:
   a) mewn ardaloedd arfordirol
   b) gerllaw afonydd
   c) mewn trefi a dinasoedd.

3. Beth yw'r prif resymau am berygl uwch o lifogydd yn y dyfodol?

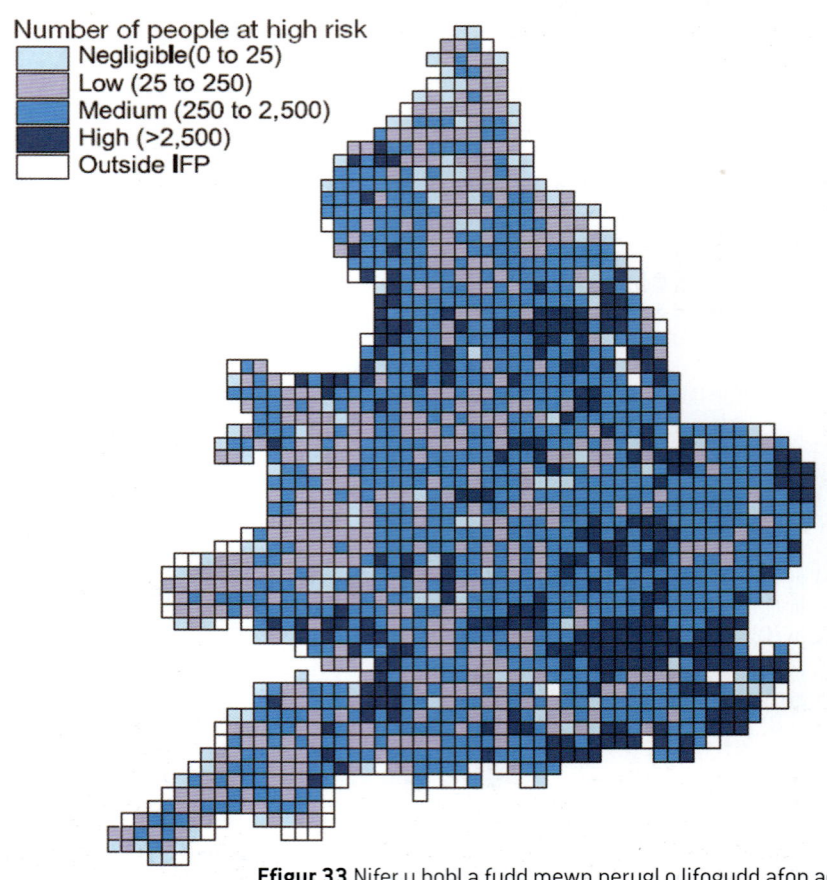

Ffigur 33 Nifer y bobl a fydd mewn perygl o lifogydd afon ac arfordirol yn 2080 o gymryd y bydd allyriadau carbon deuocsid yn parhau'n uchel

Thema 1: Dŵr

Mae'r adroddiad yn awgrymu bod y perygl o lifogydd yn waeth oherwydd bod trefi wedi cael eu hadeiladu yn rhy agos at afonydd. Mae llawer o gartrefi mewn perygl am eu bod wedi eu hadeiladu ar orlifdiroedd. Hefyd, mae ardaloedd helaeth o goncrit a tharmac yn anathraidd ac yn achosi i ddŵr lifo dros y tir. Oni bai am ddraeniau llifogydd o dan y stryd, byddai pyllau dwfn o ddŵr ar ffyrdd dinasoedd bob tro y mae'n glawio. Fodd bynnag, yn ystod cyfnodau hir a dwys o law nid yw'r draeniau llifogydd hyn yn gallu ymdopi bob amser. Mae'r dŵr yn dod yn ôl allan o'r draeniau ac yn achosi llifogydd yn y ddinas. Dyma a ddigwyddodd yn y llifogydd yn Hull ym mis Mehefin 2007. Mae'r llywodraeth wedi pennu targed i adeiladu tair miliwn o gartrefi newydd erbyn 2020. Pa effaith y gallai'r holl adeiladu hyn ei chael ar lifogydd yn y dyfodol?

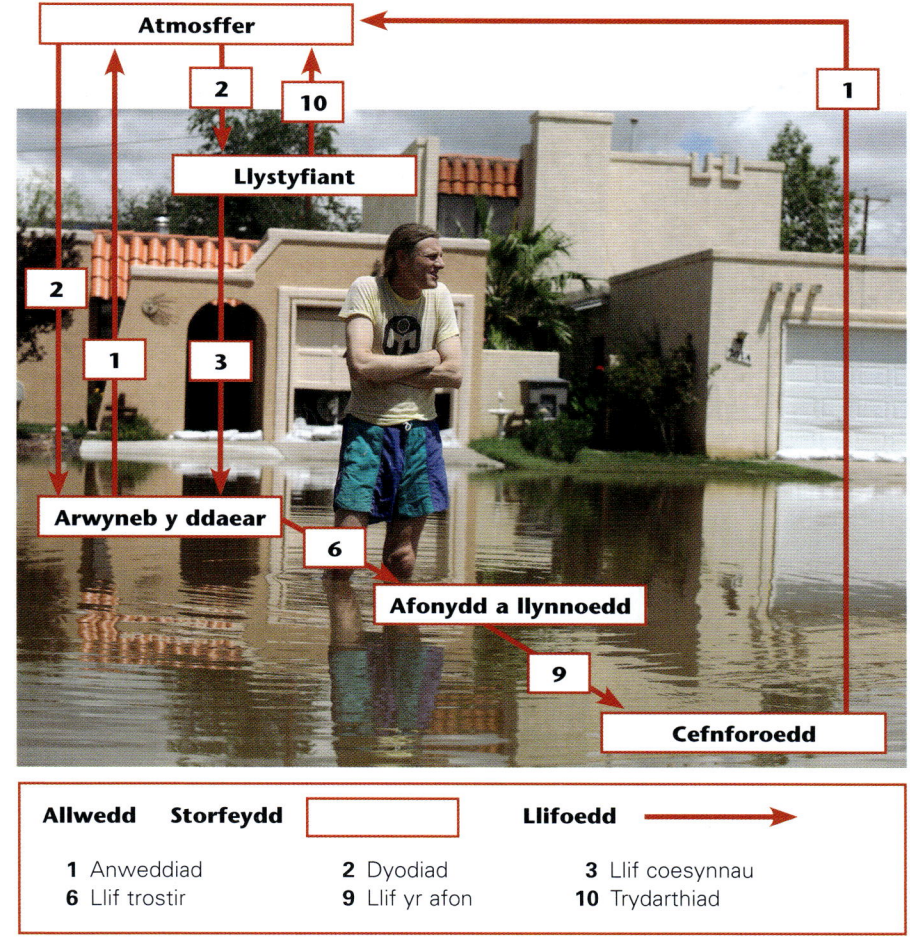

Ffigur 34 Storfeydd a llifoedd dŵr mewn dalgylch afon trefol

Allwedd: Storfeydd □ Llifoedd →

1 Anweddiad 2 Dyodiad 3 Llif coesynnau
6 Llif trostir 9 Llif yr afon 10 Trydarthiad

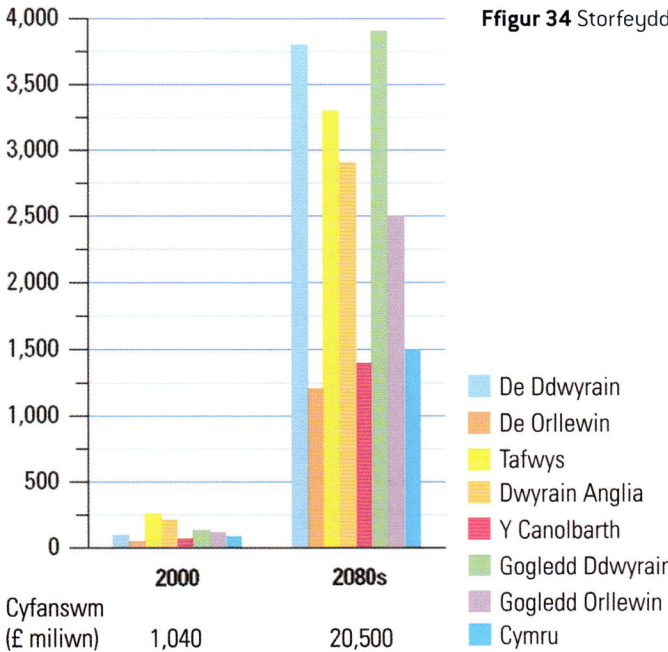

Ffigur 35 Cynnydd posibl yng nghostau economaidd llifogydd arfordirol ac afonydd (y sefyllfa waethaf bosibl) ar gyfer Cymru a rhanbarthau Lloegr

Gweithgaredd

4 Cymharwch Ffigur 34 â Ffigur 18 (ar dudalen 9)
   a) Disgrifiwch y nodweddion sy'n debyg ac yn wahanol rhwng y diagramau hyn.
   b) Defnyddiwch y gwahaniaethau i egluro pam y byddai ardal drefol mewn mwy o berygl o lifogydd na dalgylch afon â choedwigoedd.

5 a) Defnyddiwch Ffigur 35 i amcangyfrif costau economaidd llifogydd ym mhob rhanbarth.
   b) Mae'r llywodraeth yn dweud bod angen tair miliwn o gartrefi newydd. Y bwriad yw adeiladu llawer ohonynt yn rhanbarthau'r Tafwys a'r De Ddwyrain. Beth fyddai eich argymhellion chi pe bai'r cartrefi newydd hyn yn cael eu hadeiladu?

Thema 1: Dŵr

Daearyddiaeth i'r dyfodol

Beth y dylid ei wneud i leihau'r perygl o lifogydd yn y dyfodol?

Cynllunydd

Dylid annog deiliaid tai i beidio â phalmantu eu gerddi. Mae pafin a tharmac yn anathraidd. Mae dŵr glaw yn mynd yn syth i lawr i'r draeniau llifogydd ac i'r afon yn hytrach na suddo'n araf i'r pridd. Mae angen rhoi cyngor fel bod graean ac arwynebau athraidd yn cael eu defnyddio yn hytrach na tharmac. Hefyd, mae angen i ni adnewyddu draeniau llifogydd sy'n rhy hen ac yn rhy fach i ymdopi â stormydd glaw trwm. Fodd bynnag, ni fydd hyn yn boblogaidd iawn ymhlith gyrwyr oherwydd bydd yn rhaid cloddio ffyrdd trefol!

Llefarydd ar ran yr RSPB

Nododd y gwyddonwyr a ysgrifennodd adroddiad *Foresight Future Flooding* fod gwaith rheoli tir gwael wedi cynyddu'r perygl o lifogydd afon. Er enghraifft, yn ystod yr hanner can mlynedd diwethaf mae ffermwyr yn uwchdiroedd Cymru a Lloegr wedi ychwanegu draeniau at eu tir er mwyn tyfu mwy o borfa. Fodd bynnag, mae'r draeniau hyn wedi effeithio ar lif afonydd ymhellach i lawr yr afon. Rydym yn cymryd rhan mewn cynllun i adfer hen fawnogydd yn uwchdiroedd Cymru. Rhwng 2006 a 2011 rydym yn mynd i gau 90 km o hen ddraeniau tir ar y bryniau ger Llyn Efyrnwy. Rydym yn defnyddio byrnau grug i gau'r draeniau. Bydd hyn yn arafu'r llif trostir a gorfodi'r dŵr i suddo'n ôl i'r pridd. Bydd hyn yn helpu i leihau'r perygl o lifogydd a bydd hefyd yn gwella ecosystem y gweundir ac yn helpu i amddiffyn adar ysglyfaethus prin fel y cudyll bach a'r boda tinwyn.

Gwyddonydd afon

Mae cynlluniau peirianneg galed, fel waliau llifogydd ac argloddiau yn Amwythig, yn cyflymu llif y dŵr. Gall y cynlluniau hyn sianelu dŵr i'r gymuned nesaf sy'n byw ymhellach i lawr yr afon a chynyddu'r perygl o lifogydd yn y fan honno mewn gwirionedd. Yr hyn sydd angen i ni ei wneud yw adfer dyffrynnoedd afonydd i gyflwr mwy naturiol. Dylem ddefnyddio gorlifdiroedd fel storfeydd dŵr dros dro fel y gall llifogydd ddigwydd i ffwrdd o ardaloedd adeiledig.

Adeiladwr Tai

Mae'n bosibl lleihau effaith llifogydd ar gartrefi trwy fesurau fel rhoi socedi trydan yn uwch i fyny'r waliau a defnyddio farnais cychod hwylio i sicrhau bod lloriau pren yn dal dŵr.

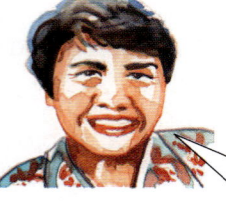

Preswyliwr yn Amwythig

Dwi'n fodlon iawn gyda'r amddiffynfeydd newydd rhag llifogydd. Dwi wedi cael llifogydd yn fy nghartref cyn hyn ond roeddwn i'n ddiogel yn ystod 2007. Costiodd cynllun amddiffyn rhag llifogydd Amwythig £4.6 miliwn ond roedd yn werth pob ceiniog yn fy marn i.

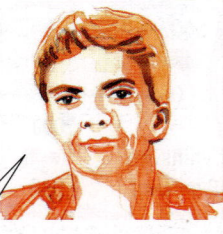

Gweinidog tai'r Llywodraeth

Mae angen i ni adeiladu 3 miliwn o gartrefi ychwanegol yn y Deyrnas Unedig erbyn 2020. Mae bron eu hanner yng Nghanolbarth a De Lloegr, sef yr un ardaloedd a ddioddefodd lifogydd yn 2007. Bydd yn rhaid adeiladu rhai o'r tai ar safleoedd tir glas. Fodd bynnag, dylem gyfyngu ar adeiladu ar orlifdiroedd yn y dyfodol.

Ffigur 36 Safbwyntiau gwahanol ar ddatrys problem llifogydd

a) Y system naturiol

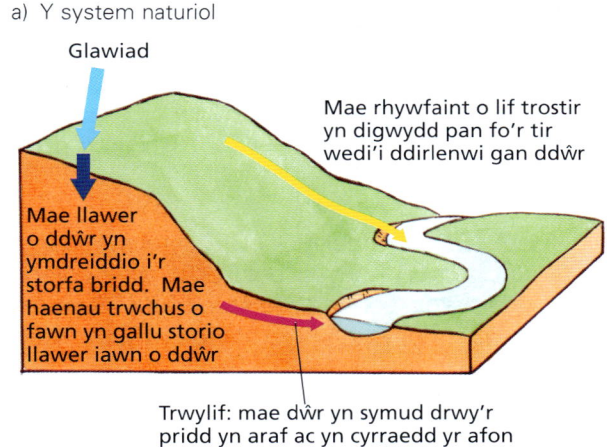

b) Ychwanegwyd draeniau cae i wella'r borfa

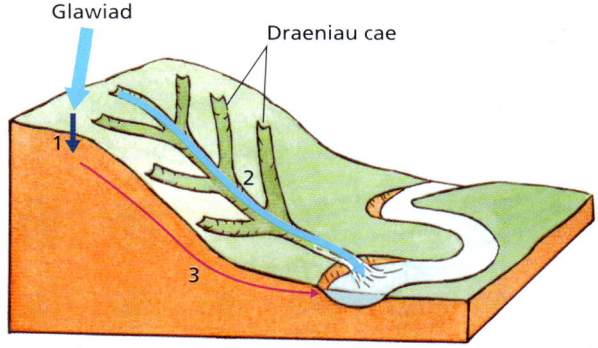

Ffigur 37 Newidiodd symudiad y dŵr trwy ddalgylchoedd afon yr uwchdiroedd pan ychwanegwyd draeniau caeau. Mae maint y saethau yn gymesur â maint pob llif

Gweithgaredd

1 Astudiwch Ffigur 37.
   a) Gwnewch gopi o ddiagram b. Ychwanegwch labeli sy'n egluro llif y dŵr yn 1, 2 a 3.
   b) Eglurwch sut y byddai'r gwahaniaethau rhwng y ddau ddiagram yn effeithio ar lif y dŵr yn bellach i lawr yr afon.

2 Gofynnwyd i chi gynghori Cyngor Tewkesbury ar atal llifogydd. Beth y dylid ei wneud i atal llifogydd yn y dref yn y dyfodol yn eich barn chi?
   a) Defnyddiwch yr hyn a ddysgoch yn y bennod hon, ynghyd â'r safbwyntiau yn Ffigur 36 i lenwi copi o'r tabl.

Ateb posibl	Manteision a phroblemau tymor byr	Manteision a phroblemau tymor hir	Pwy allai gytuno ac anghytuno â'r ateb hwn?
Adeiladu amddiffynfeydd rhag llifogydd fel y rhai yn Amwythig			
Adfer corsydd a gweundiroedd yng Nghanolbarth Cymru trwy gau draeniau			
Rheolaeth lymach ar gyfer adeiladu ar orlifdiroedd a phalmantu gerddi			
Gadael i afonydd lifo'n naturiol ac arllwys drosodd ar y gorlifdir			

   b) Nawr mae angen i chi argymell eich cynllun. Yn eich barn chi, beth y dylid ei wneud a pham y bydd eich cynllun yn gweithio? Defnyddiwch y tabl canlynol i gynllunio eich ateb.

Cwestiynau allweddol i ofyn i chi eich hun	Fy atebion
A yw fy nghynllun yn realistig, fforddiadwy a chyraeddadwy?	
Pa grwpiau o bobl fydd yn elwa ar fy nghynllun?	
Sut y bydd yn effeithio ar yr amgylchedd?	
Pam y mae'r cynllun hwn yn well na'r dewisiadau eraill?	

Thema 1: Dŵr

Gweithgaredd SGD (G/S): Asiantaeth yr Amgylchedd

Defnyddio gwefan Asiantaeth yr Amgylchedd

www.asiantaeth-yr-amgylchedd.cymru.gov.uk/cy

Mae Asiantaeth yr Amgylchedd yn gweithredu System Gwybodaeth Ddaearyddol (SGD:*GIS*) syml sy'n dangos peryglon o lifogydd. Ewch i'r gwe-gyswllt uchod a chlicio ar 'Map Llifogydd – sut i'w defnyddio' yn yr adran 'Diogelu eich hunan rhag llifogydd'. Gallwch chwilio'r atlas gan ddefnyddio codau post. Mae Ffigur 38 yn dangos bod canol Tewkesbury mewn perygl o gael ei amgylchynu gan ddŵr o afonydd Avon a Hafren yn ystod llifogydd.

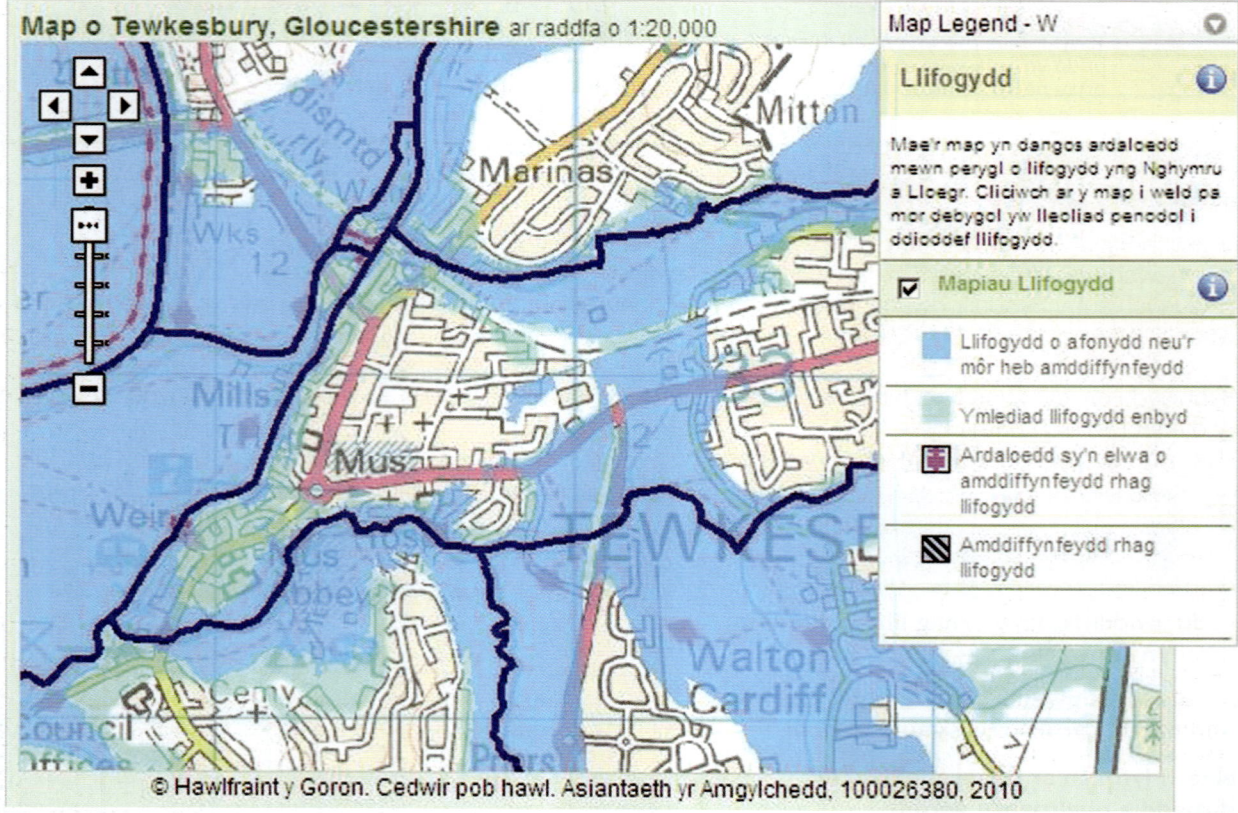

Ffigur 38 Sgrinlun o System Gwybodaeth Ddaearyddol mapiau llifogydd Asiantaeth yr Amgylchedd

Gweithgaredd

1 Defnyddiwch y codau post canlynol i edrych ar y perygl o lifogydd ar hyd Afon Hafren (mae'r codau post yn eu trefn gan fynd o'r tarddiad i'r aber)
   SY16 2LN   SY21 7DG   SY3 8HQ   DY12 2AE   GL20 5AP
   a) Ar gyfer pob tref nodwch:
      i) maint yr ardal sydd mewn perygl
      ii) pa briffyrdd sydd mewn perygl o gael llifogydd
      iii) a yw ardaloedd preswyl mewn perygl ai peidio
      iv) a oes gan y dref unrhyw amddiffynfeydd rhag llifogydd.
   b) Ar sail eich darganfyddiadau, awgrymwch ym mha rai o'r trefi hyn y mae'r angen mwyaf am amddiffynfeydd rhag llifogydd.

Thema 2
Newid Hinsawdd

Beth yw achosion newid hinsawdd a pha dystiolaeth sydd ar gael?

Disgrifiwyd y sychder yn Awstralia rhwng 2002 a 2008 fel y sychder gwaethaf i effeithio ar y wlad ers 1000 o flynyddoedd

A yw digwyddiadau tywydd eithafol fel hyn yn dystiolaeth o newid hinsawdd?

Sut y gallai'r hinsawdd newid yn y dyfodol?

Beth y gallwn ei wneud i leihau effeithiau newid hinsawdd?

Ffigur 1 Tanau coedwig yn llosgi ger Sydney, Awstralia, Ionawr 2003. Cafodd dros 200 o bobl eu lladd yn nhalaith Victoria yn Chwefror 2009 gan danau coedwig.

Beth yw'r effaith tŷ gwydr?

Proses naturiol yn ein hatmosffer yw'r effaith tŷ gwydr. Hebddi, byddai'r tymheredd cyfartalog ar wyneb y Ddaear yn −17 °Celsius yn hytrach na'r 15 °Celsius sydd gennym nawr. Gyda thymheredd o'r fath ni fyddai bywyd wedi esblygu ar y Ddaear fel ag y mae ac mae'n debygol iawn na fyddem yn bodoli!

Mae'r effaith tŷ gwydr, sydd i'w gweld yn Ffigur 2, yn golygu bod atmosffer y Ddaear yn gweithredu fel blanced ynysu. Mae egni solar (tonfedd fer) ac egni gwres (tonfedd hir) o'r haul yn pasio trwy'r atmosffer yn eithaf hawdd. Mae egni'r haul yn cynhesu'r Ddaear sydd wedyn yn pelydru ei egni ei hun yn ôl i'r atmosffer. Mae'r egni gwres tonfedd hir sy'n dod o'r Ddaear yn cael ei amsugno'n eithaf hawdd gan nwyon sy'n bresennol yn naturiol yn yr atmosffer. **Nwyon tŷ gwydr** yw'r enw ar y rhain. Maent yn cynnwys carbon deuocsid (CO_2), methan (CH_4) ac anwedd dŵr (H_2O). Carbon deuocsid yw'r pedwerydd nwy mwyaf cyffredin yn yr atmosffer. Mae'n digwydd yn naturiol yn yr atmosffer – mae popeth byw yn ei gynhyrchu wrth resbiradu. Felly mae carbon deuocsid wedi bodoli yn yr atmosffer byth ers i fywyd ddechrau ar y Ddaear. Mae methan ac anwedd dŵr wedi bod yn yr atmosffer yn hirach fyth, felly mae'r effaith tŷ gwydr wedi effeithio ar ein hinsawdd am filoedd o filiynau o flynyddoedd.

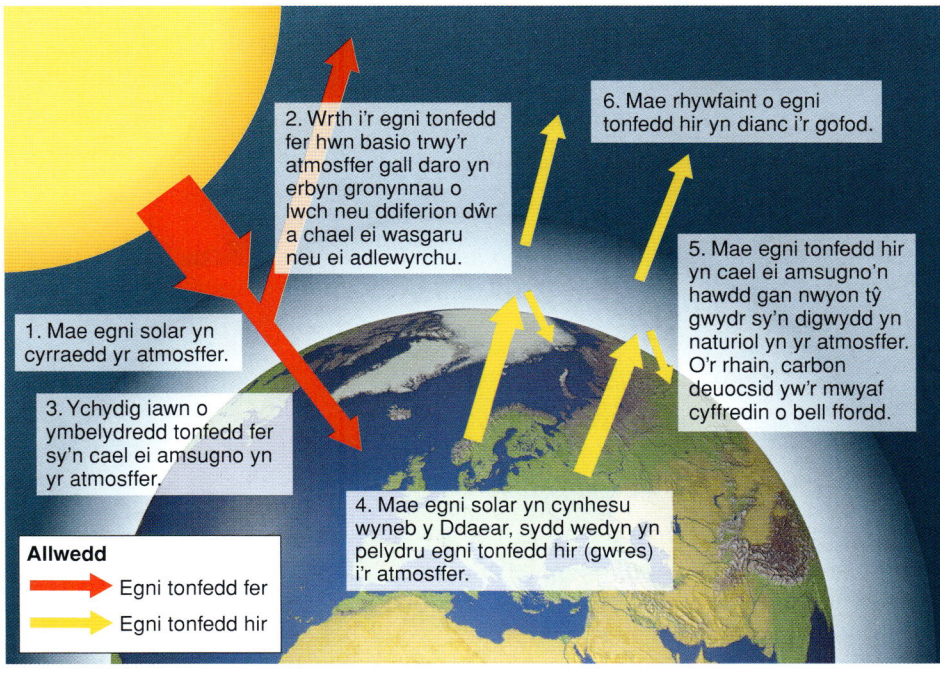

1. Mae egni solar yn cyrraedd yr atmosffer.
2. Wrth i'r egni tonfedd fer hwn basio trwy'r atmosffer gall daro yn erbyn gronynnau o lwch neu ddiferion dŵr a chael ei wasgaru neu ei adlewyrchu.
3. Ychydig iawn o ymbelydredd tonfedd fer sy'n cael ei amsugno yn yr atmosffer.
4. Mae egni solar yn cynhesu wyneb y Ddaear, sydd wedyn yn pelydru egni tonfedd hir (gwres) i'r atmosffer.
5. Mae egni tonfedd hir yn cael ei amsugno'n hawdd gan nwyon tŷ gwydr sy'n digwydd yn naturiol yn yr atmosffer. O'r rhain, carbon deuocsid yw'r mwyaf cyffredin o bell ffordd.
6. Mae rhywfaint o egni tonfedd hir yn dianc i'r gofod.

Allwedd
→ Egni tonfedd fer
→ Egni tonfedd hir

Ffigur 2 Yr effaith tŷ gwydr

Gweithgaredd

1. Defnyddiwch Ffigur 2 i egluro'r effaith tŷ gwydr.

Thema 2: Newid Hinsawdd

Sut y mae gweithgareddau pobl wedi effeithio ar yr effaith tŷ gwydr?

Carbon yw un o'r elfennau mwyaf cyffredin yn yr amgylchedd. Mae'n bresennol yn y canlynol:

- pob sylwedd organig, h.y. popeth byw
- cyfansoddion syml fel CO_2, sy'n bodoli fel nwy yn yr atmosffer ac sy'n hydoddi yn y cefnforoedd
- cyfansoddion cymhleth, fel yr hydrocarbonau sydd mewn tanwyddau ffosil fel olew, glo a nwy.

Mae carbon yn gallu trosglwyddo o un rhan o'r amgylchedd i'r llall trwy brosesau biolegol, fel resbiradaeth, a phrosesau cemegol fel **hydoddiant.** Mae'r trosglwyddiadau hyn yn digwydd rhwng rhannau o'r amgylchedd sy'n rhyddhau carbon, a elwir yn ffynonellau, a rhannau o'r amgylchedd sy'n amsugno carbon dros gyfnodau hir o amser, a elwir yn suddfannau carbon. Mae'r trosglwyddiadau rhwng ffynonellau a suddfannau i'w gweld yn y diagramau o'r gylchred garbon yn Ffigurau 3 a 4.

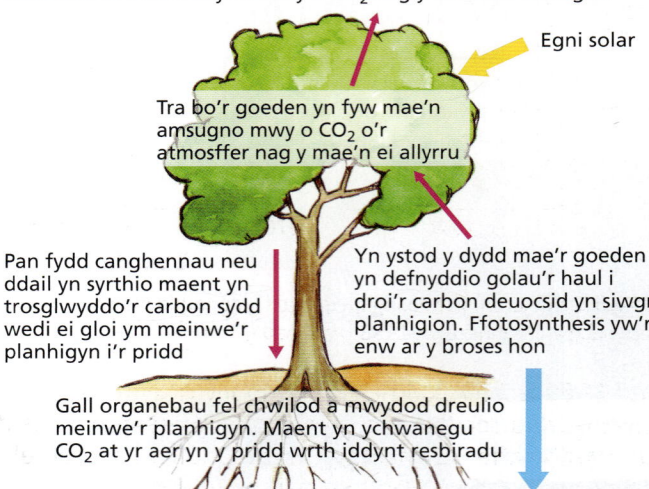

Ffigur 3 Cylchred garbon wedi ei symleiddio

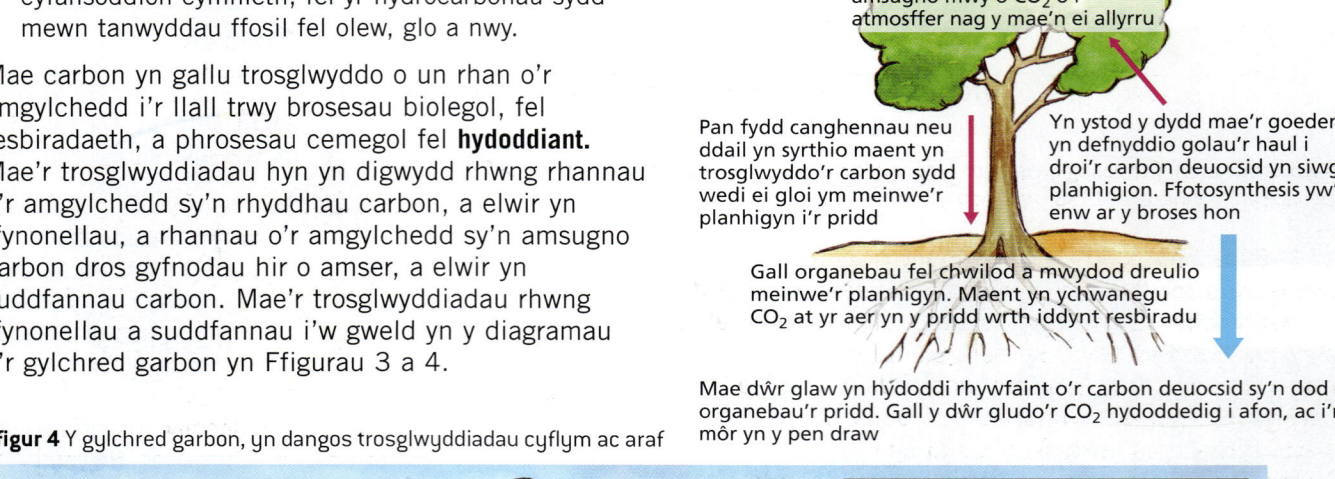

Ffigur 4 Y gylchred garbon, yn dangos trosglwyddiadau cyflym ac araf

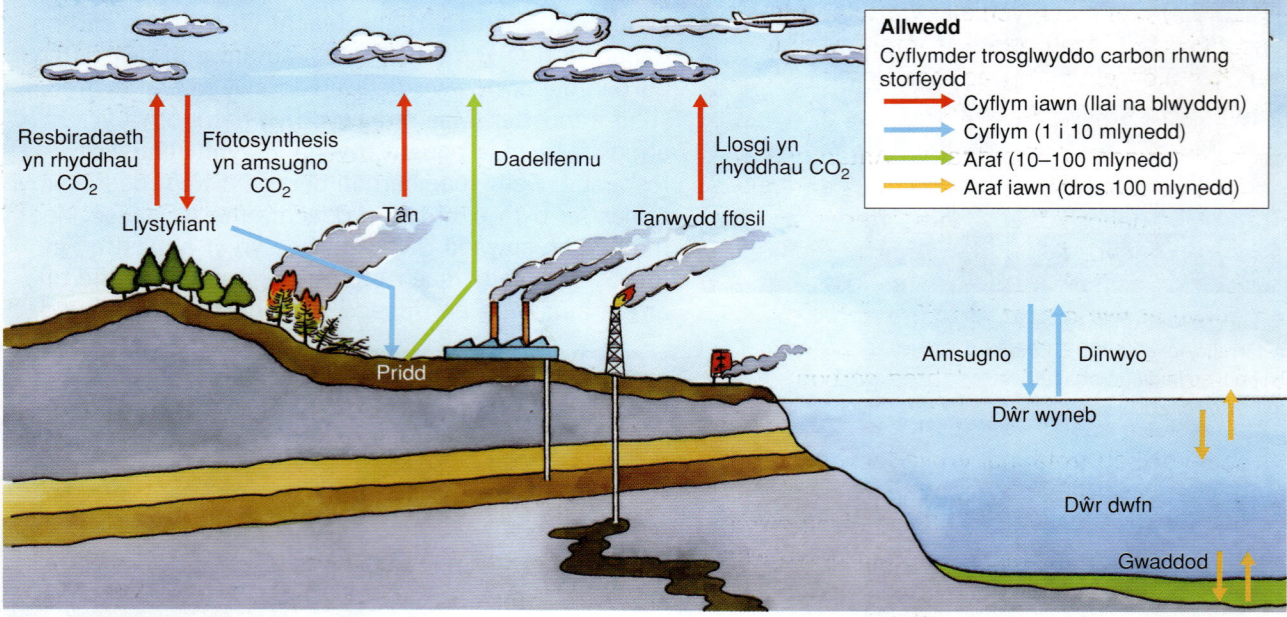

Gweithgaredd

1. Astudiwch Ffigurau 3 a 4.
   a) Disgrifiwch y gweithgareddau dynol sy'n rhyddhau CO_2 i'r atmosffer.
   b) Eglurwch y prosesau sy'n golygu bod coedwigoedd yn gallu gweithredu fel suddfan carbon.
   c) Rhowch ddau reswm pam y bydd llosgi coedwigoedd glaw trofannol yn cynyddu faint o CO_2 sydd yn yr atmosffer.

2. Defnyddiwch Ffigur 4.
   a) Disgrifiwch y gwahaniaeth rhwng cyflymder trosglwyddo carbon yn y rhan naturiol o'r gylchred o'i gymharu â'r rhan o'r gylchred sy'n cael ei heffeithio gan weithgaredd dynol.
   b) Eglurwch y gwahaniaeth y mae hyn yn ei wneud i faint o garbon sy'n cael ei storio yn yr atmosffer o'i gymharu â suddfannau carbon tymor hir. Eglurwch pam y mae hyn yn peri pryder.

Thema 2: Newid Hinsawdd

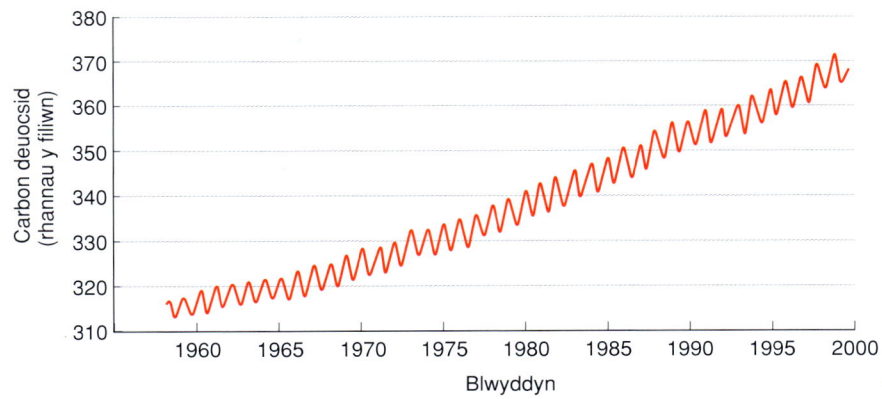

Ffigur 5 Mae Cromlin Keeling yn dangos y cynnydd mewn carbon deuocsid yn yr atmosffer ers cychwyn monitro yn 1958 [rhannau y filiwn]

Yn 1958 dechreuodd tîm o wyddonwyr gymryd mesuriadau rheolaidd o grynodiadau carbon deuocsid yn yr atmosffer. Gwnaethant sylweddoli y gallai lefelau lleol o CO_2 fod yn uwch pe bai'r sampl yn cael ei gymryd gerllaw diwydiant neu dagfeydd trafnidiaeth. Felly, penderfynwyd cynnal eu profion ar Mauna Loa, Hawaii. Roeddent yn tybio y gallai hyn roi darlleniadau a fyddai'n cynrychioli cyfartaledd lefelau CO_2 yn yr atmosffer. Mae'r gwaith samplu wedi ei wneud yn rheolaidd ers hynny ac mae'r graff, sef Cromlin Keeling, i'w weld yn Ffigur 5.

Yn ôl ymchwil gwyddonol diweddar yn Antarctica a Grønland (gweler tudalennau 26–27), mae lefelau naturiol o garbon deuocsid yn yr atmosffer yn amrywio rhwng 180 rh. y filiwn. a 280 rh. y filiwn. Fodd bynnag, mae'r crynodiad o CO_2 yn yr atmosffer yn 380 rh. y filiwn ar hyn o bryd. Y prif reswm am y cynnydd hwn yw gweithgareddau dynol sydd wedi amharu ar brosesau naturiol y gylchred garbon.

Mae difetha a llosgi coedwigoedd, yn Ewrop yn gyntaf ac mewn rhanbarthau trofannol erbyn hyn, yn rhyddhau llawer iawn o CO_2 o'r coed i'r atmosffer. Mae ein dibyniaeth ar danwyddau ffosil i greu gwres ac egni yn ystod y 200 mlynedd diwethaf hefyd wedi rhyddhau llawer iawn o CO_2 i'r atmosffer. O ganlyniad i allyriad CO_2 a nwyon tŷ gwydr eraill nid yw'r gylchred garbon fyd-eang bellach yn gytbwys. Tynnwyd carbon o suddfannau tymor hir, fel tanwyddau ffosil a oedd wedi eu claddu yn y ddaear, ac fe'i trosglwyddwyd i'r atmosffer. Gyda mwy o nwyon yn gallu amsugno a dal y gwres, mae'r effaith tŷ gwydr wedi cryfhau. **Effaith tŷ gwydr uwch** yw'r enw ar hyn ac mae'r rhan fwyaf o wyddonwyr yn cytuno mai dyma achos **cynhesu byd-eang** yr atmosffer.

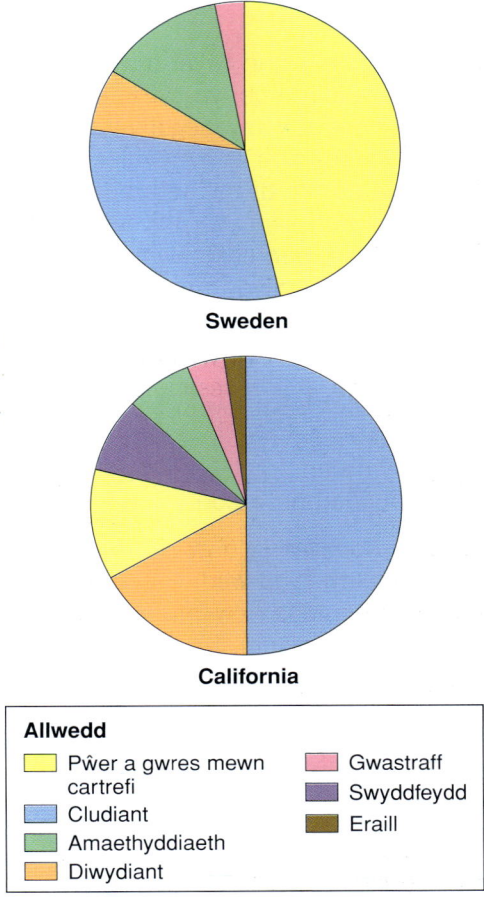

Ffigur 6 Ffynhonnell nwyon tŷ gwydr yn Sweden a California, UDA

Gweithgaredd

3 a) Gwnewch gopi o Ffigur 2.
  b) Labelwch eich copi o'r diagram i ddangos sut y mae'r effaith tŷ gwydr uwch yn gweithio. Meddyliwch yn ofalus pa rai o'r chwe label y bydd angen i chi eu newid.

4 a) Disgrifiwch ac eglurwch duedd Cromlin Keeling.
  b) Eglurwch pam y dewisodd y gwyddonwyr Hawaii fel lle da i gasglu eu samplau.

5 Defnyddiwch Ffigur 6.
  a) Cymharwch ffynhonnell yr allyriadau yn Sweden a Chalifornia.
  b) Awgrymwch y rhesymau am y gwahaniaethau hyn.
  c) Awgrymwch sut y gallai'r siartiau cylch fod yn wahanol pe baent ar gyfer **Gwlad Llai Economaidd Ddatblygedig (LlEDd: *LEDC*)** fel Mali neu Niger yn Affrica.

Thema 2: Newid Hinsawdd

Pa mor argyhoeddiadol yw'r dystiolaeth dros newid hinsawdd?

Bellach, mae'r rhan fwyaf o wyddonwyr hinsawdd (hinsoddegwyr) yn cytuno bod gweithgareddau pobl yn cyfrannu at newid hinsawdd byd-eang. Maent o'r farn bod nwyon tŷ gwydr ychwanegol yn cynhesu'r atmosffer a bod hyn yn newid yr hinsawdd fyd-eang ar gyflymder sy'n annhebyg iawn i unrhyw gylchred naturiol. Mae sawl darn o dystiolaeth bod pobl yn achosi newid hinsawdd. Maent fel darnau o jig-so braidd. Nid yw'r un darn o dystiolaeth yn argyhoeddi ar ei ben ei hun. Fodd bynnag, pan edrychwn ar y darlun mawr mae'n amlwg bod holl ddarnau'r jig-so yn dod at ei gilydd i greu dadl sy'n argyhoeddi a darbwyllo.

Tystiolaeth o'r creiddiau iâ

Rydym eisoes wedi gweld bod tystiolaeth wyddonol o Hawaii yn profi i lefelau carbon deuocsid godi'n gyson ers 1958. Fodd bynnag, a allwn ni fod yn siŵr nad yw hyn yn rhan o gylchred naturiol? Efallai fod lefelau carbon deuocsid yn amrywio dros gyfnodau hir a bod y cynnydd diweddar yn rhan o un o'r cylchredau hynny.

Mae gwyddonwyr sy'n gweithio yn Grønland ac Antarctica wedi bod yn ymchwilio i'r wybodaeth sydd wedi ei dal yn yr iâ i ddatgelu tystiolaeth o newid hinsawdd yn y gorffennol. Mae'r cwymp eira pob gaeaf yn cael ei orchuddio a'i gywasgu gan eira'r gaeaf canlynol. Mae pob haen o eira yn cynnwys tystiolaeth gemegol am dymheredd yr hinsawdd. Hefyd, mae pob haen yn cynnwys nwyon o'r atmosffer y disgynnodd yr eira trwyddo. Yn raddol, mae'r haenau'n troi yn iâ. Dros filoedd o flynyddoedd mae'r haenau hyn wedi tyfu ac nawr maent yn filoedd o fetrau o drwch. Trwy ddrilio i lawr i'r iâ, gall gwyddonwyr echdynnu creiddiau iâ sy'n mynd yn hŷn ac yn hŷn wrth iddynt fynd yn ddyfnach. Trwy gynnal dadansoddiad cemegol o'r haenau iâ hyn a'r nwyon sydd ynddynt, gallwn gael cofnod o'r hinsawdd dros y 420,000 blynedd diwethaf. Mae'r dystiolaeth hon yn awgrymu bod yr hinsawdd yn wir wedi mynd trwy gylchredau naturiol o gyfnodau oerach (**rhewlifol**) a chynhesach (**rhyngrewlifol**). Hefyd, maent yn dangos bod lefelau carbon deuocsid yn yr atmosffer wedi codi a disgyn fel rhan o gylchred naturiol.

Ffigur 7 Gwyddonwyr yn casglu samplau o greiddiau iâ o'r llen iâ yn Grønland

Thema 2: Newid Hinsawdd

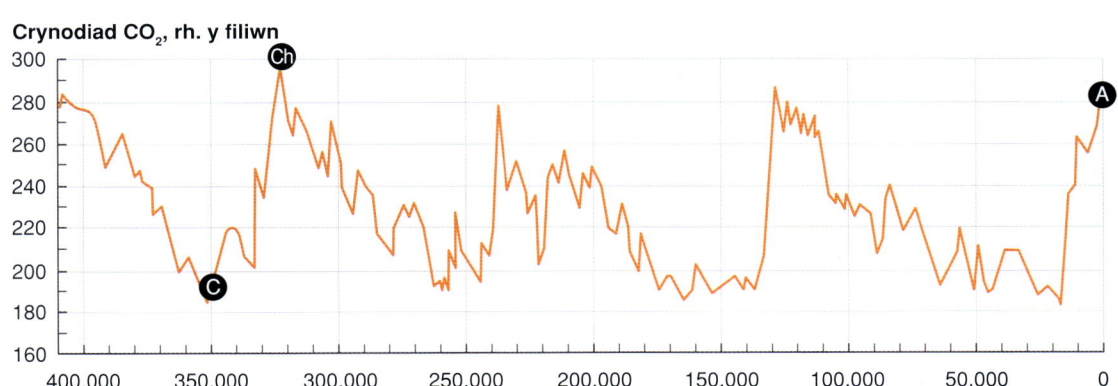

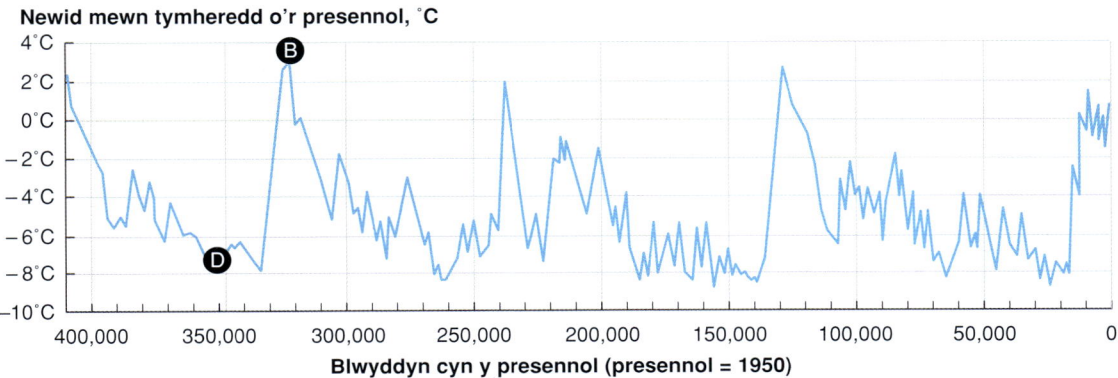

Ffigur 8 Tymheredd a chrynodiad CO₂ [rh. y filiwn] yn yr atmosffer dros y 400,000 mlynedd diwethaf

Gweithgaredd

1. Defnyddiwch Ffigur 8.
   a) Penderfynwch i ba rannau o'r graff sydd wedi eu nodi ag A, B, C, Ch a D y mae'r pum datganiad yn perthyn.
   b) Defnyddiwch y graff i gopïo a chwblhau'r datganiad canlynol:
   **Mae'r graff yn dangos cylchredau naturiol o gyfnodau .... a chyfnodau ....
   Roedd y tymheredd cyfartalog yn uwch na'r presennol ar *dri / pedwar / pum* achlysur.
   Gelwir y rhain yn gyfnodau .... Mae'r cyfnod rhyngrewlifol presennol fel petai wedi para *llawer mwy/llai* na chyfnodau yn y gorffennol.**

2. Defnyddiwch eich dealltwriaeth o'r effaith tŷ gwydr i egluro pam y mae lefelau llai o garbon deuocsid yn yr atmosffer yn gysylltiedig o bosibl â chyfnodau oerach o ran hinsawdd.

3. Cymharwch Ffigur 8 â Ffigur 5.
   a) Sawl gwaith yn y 420,000 mlynedd diwethaf y mae lefelau CO₂ wedi bod mor uchel ag yn 2000?
   b) Yn seiliedig ar ddata'r graidd iâ, ydych chi o'r farn bod Cromlen Keeling yn perthyn i gylchred naturiol debyg o grynodiadau carbon deuocsid? Eglurwch eich ateb yn llawn.

4. Yn eich barn chi pa mor argyhoeddiadol yw'r dystiolaeth bod:
   a) cylchredau naturiol o newid hinsawdd yn ystod y 420,000 mlynedd diwethaf?
   b) cynnydd anarferol yn lefelau carbon deuocsid ers 1958?

27

Thema 2: Newid Hinsawdd

Gwlad yr Iâ — Tystiolaeth o waith arsylwi diweddar ar y tywydd

Beth yw'r gwahaniaeth rhwng tywydd a hinsawdd? Tywydd yw ein profiad o dymheredd, gwynt, glawiad a haul o ddydd i ddydd. Mae **hinsawdd** yn ymwneud â chymryd darlleniadau tywydd dros gyfnodau hir, ac yna cyfrifo cyfartaleddau, patrymau a thueddiadau. Un o effeithiau newid hinsawdd yw fod digwyddiadau tywydd eithafol yn debygol o ddod yn fwy cyffredin yn y dyfodol. Felly a yw cofnodion tywydd diweddar yn dangos unrhyw dystiolaeth bod y tywydd yn mynd yn fwy eithafol?

Mae Gwlad yr Iâ wedi ei lleoli yng Ngogledd yr Iwerydd ychydig i'r de o'r Cylch Arctig. Mae'r tymheredd cymedrig (cyfartaledd dros y flwyddyn gyfan) yn Stykkishólmur sef porthladd pysgota bach ar arfordir y gorllewin, yn 3.5 °Celsius. Ym mis Gorffennaf a mis Awst mae'r tymheredd misol cymedrig ychydig o dan 10 °Celsius. Mae'r hinsawdd glaear yn dylanwadu ar amser hamdden. Mae llawer o bobl yn mwynhau nofio ac ymdrochi yn y tarddellau poeth naturiol ond does neb bron yn ymlacio ar y traeth. Fodd bynnag, ym mis Gorffennaf 2008 cafodd Gwlad yr Iâ ei haf cynhesaf ers i gofnodion ddechrau. A yw'r math hwn o ddigwyddiad tywydd eithafol yn dystiolaeth o newid hinsawdd?

Gweithgaredd

1. Defnyddiwch Ffigurau 10 ac 11.
   a) Faint yn gynhesach na'r cyfartaledd oedd Gwlad yr Iâ ym mis Gorffennaf 2008?
   b) Pam y mae awdur y blog yn teimlo'n flin dros y bobl o Wlad yr Iâ a aeth dramor ar eu gwyliau?

2. Defnyddiwch dystiolaeth o'r dudalen hon i egluro'r gwahaniaeth rhwng tywydd a hinsawdd.

3. a) Astudiwch Ffigurau 10 ac 11. A ydych yn credu bod y dystiolaeth hon dros newid hinsawdd yn argyhoeddi?
   b) Nawr edrychwch ar Ffigur 12. A yw'r dystiolaeth yn fwy neu'n llai argyhoeddiadol? Eglurwch eich ateb yn ofalus.

Mae'r tywydd wedi bod yn rhyfeddol yn ystod y 2–3 wythnos diwethaf yma, ac roedd ddoe yn goron berffaith ar gyfres o ddiwrnodau braf diweddar. Mae'r tymheredd wedi bod yn uwch nag erioed ar hyd a lled y wlad – yma yn Reykjavík fe gododd y tymheredd i 26.2 °C, gan dorri'r record flaenorol o 24.8 °C. Yn Thingvellir roedd y tymheredd yn 29.7 °C, a oedd hefyd yn record ac yn UWCH NAG YN YR ALGARVE ym Mhortiwgal (trueni am y bobl a wariodd ddegau o filoedd o Krona i gael gwyliau yn yr haul). Fe gawsom heulwen braf drwy'r dydd a gwynt cynnes braf, sydd braidd BYTH yn digwydd yma.

Ffigur 10 Darn o flog person o Wlad yr Iâ

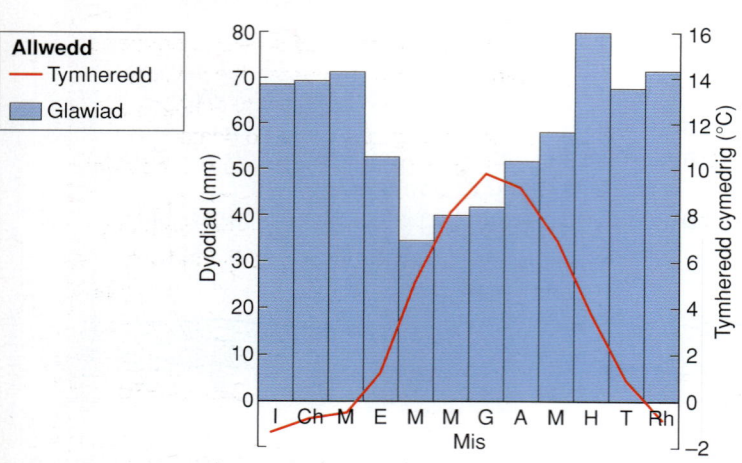

Ffigur 9 Preswylwyr Reykjavík yn ymweld â thraeth thermol Nauthólsvik ym mis Awst 2005

Ffigur 11 Graff hinsawdd ar gyfer Stykkishólmur ar arfordir gorllewinol Gwlad yr Iâ

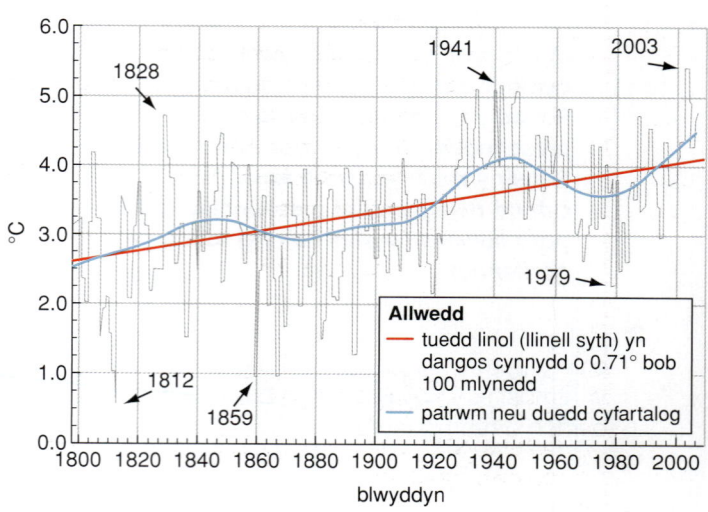

Ffigur 12 Tymheredd blynyddol yn Stykkishólmur 1798 i 2007

Thema 2: Newid Hinsawdd

Cyngor Arholwr

Disgrifio graffiau

Defnyddir graffiau i gyflwyno data a nodi patrymau a thueddiadau. Bydd disgwyl i chi ddeall, dehongli ac efallai ychwanegu data at amrywiaeth o wahanol dablau, siartiau a graffiau. Mae'r rhain yn cynnwys:

- graffiau llinell
- graffiau bar
- siartiau cylch
- graffiau gwasgariad
- pictogramau.

Cwestiwn enghreifftiol

Astudiwch Ffigur 12 ar dudalen 28.

(a) Disgrifiwch y duedd yn y tymheredd blynyddol yn Stykkishólmur rhwng 1798 a 2007. [4]

(b) Rhowch resymau posibl i egluro'r duedd hon. [5]

Ateb myfyriwr

(a) Mae tuedd y graff yn dangos cynnydd yn y tymheredd blynyddol✓. Nid yw'n codi ar gyfradd gyson✓ gan fod y tymheredd blynyddol yn dechrau disgyn yn 1845 yna'n codi eto ac yn gostwng eto yn 1950✓. Ar gyfartaledd, mae'r tymheredd wedi codi o 2.5° i dros 4°✓. Roedd ar ei uchaf yn 2003 sef 5.4°✓.

(b) Mae'r tymheredd yn codi oherwydd cynhesu byd-eang sy'n cael ei achosi gan gynnydd mewn allyriadau carbon deuocsid ✓. Hefyd defnyddir mwy o drydan ✓ wrth i'r canrifoedd fynd heibio. Mae'r gwres yn toddi'r capiau iâ gan ei fod yn cael ei atal rhag dianc ac mae hyn yn codi'r tymheredd yng Ngwlad yr Iâ. Proses arall sydd wedi digwydd dros y blynyddoedd yw datgoedwigo✓ ac nid oes digon o goed i amsugno'r carbon deuocsid✓.

Sylwadau'r arholwr!

a) Mae hwn yn ateb da. Mae'r ymgeisydd wedi disgrifio'r duedd gyffredinol, nodi amrywiadau yn y duedd hon a dyfynnu ffigurau o'r graff. Marciau llawn!

b) Mae *eglurwch* yn orchymyn cyffredin – mae angen i chi egluro neu ddweud pam y mae rhywbeth yn digwydd. Yn yr ateb hwn mae'r ymgeisydd wedi deall y gorchymyn ond nid yw wedi cynnwys gwybodaeth fanwl. Mae capiau iâ yn ymdoddi yn berthnasol ond mae'r ymgeisydd yn methu â gwneud y cysylltiad rhwng y ffactor hwn a thymheredd yn codi – felly nid oes yma eglurhad. Mae'r ymgeisydd yn datblygu marc am ddatgoedwigo i 2 farc trwy egluro ei bwysigrwydd. Mae'r ateb yn cael 4 marc, gan nad yw'n cynnwys digon o fanylion i gael y 5 marc llawn sydd ar gael.

Ymarfer arholiad

1. Astudiwch Ffigur 11 ar dudalen 28
    a) Beth yw amrediad blynyddol y tymheredd yn Stykkishólmur? (Cyfrifwch y tymheredd cymedrig uchaf ac isaf yn y flwyddyn ac yna cyfrifwch y gwahaniaeth.) [2]
    b) Disgrifiwch y duedd yn y tymheredd drwy gydol y flwyddyn yn Stykkishólmur. [4]
    c) Beth yw cyfanswm y glawiad blynyddol yn Stykkishólmur? (Adiwch gyfansymiau'r dyodiad misol.) [1]
    ch) Rhowch resymau posibl i egluro hinsawdd Stykkishólmur. [5]

2. Defnyddiwch yr wybodaeth yn y tabl i ateb y cwestiynau canlynol.
    a) Lluniwch graffiau llinell i ddangos y newidiadau yn lefelau carbon deuocsid a thymheredd yn y 200 mlynedd diwethaf. [4]
    b) Disgrifiwch y patrwm y mae pob graff yn ei ddangos. [4]
    c) Lluniwch graff gwasgariad o garbon deuocsid (echelin x) yn erbyn tymheredd (echelin y). (Defnyddir graffiau gwasgariad i ddangos y berthynas rhwng dwy gyfres o ddata. Tynnwch linell ffit orau i ddangos y duedd.) [4]
    ch) Disgrifiwch y berthynas rhwng carbon deuocsid yn yr atmosffer a gwahaniaethau yn y tymheredd blynyddol cymedrig (nodwch unrhyw anghysonderau). [4]

Blwyddyn	1800	1820	1840	1860	1880	1900	1920	1940	1960	1980	2000
Lefelau CO_2 mewn rhannau y filiwn	282	284	285	286	290	296	302	310	321	340	370
Tymheredd blynyddol cymedrig mewn °C	−0.9	−0.95	−0.8	−0.7	−0.45	−0.4	−0.2	0	0.05	0.3	0.7

Thema 2: Newid Hinsawdd

Arwyddion rhybudd gan natur

Mae nifer o ecolegwyr (gwyddonwyr sy'n astudio planhigion ac anifeiliaid) yn dechrau cyfrannu at y ddadl ar newid hinsawdd. Maent yn dadlau bod peth bywyd gwyllt yn sensitif iawn i newid yn yr hinsawdd, felly mae newidiadau bach mewn tymheredd neu lawiad yn gallu achosi newidiadau amlwg mewn ymddygiad neu ddosbarthiad. Os yw'r ecolegwyr yn gywir, byddai'r math hwn o dystiolaeth yn ddarn arall o'r jig-so. Daw un darn o dystiolaeth gan wyddonwyr sy'n astudio eirth gwyn ym Mae Hudson, Canada.

Mae tuag 20,000 o eirth gwyn yn byw yn yr Arctig ac mae 1,200 o'r rhain yn byw yn rhanbarth Bae Hudson. Mae eirth gwyn ar frig cadwyn fwyd yr Arctig. Maent yn hela ar iâ y môr rhewedig yn y gwanwyn ac yn bwydo ar forloi newydd anedig yn ystod mis Mawrth ac Ebrill. Mae'r cyfnod hwn yn dyngedfennol i'r eirth. Gallant fagu rhwng 50 y cant a 75 y cant o'u braster yn ystod yr ychydig wythnosau hyn. Ar ôl i'r iâ ddadmer, ychydig iawn y byddant yn ei fwyta hyd nes y daw iâ môr yn ôl yn yr hydref. Mae astudiaethau gan Wasanaeth Bywyd Gwyllt Canada yn dangos bod yr iâ ym Mae Hudson erbyn hyn yn dadmer dair wythnos yn gynt nag yr oedd pan ddechreuodd yr astudiaethau ddechrau'r 1970au. Ar gyfer pob wythnos y mae'r dadmer yn digwydd yn gynharach, mae eirth yn cael llai o gyfle i fwydo, ac maent yn dod i'r lan 10 kg yn ysgafnach. Mae canlyniadau newid hinsawdd pellach yn destun pryder.

- Bydd mwy o eirth ifainc a chenau yn newynu yn ystod yr haf hirach.
- Bydd yr eirth benyw yn llai ffrwythlon.
- Mae eirth newynog yn fwy tebygol o chwilota am fwyd mewn trefi lle y gallant wrthdaro â phobl.

Ffigur 13 Dosbarthiad eirth gwyn a lleoliad Bae Hudson

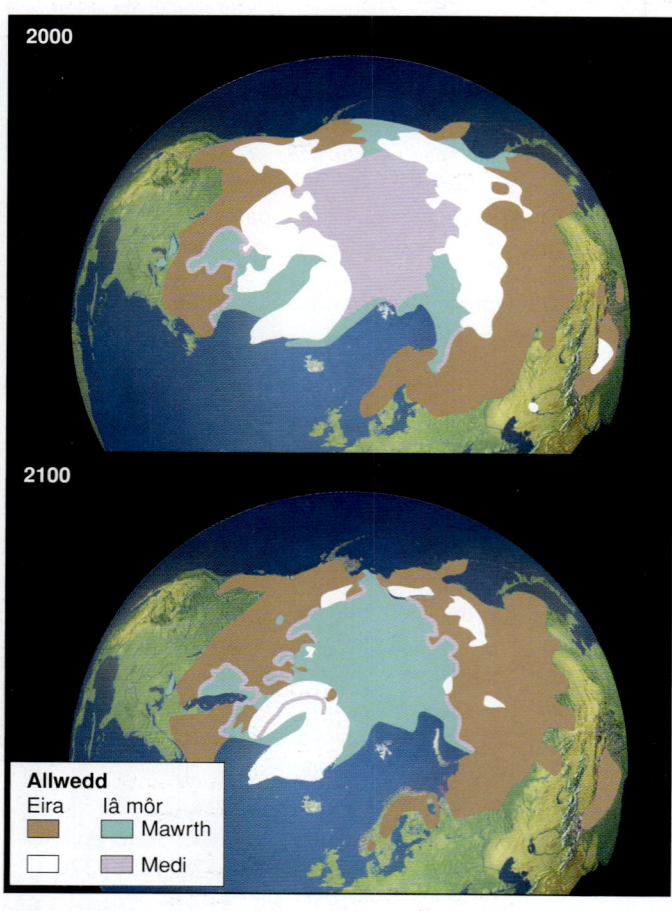

Ffigur 14 Ardaloedd o iâ môr yn 2000 o'u cymharu â'r ardaloedd a ragfynegir yn 2100

Gweithgaredd

1 Astudiwch Ffigur 13.
  a) Disgrifiwch leoliad Bae Hudson.
  b) Disgrifiwch ddosbarthiad yr eirth gwyn.

2 Defnyddiwch Ffigurau 13 a 14.
  a) Cymharwch ddosbarthiad yr eirth gwyn ag iâ môr ym mis Mawrth 2000.
  b) Disgrifiwch yr hyn y rhagfynegir y bydd yn digwydd i iâ môr ym mis Mawrth 2010.
  c) Eglurwch yn fanwl sut y gallai newid ym mhatrwm iâ môr sydd i'w weld yn Ffigur 14 effeithio ar y boblogaeth o eirth gwyn.

3 Eglurwch pam y gallai astudiaethau o ymddygiad anifeiliaid dros nifer o flynyddoedd ddarparu tystiolaeth fwy argyhoeddiadol o newid hinsawdd na chofnodi darlleniadau tymheredd yn unig.

Thema 2: Newid Hinsawdd

Gweithgaredd SGD: Astudiaeth o fywyd gwyllt Prydain – Nature's Calendar

www.naturescalendar.org.uk

Ffigur 15 Logos gwefan Nature's Calendar a Choed Cadw

Mae Coed Cadw (*Woodland Trust*) yn cynnal arolwg sy'n gofyn i aelodau o'r cyhoedd anfon gwybodaeth os byddant yn gweld digwyddiadau tymhorol lle y maent yn byw. Mae miloedd o bobl yn cymryd rhan, ac mae arolwg Nature's Calendar wedi casglu gwybodaeth am arsylwadau o ddigwyddiadau naturiol mor bell yn ôl â'r 1960au. Ar wefan Nature's Calendar gallwch gofnodi'r digwyddiadau bywyd gwyllt o bwys a welwch yn y gwanwyn a'r hydref, er enghraifft y wennol gyntaf yn cyrraedd, neu'r grifft broga cyntaf. Mae canlyniadau'n cael eu dangos ar fapiau wedi eu hanimeiddio.

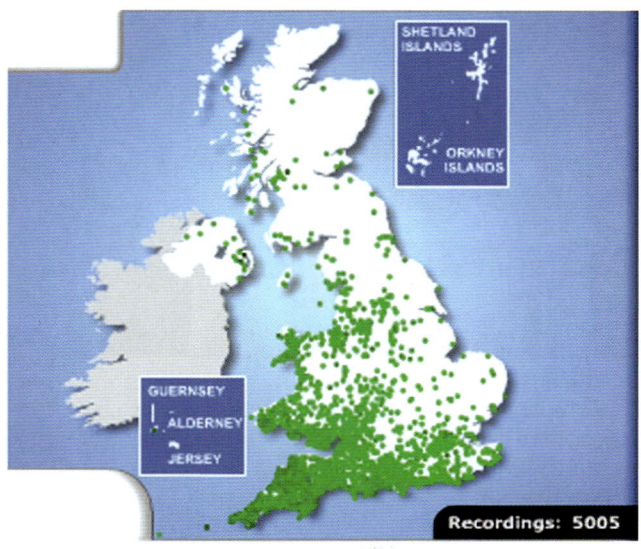

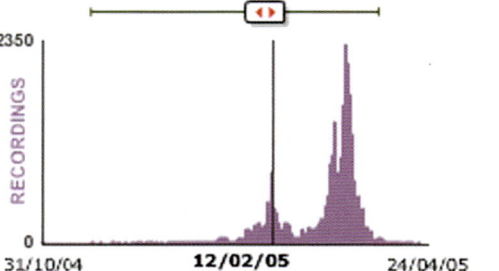

Ffigur 16 Mae'r sgrinlun yn enghraifft o un o'r mapiau rhyngweithiol sydd ar gael ar y wefan. Mae hwn yn dangos lle y gwelwyd grifft broga am y tro cyntaf hyd at 12 Chwefror 2005. Sylwch fod y graff yn dangos bod pobl wedi gweld grifft broga bob dydd hyd at 24 Ebrill 2005.

Gweithgaredd

1. a) Disgrifiwch ddosbarthiad y lleoliadau lle y gwelwyd grifft broga ar y map.
   b) Awgrymwch resymau pam y mae grifft broga i'w weld yn gynharach mewn rhai rhannau o'r DU nag eraill.

2. Gweithiwch mewn parau. Os ydych yn gallu mynd ar y rhyngrwyd, mewngofnodwch ar y wefan.
   a) Trafodwch sut y gallwch ddefnyddio'r wefan i gymharu datblygiad y gwanwyn mewn gwahanol flynyddoedd.
   b) Awgrymwch ragdybiaeth sy'n cysylltu'r dystiolaeth ar y wefan â newid hinsawdd, e.e. **Os yw newid hinsawdd yn gwneud y gaeafau'n fwynach yna byddwn yn disgwyl gweld ………**
   c) Profwch eich rhagdybiaeth a rhowch gyflwyniad byr i'ch dosbarth ar eich canfyddiadau.

Thema 2: Newid Hinsawdd

Beth yw'r gwahanol fathau o ddyfodol?

Beth yw effeithiau posibl newid hinsawdd mewn Gwledydd MEDd a Gwledydd LlEDd?

Mae newid byd-eang yn yr hinsawdd oherwydd allyriadau nwy tŷ gwydr yn debygol o gael amrywiaeth o effeithiau, a gallai rhai lleoedd gael eu heffeithio'n waeth nag eraill.

Yn 2005, cafodd New Orleans lifogydd oherwydd ymchwydd storm o ddŵr a grëwyd gan Gorwynt Katrina. Lladdodd Katrina 1,836 o bobl. Mae llawer o'r ddinas wedi ei hadeiladu o dan lefel y môr. Adeiladwyd y ddinas ar dywod meddal delta afon ac wrth i hyn sychu mae'r ddinas yn suddo'n raddol. Mae'r ymsuddiant hwn, ynghyd â chynnydd yn lefelau'r môr, yn golygu bod New Orleans mewn mwy o berygl o gael rhagor o lifogydd.

Mae tua 3.6 biliwn o bobl (neu 60 y cant o boblogaeth y byd) yn byw o fewn 60 km i'r arfordir. Mae hyn yn debygol o godi i 6.4 biliwn (75 y cant o boblogaeth y byd) erbyn 2030.

Rhwng 1900 a 2000 cododd lefelau'r môr o 2 mm y flwyddyn ar gyfartaledd. Y rheswm pennaf am hyn yw'r iâ sy'n ymdoddi ar gyfandiroedd y byd, yn enwedig yn Grønland ac Antarctica.

O'r 23 mega-ddinas yn y byd, mae 16 mewn rhanbarthau arfordirol ac mewn perygl os bydd lefelau'r môr yn codi rhagor. Mae llawer o'r dinasoedd hyn mewn Gwledydd Llai Economaidd Ddatblygedig ac yn parhau i dyfu'n gyflym. Tynnwyd y ffotograff hwn yn Mumbai, ail ddinas fwyaf y byd, yn ystod y llifogydd ym mis Awst 2005.

Os bydd allyriadau tŷ gwydr yn parhau fel ag y maent ar hyn o bryd mae'n debygol y bydd lefelau'r môr yn parhau i godi 4 mm y flwyddyn ar gyfartaledd yn ystod y 100 mlynedd nesaf.

Cwblhawyd bared llifogydd Tafwys yn 1982 i amddiffyn Llundain rhag ymchwyddiadau llanw o Fôr y Gogledd. Mae lefelau'r llanw'n codi tua 6 mm y flwyddyn (60 cm yn y 100 mlynedd diwethaf). Byddai llifogydd mawr efallai yn achosi niwed gwerth £30,000 miliwn ac yn bendant byddent yn achosi llawer o farwolaethau.

Beth fydd yr effaith ar y biliynau o bobl sy'n byw mewn rhanbarthau arfordirol?

Ffigur 17 Effaith newid hinsawdd ar boblogaethau arfordirol

Thema 2: Newid Hinsawdd

Categori 5: Dros 250 km yr awr. Rhai adeiladau llai yn chwalu'n llwyr. Toeon adeiladau diwydiannol mawr yn disgyn. Llifogydd arfordirol helaeth yn achosi difrod i loriau isaf llawer o adeiladau.

Categori 4: 211–250 km yr awr. Dinistrio toeon adeiladau llai yn llwyr a difrod mwy helaeth i'r waliau. Pob arwydd a choeden yn cael eu chwythu i'r llawr. Gall llifogydd mewn ardaloedd arfordirol 3 i 5 awr cyn i'r storm gyrraedd rwystro llwybrau dianc.

Categori 3: 178–210 km yr awr. Difrod difrifol i doeon adeiladau bach. Rhywfaint o ddifrod i adeiladwaith waliau. Tai symudol yn cael eu dinistrio. Dinistrio arwyddion ffyrdd sydd wedi eu hadeiladu'n wael. Coed mawr yn cael eu chwythu i'r llawr.

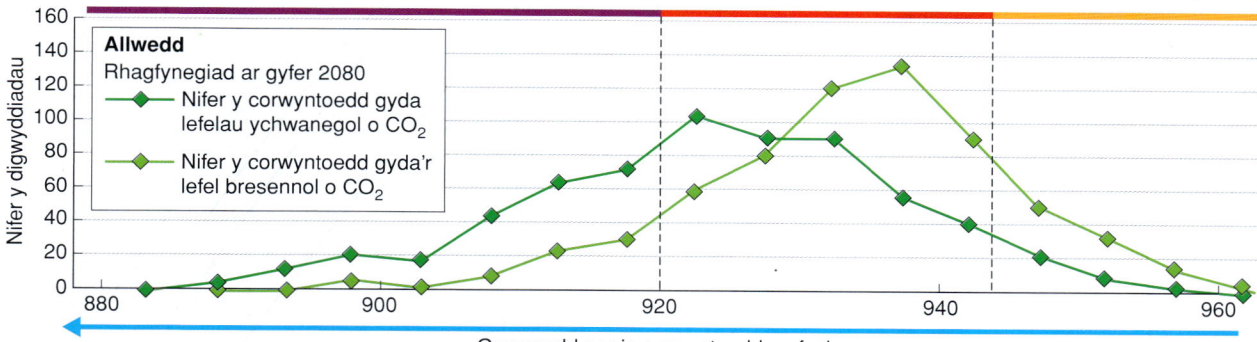

Wrth i hinsawdd y Ddaear gynhesu oherwydd lefelau cynyddol o nwyon tŷ gwydr yn yr atmosffer, mae'n bosibl y cawn gorwyntoedd cryfach na'r rhai cryfaf yn yr hinsawdd bresennol. Er na ellir dweud ar hyn o bryd a fydd mwy neu lai o gorwyntoedd yn y dyfodol gyda chynhesu byd-eang, disgwylir i'r corwyntoedd a fydd yn digwydd yn agos at ddiwedd yr 21ain ganrif fod yn gryfach gyda glawiad tipyn mwy dwys nag y maent dan yr amodau hinsawdd presennol.

Ffigur 18 Mae'r National Oceanic and Atmosphere Administration (NOAA) wedi defnyddio modelau cyfrifiadurol i ragfynegi amlder a chryfder corwyntoedd yn 2080

Gweithgaredd

1 Amlinellwch sut y gallai newid hinsawdd effeithio ar bobl sy'n byw mewn ardaloedd arfordirol.

2 Astudiwch Ffigur 18. Disgrifiwch sut y disgwylir i amlder a ffyrnigrwydd corwyntoedd newid.

3 a) Defnyddiwch y data yn Ffigur 20 i lunio graff o'r nifer o weithiau y caewyd y bared.
   b) Disgrifiwch duedd eich graff.
   c) Eglurwch sut y gall y graff hwn gael ei ystyried yn fwy o dystiolaeth dros newid hinsawdd.

4 Defnyddiwch dystiolaeth o dudalennau 30–33 i egluro pam y mae cynhesu byd-eang yn 'fater o bryder rhyngwladol'.

5 Awgrymwch pam y mae pobl sy'n byw mewn dinasoedd mewn **Gwledydd Mwy Economaidd Ddatblygedig (MEDd: MEDCs)** yn gallu o bosibl ymdopi'n well gyda newid hinsawdd a thywydd eithafol na phobl sy'n byw mewn dinasoedd mewn Gwledydd LlEDd.

'Mae posibilrwydd eithaf uchel y bydd y tymheredd yn rhanbarthau'r Arctig yn cynyddu'n sylweddol. Ac os bydd hynny'n digwydd, yn enwedig dros gyfnod o ddegawdau, mae'r posibilrwydd y bydd mamaliaid morol yn gallu addasu'n ddigon cyflym yn isel iawn.'

Ffigur 19 Barn Dr Malcolm Ramsay, Athro Bioleg ym Mhrifysgol Saskatchewan, Canada

Ffigur 20 Nifer y gweithiau y caewyd bared Tafwys i amddiffyn rhag ymchwyddiadau storm (llanw) (1983–2007)

Blwyddyn	Sawl gwaith
1983	1
1984	0
1985	0
1986	0
1987	1
1988	1
1989	0
1990	3
1991	0
1992	1
1993	5
1994	1
1995	3
1996	4
1997	0
1998	3
1999	3
2000	6
2001	11
2002	2
2003	8
2004	2
2005	5
2006	1
2007	11

33

Thema 2: Newid Hinsawdd

Daearyddiaeth i'r dyfodol

Sut y bydd newid hinsawdd yn effeithio ar Wlad yr Iâ?

Mae'r Arctig yn un rhanbarth lle y rhagwelir y bydd newid hinsawdd yn cael effaith enfawr. Heb os nac oni bai, bydd tirwedd Gwlad yr Iâ yn siŵr o newid wrth i'r capiau iâ a rhewlifau ymdoddi. Fodd bynnag, yn y tymor byr gallai'r economi elwa wrth i'r rhewlifau fwydo afonydd Gwlad yr Iâ a bod y rhain yn darparu pŵer trydan dŵr ar gyfer diwydiannau Gwlad yr Iâ. Bydd dŵr ffo o'r rhewlifau yn cyrraedd ei anterth rywbryd yn y 30 mlynedd nesaf ac, yn ôl modelau cyfrifiadurol, bydd rhewlifau Gwlad yr Iâ wedi diflannu erbyn 2200.

A fydd pobl eisiau ymweld â'r diffeithdir hwn?

Beth fydd yn digwydd i'r iâ ac i'r afon hon?

Sut y bydd newid hinsawdd yn effeithio ar y dirwedd?

Ffigur 21 Dim ond yn ystod Gorffennaf ac Awst y gellir rhydio afonydd canolbarth Gwlad yr Iâ

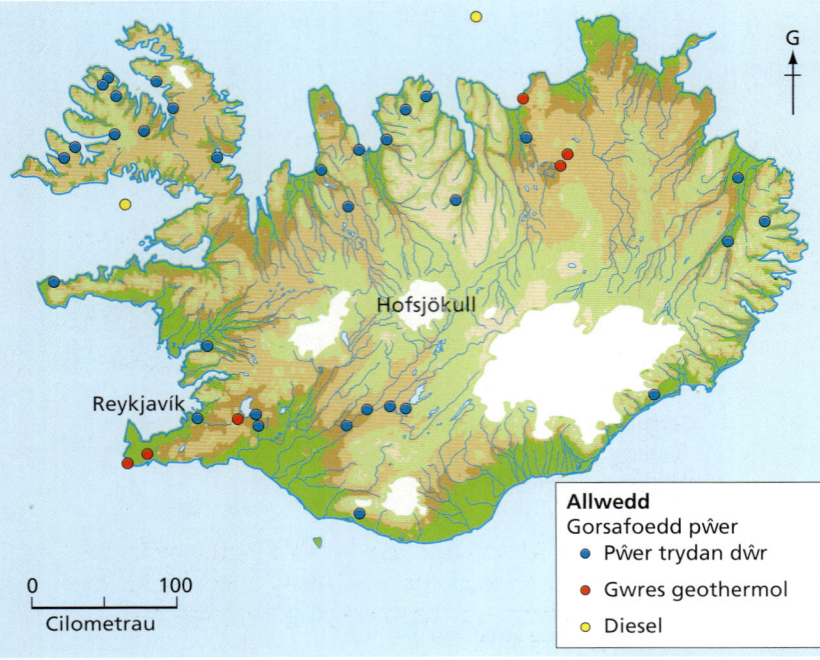

Ffigur 22 Gorsafoedd trydan Gwlad yr Iâ

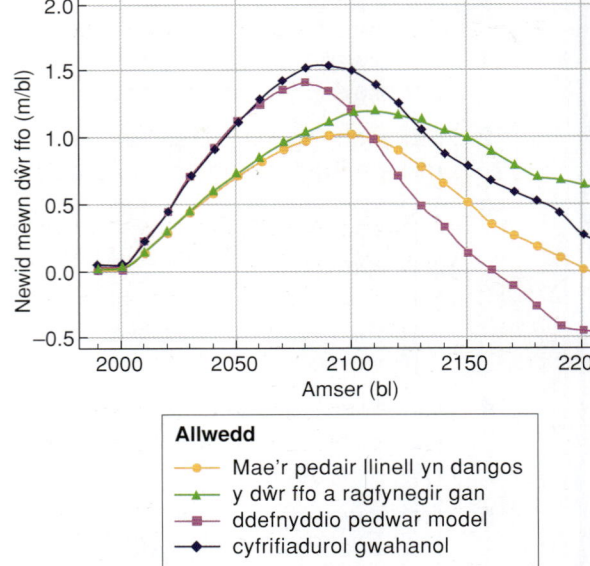

Ffigur 23 Newidiadau a ragfynegir mewn dŵr ffo (arllwysiad afon) o gap iâ Hofsjökull yng nghanolbarth Gwlad yr Iâ. Mae'r llinellau'n dangos y dŵr ffo a ragfynegir o'i gymharu â'r cyfartaleddau yn y flwyddyn 2000

34

Thema 2: Newid Hinsawdd

> Rhwng 1570 ac 1890 roedd hinsawdd Gwlad yr Iâ o leiaf 1 °Celsius yn oerach nag yw heddiw. Daeth iâ môr i lawr o'r Arctig ac amgylchynu Gwlad yr Iâ gan ei gwneud hi'n anodd dod â chychod pysgota i'r lan. Ymledodd y rhewlifau a gorchuddio rhai ffermydd. Methodd y cnydau grawn a gwair ac fe gafwyd newyn. Os bydd y tymheredd yn codi 1°Celsius yn uwch na'r tymheredd heddiw yna bydd ffermwyr yn gallu dechrau tyfu gwenith. Byddan nhw hefyd yn gallu cadw mwy o wartheg a defaid oherwydd byddan nhw'n gallu tyfu 20 y cant yn fwy o wair.

> Wrth reswm rydym ni'n pryderu am effeithiau negyddol newid hinsawdd. Mae'r rhan fwyaf o'r 300,000 o bobl yng Ngwlad yr Iâ yn byw'n agos i'r arfordir. Bydd codiad yn lefel y môr yn bygwth Reykjavík a threfi llai. Bydd digwyddiadau tywydd eithafol a achosir gan wasgedd isel yn dod yn fwy cyffredin. Bydd ymchwyddiadau storm yn achosi llifogydd ac erydiad arfordirol. Yr hyn sy'n peri'r pryder mwyaf yw dyfodol y diwydiant pysgota sydd mor bwysig i'n heconomi. Gallai hyd yn oed newidiadau bach yng ngheryntau'r cefnforoedd effeithio ar y stoc o bysgod yn y moroedd o gwmpas Gwlad yr Iâ ond mae'r rhagfynegiadau gwyddonol yn aneglur o hyd.

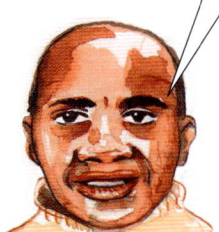

Arbenigwr hinsawdd

Llefarydd ar ran cwmni pŵer

Llefarydd ar ran y Llywodraeth

Cynrychiolydd cwmni teithio

> Mae tua 87 y cant o drydan Gwlad yr Iâ yn cael ei gynhyrchu gan orsafoedd pŵer trydan dŵr (a daw'r rhan fwyaf o'r gweddill o ffynonellau adnewyddadwy eraill, yn enwedig pŵer geothermol). Mae amgylcheddwyr wedi beirniadu adeiladu argae newydd yn Kárahnjúkar yn nwyrain Gwlad yr Iâ. Dydyn nhw ddim yn hoffi colli ardaloedd gwyllt. Ond dwi'n dweud bod Gwlad yr Iâ yn creu egni glân oherwydd dydym ni ddim yn dibynnu ar danwyddau ffosil. Bydd newid hinsawdd yn achosi i'r rhewlifau a'r capiau iâ ymdoddi'n raddol. Felly, bydd hyd yn oed mwy o ddŵr yn yr afonydd yn ystod y gwanwyn a'r haf. Gallwn greu mwy fyth o drydan. Bydd hynny'n gwneud Gwlad yr Iâ yn fwy deniadol eto i ddiwydiannau sydd angen llawer o egni, fel mwyndoddi alwminiwm a gweinyddion gwefannau.

> Mae diwydiant twristaidd Gwlad yr Iâ wedi tyfu'n gyflym yn yr 20 mlynedd diwethaf. Mae'r rhan fwyaf o dwristiaid yn hedfan yma ond mae ymgyrchwyr amgylcheddol yn beirniadu hedfan gan ddweud ei fod yn achosi allyriadau CO_2. Maen nhw'n dweud y dylem dalu mwy am deithiau hedfan. A fydd pobl yn dal i ddod yma os bydd cost hedfan yn codi? Mae rhywbeth arall yn peri pryder i mi. Mae'r rhan fwyaf o dwristiaid yn dod i weld ein tirwedd hardd a'n hardaloedd gwyllt. A fydd pobl yn dal i ddod i Wlad yr Iâ os na fydd iâ yma?

Ffigur 24 Gwahanol safbwyntiau ar newid hinsawdd yng Ngwlad yr Iâ

Gweithgaredd

1. Trafodwch Ffigur 21. Rhestrwch y newidiadau y disgwyliwch eu gweld i'r dirwedd hon ymhen 30 mlynedd ac ymhen 200 mlynedd.

2. a) Disgrifiwch leoliad cap iâ Hofsjökull.
   b) Disgrifiwch ddosbarthiad:
      i) gorsafoedd pŵer geothermol
      ii) gorsafoedd pŵer trydan dŵr.

3. Defnyddiwch Ffigur 23 i ragfynegi beth allai ddigwydd i weithgareddau cynhyrchu pŵer trydan dŵr Gwlad yr Iâ erbyn 2050, 2100 a 2200. Eglurwch pam y mae angen i gwmnïau egni Gwlad yr Iâ ganfod ffynonellau eraill o bŵer.

4. a) Defnyddiwch y safbwyntiau yn Ffigur 24 i lenwi'r tabl canlynol.

Newidiadau tymor byr	Newidiadau tymor hirach
Safbwyntiau sy'n gadarnhaol ar y cyfan	
Safbwyntiau sy'n negyddol ar y cyfan	

   b) Defnyddiwch eich tabl i egluro beth y byddech chi'n ei wneud i geisio creu dyfodol cynaliadwy i'ch gwlad pe baech chi yn y llywodraeth yng Ngwlad yr Iâ.

Thema 2: Newid Hinsawdd

Daearyddiaeth i'r dyfodol

Beth fydd effeithiau posibl newid hinsawdd mewn Gwledydd LlEDd?

Mae newid hinsawdd yn debygol o gael effaith ddifrifol ar bobl ac amgylcheddau Affrica. Bydd digwyddiadau tywydd eithafol amlach, tymheredd uwch a phatrymau mwy afreolaidd o lawiad yn effeithio ar gynhyrchu cnydau, a allai niweidio rhai economïau ac achosi prinder bwyd. Mae'n debygol hefyd y bydd y mosgitos sy'n cludo malaria yn symud i ranbarthau newydd fel bod mwy o bobl mewn perygl o gael eu heintio. Efallai mai'r pryder mwyaf yw y bydd mwy o bobl yn dioddef o **straen dŵr** (h.y. methu â chael hyd i ddigon o ddŵr ffres). Ar hyn o bryd mae 1.7 biliwn o bobl yn y byd yn dioddef o straen dŵr. Mae'r rhan fwyaf o'r rhain yn Affrica. Wrth i'r boblogaeth dyfu a'r hinsawdd newid disgwylir y bydd y nifer yn codi i 5 biliwn erbyn 2025.

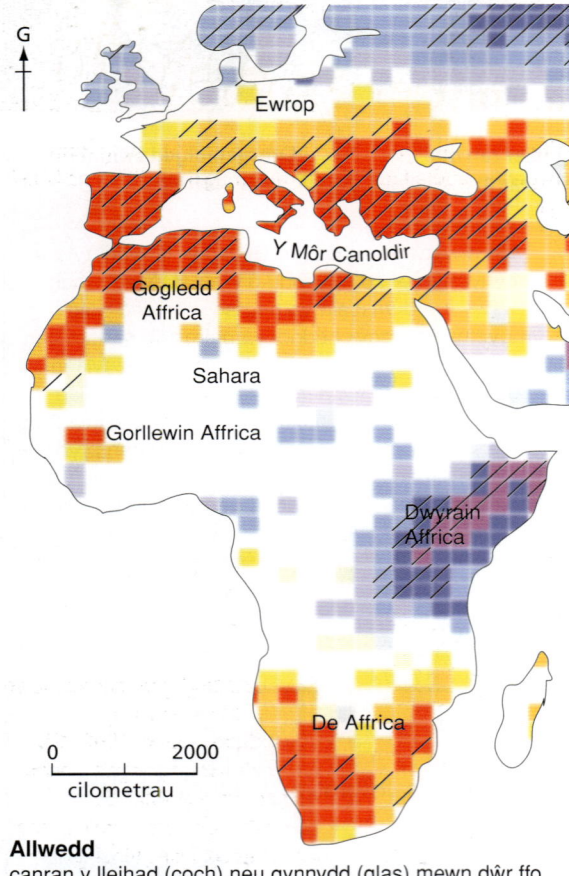

Allwedd
canran y lleihad (coch) neu gynnydd (glas) mewn dŵr ffo o ganlyniad i newidiadau mewn dyodiad

% −40 −20 −10 −5 −2   2   5   10   20   40

Yr ardaloedd gwyn yw lle y mae gwahanol efelychiadau cyfrifiadurol yn gwrth-ddweud ei gilydd felly ni ellir gwneud rhagfynegiad pendant. Yr ardaloedd sydd â llinellau arnynt yw'r ardaloedd lle y mae'r holl efelychiadau cyfrifiadurol yn cyd-fynd â'i gilydd.

Ffigur 25 Patrymau dŵr ffo yn Ewrop ac Affrica yn y dyfodol yn 2090–99 (o'u cymharu ag 1990–99)

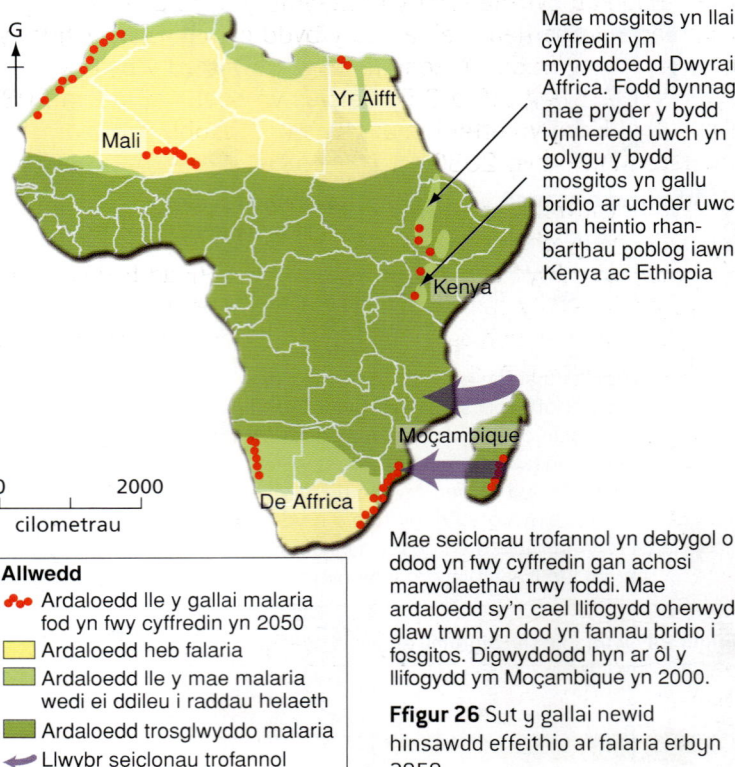

Allwedd
- Ardaloedd lle y gallai malaria fod yn fwy cyffredin yn 2050
- Ardaloedd heb falaria
- Ardaloedd lle y mae malaria wedi ei ddileu i raddau helaeth
- Ardaloedd trosglwyddo malaria
- Llwybr seiclonau trofannol

Mae mosgitos yn llai cyffredin ym mynyddoedd Dwyrain Affrica. Fodd bynnag, mae pryder y bydd tymheredd uwch yn golygu y bydd mosgitos yn gallu bridio ar uchder uwch gan heintio rhanbarthau poblog iawn Kenya ac Ethiopia

Mae seiclonau trofannol yn debygol o ddod yn fwy cyffredin gan achosi marwolaethau trwy foddi. Mae ardaloedd sy'n cael llifogydd oherwydd glaw trwm yn dod yn fannau bridio i fosgitos. Digwyddodd hyn ar ôl y llifogydd ym Moçambique yn 2000.

Ffigur 26 Sut y gallai newid hinsawdd effeithio ar falaria erbyn 2050

Gweithgaredd

1. Defnyddiwch Ffigur 25 i ddisgrifio dosbarthiad y gwledydd y disgwylir iddynt yn y dyfodol gael:
   a) llawer llai o ddŵr ffo
   b) llawer mwy o ddŵr ffo.

2. a) Eglurwch sut y gall mwy o ddŵr ffo gael effaith gadarnhaol a negyddol ar bobl.
   b) Awgrymwch pam y gallai gwledydd Affrica ei chael hi'n fwy anodd ymdopi â newidiadau i ddŵr ffo na gwledydd Ewrop.

3. a) Defnyddiwch Ffigur 26 i ddisgrifio pa gylchfa yn Affrica sydd mewn perygl o falaria ar hyn o bryd.
   b) Disgrifiwch sut a pham y mae'r gylchfa hon yn debygol o newid erbyn 2050.

Thema 2: Newid Hinsawdd

Mali — Newid hinsawdd ym Mali

Gwlad fawr yng Ngorllewin Affrica yw Mali, yn union i'r de o ddiffeithwch y Sahara. Mae'n un o wledydd tlotaf y byd. Nid yw'n cael llawer o law ac mae pob rhan o'r wlad yn cael tymor sych hir. Ers yr 1960au mae'r glawiad blynyddol wedi bod llawer yn is nag yr oedd ar ddechrau'r ugeinfed ganrif. Mewn rhai rhannau o'r wlad, mae llai o lystyfiant naturiol nawr na 40 mlynedd yn ôl, ac felly pan fydd hi'n wyntog mae'r pridd sych yn cael ei chwythu i ffwrdd yn hawdd. **Diffeithdiro** yw'r enw ar y broblem amgylcheddol hon.

Mae modelau cyfrifiadurol yn awgrymu y bydd glawiad yn y rhanbarth yn parhau i leihau ac y bydd cyfnodau o sychder yn dod yn fwy cyffredin. Maent yn awgrymu hefyd y bydd y tymheredd rhwng 1.5 a 2.5 °Celsius yn boethach erbyn 2030. Sut y bydd hyn yn effeithio ar y wlad a'i phobl? Ym marn gwyddonwyr, erbyn 2030:

- bydd cynhyrchu grawnfwydydd yn gostwng 12 y cant
- bydd cynhyrchu cotwm yn cynyddu 8 y cant
- bydd llai o fwyd ar gyfer da byw. Adeg eu lladd byddant yn pwyso 14–16 y cant yn llai nag ar hyn o bryd
- bydd canran y boblogaeth sydd mewn perygl o newyn yn codi o 34 y cant i rhwng 64 a 72 y cant.

Ffigur 27 Cotwm yw allforyn mwyaf Mali. Tyfir y rhan fwyaf ar raddfa fach gan ffermwyr sy'n ennill llai na UD$2 y dydd

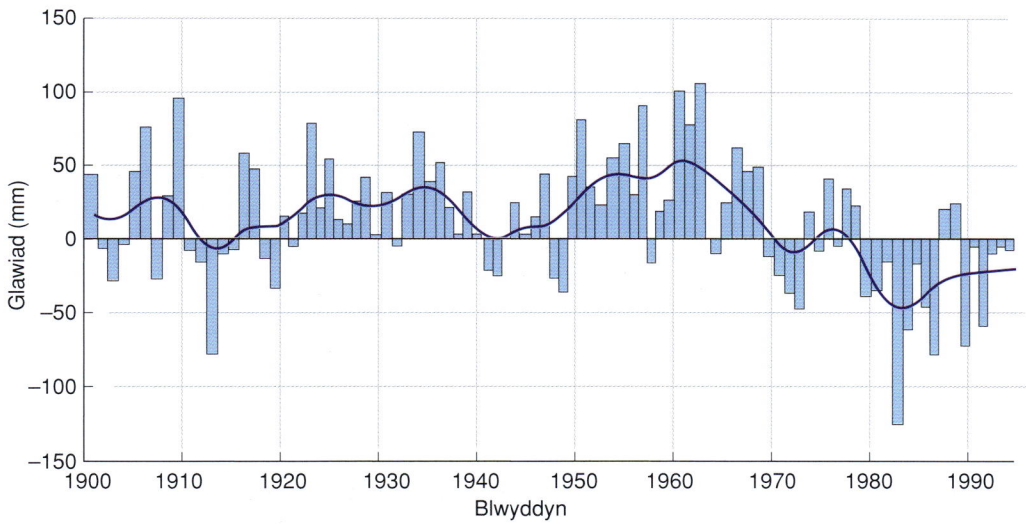

Ffigur 28 Anghysondebau mewn glawiad blynyddol yng ngwledydd y Sahel 1900–95. Mae pob bar yn dangos a oedd cyfanswm y glawiad bob blwyddyn yn uwch neu'n is na'r cyfartaledd. Mae'r llinell yn dangos y duedd

Gweithgaredd

4 Defnyddiwch Ffigur 28.
  a) Sawl blwyddyn rhwng 1900 ac 1965 gafodd:
    i) glawiad uwch na'r cyfartaledd o 50 mm neu fwy?
    ii) glawiad is na'r cyfartaledd o −50 mm neu lai?
  b) Sawl blwyddyn rhwng 1965 a 2000 gafodd:
    i) glawiad uwch na'r cyfartaledd o 50 mm neu fwy?
    ii) glawiad is na'r cyfartaledd o −50 mm neu lai?
  c) Gan ddefnyddio'r dystiolaeth yn Ffigur 28 cymharwch batrymau glawiad yng ngwledydd y Sahel cyn 1965 â'r cyfnod 1965–2000.

5 Amlinellwch brif effeithiau newid hinsawdd ar Mali gan ddefnyddio'r penawdau canlynol:
  Economi   Iechyd   Cyflenwad dŵr

Thema 2: Newid Hinsawdd

Daearyddiaeth i'r dyfodol

Sut y gallwn ni greu dyfodol amgen, carbon isel?

Daeth arweinwyr byd i gyfarfod yn Kyōtō, Japan i geisio cytuno sut i fynd i'r afael â newid hinsawdd. Cytunodd llawer o wledydd datblygedig i leihau eu hallyriadau o nwyon tŷ gwydr i lefelau 5 y cant islaw'r lefelau roeddent yn eu hallyrru yn 1990. **Protocol Kyōtō** yw'r enw ar y cytundeb hwn.

Fodd bynnag, dim ond cam bach tuag at ddyfodol carbon isel yw Protocol Kyōtō. Tra bo gwledydd fel y Deyrnas Unedig yn ceisio lleihau allyriadau, mae economïau India a China yn cynyddu eu hallyriadau. Maent yn dadlau bod angen iddynt gynhyrchu mwy o drydan i greu cyfoeth a dileu tlodi. Felly mae lefelau carbon deuocsid (sydd tua 380 rh. y filiwn ar hyn o bryd) yn debygol o gynyddu am rai blynyddoedd, hyd yn oed os bydd gwledydd Ewrop a gwledydd eraill yn lleihau eu hallyriadau. Yn 2008 cytunodd aelodau'r Undeb Ewropeaidd ar ddau darged newydd:

- lleihau allyriadau CO_2 20 y cant o'u lefelau yn 1990 erbyn y flwyddyn 2020. Byddai hyn yn cael ei gyflawni trwy fuddsoddi yn y gwaith o gynhyrchu egni adnewyddadwy gan ddefnyddio egni gwynt, solar a thrydan dŵr.
- **biodanwydd** i gyfrif am o leiaf 10 y cant o danwydd cludiant pob gwladwriaeth. Biodanwydd yw'r math o danwydd a wneir o olewau planhigion naturiol. Mae'n cael ei ddisgrifio fel **carbon niwtral** oherwydd bod y cnydau hyn sy'n tyfu'n gyflym yn amsugno cymaint o garbon o'r atmosffer wrth iddynt dyfu ag y maent yn ei allyrru pan fyddant yn cael eu llosgi fel tanwydd.

Gweithgaredd

1. Lluniwch hysbyseb neu boster ar gyfer biodanwydd i egluro sut y mae'n garbon niwtral.

2. a) Defnyddiwch Ffigur 28 i egluro pam y mae'r UE yn awyddus i osod targedau llawer uwch ar gyfer carbon na Phrotocol Kyōtō.
   b) Pryd, yn eich barn chi, y dylai India a China ddechrau lleihau eu hallyriadau carbon?

Model	Lefel brig o CO_2 rh. y filiwn	Blwyddyn y cyrhaeddir lefel brig o CO_2	Newid yng nghanran allyriadau CO_2 yn 2050 o'i gymharu â 2000	Cynnydd tymheredd cyfartalog byd-eang o'i gymharu â'r oes gyn-ddiwydiannol (Celsius)	Codiad cyfartalog byd-eang yn lefel y môr (metrau) am fod dŵr y môr yn ehangu, ond heb ystyried iâ'n ymdoddi
1	350–400	2000–2015	−85 – −50	2.0–2.4	0.4–1.4
2	400–440	2000–2020	−60 – −30	2.4–2.8	0.5–1.7
3	440–485	2010–2030	−30 – +5	2.8–3.2	0.6–1.9
4	485–570	2020–2060	+10 – +60	3.2–4.0	0.6–2.4
5	570–660	2050–2080	+25 – +85	4.0–4.9	0.8–2.9
6	660–790	2060–2090	+90 – +140	4.9–6.1	1.0–3.7

Ffigur 29 Modelau cyfrifiadurol y Panel Rhynglywodraethol ar Newid yn yr Hinsawdd (*IPCC*), grŵp uchel ei barch o wyddonwyr hinsawdd. Mae eu modelau cyfrifiadurol yn dangos y bydd tymheredd yn codi hyd yn oed os gallwn gadw crynodiadau CO_2 o dan 400 rh. y filiwn yn y pum mlynedd nesaf. Byddai model 1 yn gofyn am y lleihad cyflymaf a'r mwyaf mewn allyriadau CO_2, tra byddai model 6 yn galluogi gwledydd i leihau allyriadau yn arafach ac ar raddfa lai.

A all technolegau adnewyddadwy newydd ein helpu i gyflawni dyfodol carbon isel?

Efallai fod Ffigur 30 yn cynnig cipolwg ar Ewrop carbon isel y dyfodol. Mae cae yn cynnwys 600 o ddrychau dur yn adlewyrchu egni solar. Maent yn cyfeirio paladr o olau a gwres i ben uchaf tŵr 40 m lle y mae'r egni'n cael ei ffocysu ar bibellau dŵr. Mae'r gwres yn troi'r dŵr yn ager sydd wedyn yn troi tyrbin i greu trydan. Mae'r system gyfan yn cael ei rheoli gan gyfrifiadur fel bod pob drych yn gogwyddo ar yr ongl gywir yn union. Ar hyn o bryd mae'r **ffwrnais solar** hon yn cynhyrchu digon o egni i 6,000 o gartrefi, ond mae'r gwaith yn cael ei ehangu ac yn y pen draw bydd yn darparu pŵer ar gyfer dinas gyfan Sevilla, Sbaen.

Thema 2: Newid Hinsawdd

Yn y dyfodol, byddai'n bosibl adeiladu mwy o ffwrneisi solar yn niffeithwch y Sahara a dod â'u trydan nhw i Ewrop trwy 'uwchgrid' newydd o geblau. Mae gwyddonwyr o'r farn y gellid generadu holl drydan Ewrop o ddim ond 0.3 y cant o'r golau haul sy'n disgleirio ar y Sahara. Byddai'r uwchgrid yn unig yn costio tua €45 biliwn. Byddai hyn yn bendant yn arwain at leihad anferth yn allyriadau carbon Ewrop, ond mae beirniaid yn dweud y dylai Affrica hefyd elwa ar rywfaint o'r egni glân hwn.

Ffigur 30 Y ffwrnais solar newydd sy'n darparu trydan i ddinas Sevilla, Sbaen

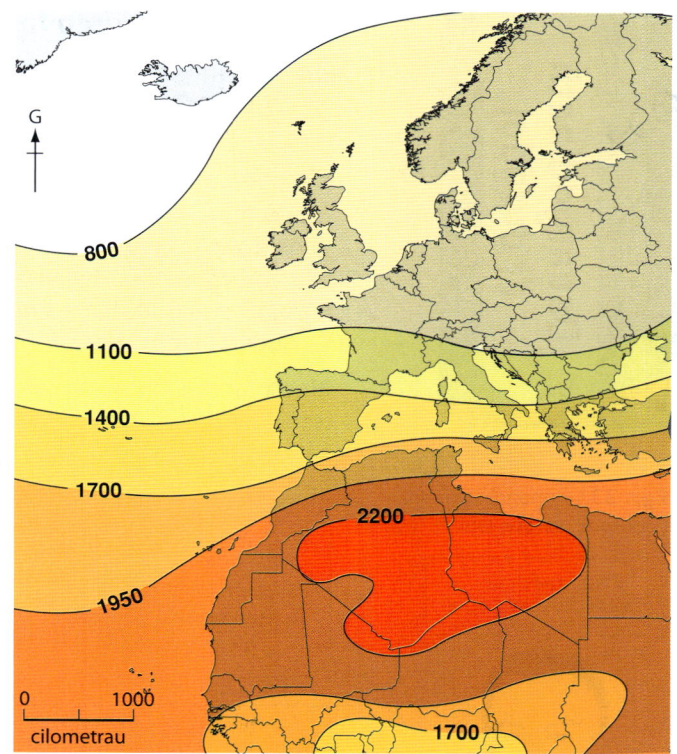

Ffigur 31 Patrymau egni solar ar draws Ewrop ac Affrica. (kilowat/m^2/blwyddyn)

Gweithgaredd

3. Defnyddiwch Ffigur 31 i ddisgrifio dosbarthiad y gwledydd sydd â:
   a) rhwng 1,100 a 1,400 kilowat/m^2/blwyddyn
   b) mwy na 2,200 kilowat/m^2/blwyddyn.

4. Defnyddiwch Ffigur 32 i ddisgrifio dosbarthiad:
   a) gwledydd sy'n cynhyrchu mwy na 2,000 megawat o egni gwynt bob blwyddyn ar hyn o bryd
   b) gwledydd a allai ddefnyddio eu moroedd i gynhyrchu lefel uchel o bŵer tonnau.

5. Lluniwch boster am egni adnewyddadwy yn Ewrop. Canolbwyntiwch ar egni gwynt, tonnau a solar. Cofiwch gynnwys ffeithiau a ffigurau am faint o egni adnewyddadwy sy'n cael ei gynhyrchu yn o leiaf un o wledydd Ewrop.

Ffigur 32 Yn y dyfodol gallai grid rhyngwladol o geblau pŵer gysylltu gwledydd Ewrop a Gogledd Affrica fel y gallai egni adnewyddadwy sy'n cael ei gynhyrchu yn y Sahara gael ei gyflenwi i'ch cartref

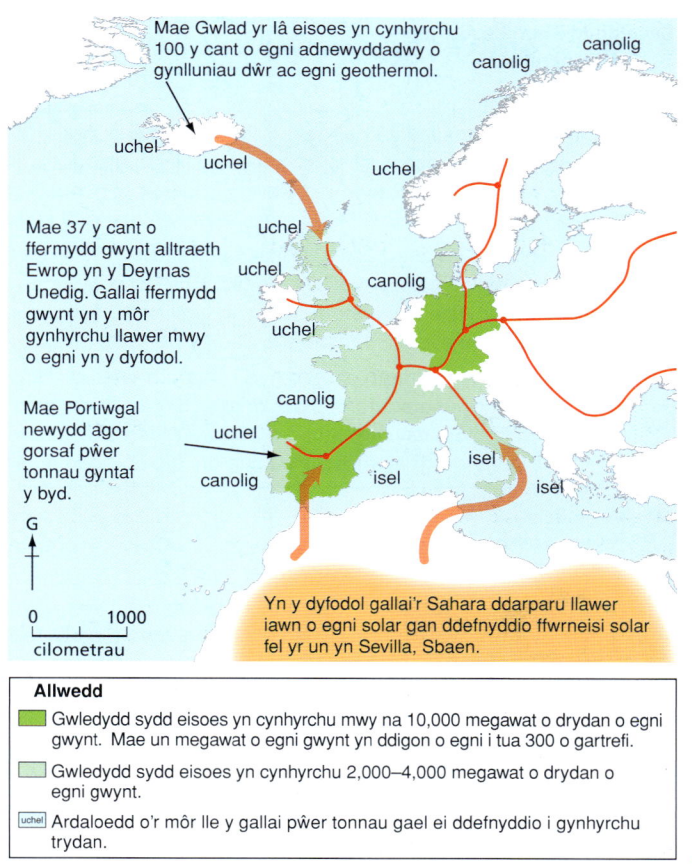

Allwedd
- Gwledydd sydd eisoes yn cynhyrchu mwy na 10,000 megawat o drydan o egni gwynt. Mae un megawat o egni gwynt yn ddigon o egni i tua 300 o gartrefi.
- Gwledydd sydd eisoes yn cynhyrchu 2,000–4,000 megawat o drydan o egni gwynt.
- uchel Ardaloedd o'r môr lle y gallai pŵer tonnau gael ei ddefnyddio i gynhyrchu trydan.

Thema 2: Newid Hinsawdd

Daearyddiaeth i'r dyfodol

Agweddau at ddyfodol carbon isel yn y Deyrnas Unedig

Gellid sicrhau dyfodol carbon isel trwy gyfuno tri dull.

- Defnyddio technolegau newydd i leihau ein dibyniaeth ar danwyddau ffosil ar gyfer egni a chludiant.
- Arbed mwy o egni a'i ddefnyddio'n fwy effeithlon. Mae hyn yn golygu newid ein ffordd o fyw fel bod pob un ohonom yn cyfrannu at leihau allyriadau carbon. Er enghraifft, gall unigolion ddefnyddio llai o egni trwy ynysu eu cartrefi, defnyddio offer egni isel, defnyddio mwy o gludiant cyhoeddus a hedfan llai.
- Canfod ffyrdd i gael gwared ar garbon deuocsid o'r atmosffer a'i storio mewn suddfannau tymor hir fel coedwigoedd neu mewn creigiau o dan y ddaear.

Mae manteision ac anfanteision i bob un o'r dulliau hyn o sicrhau dyfodol carbon isel, a gall rhai fod yn fwy poblogaidd nag eraill. Mae Ffigur 33 yn edrych ar safbwyntiau gwahanol ar yr atebion carbon isel hyn.

Ffigur 33 Gwahanol agweddau at ddyfodol carbon isel

Cadwraeth ac effeithlonrwydd egni

Gwleidydd Rhyddfrydwyr Democrataidd

> Dydy swydd y gŵr ddim yn talu'n dda iawn a dwi'n gweithio'n rhan-amser. Does dim llawer o arian gennym ni. Dwi'n pryderu na fydd gennym ni ddigon o arian i gynnau'r gwres y gaeaf hwn. Mae'r newyddion ar y teledu yn galw hyn yn dlodi tanwydd. Cafodd ein tŷ ni ei adeiladu yn yr 1930au a does dim llawer o ddefnydd ynysu ynddo. Dwi'n gwybod y byddai'n dda o beth ynysu'r to. Byddai'n costio ychydig yn llai i wresogi'r tŷ ac yn y pen draw byddai'r arbedion yn talu am y gwaith. Ond, chi'n gweld, does dim arian dros ben gen i. Bydd yn rhaid i'r ynysu aros.

> Dylai pawb wneud eu rhan i arbed egni. Gwneud pethau syml fel ynysu'r to a berwi dim ond cymaint o ddŵr ag sydd ei angen bob tro y defnyddiwch chi'r tegell. Rydym ni'n amcangyfrif bod yr allyriadau CO_2 o eitemau trydanol sy'n cael eu gadael yn y modd segur yn y DU yr un faint â 1.4 miliwn o deithiau hedfan hir. Mae hynny'r un fath â phe bai pawb yn Glasgow yn hedfan i Efrog Newydd ac yn ôl! Ac mae nifer y setiau teledu yn tyfu'n gyflym. Erbyn 2020 rydym ni'n tybio y bydd 74 miliwn o setiau teledu yn y DU – mwy o setiau teledu nag o bobl!

Teulu ifanc

Dal a storio carbon

> Gallem ddal allyriadau carbon deuocsid o orsafoedd pŵer glo a nwy. Gallai'r nwy gael ei droi'n hylif, ei bwmpio i'r ddaear a'i storio mewn creigiau gwaddod. Mewn gwirionedd, gallai llwyfannau olew Môr y Gogledd sy'n pwmpio olew o'r ddaear ar hyn o bryd bwmpio'r CO_2 i'r creigiau pan fo'r olew wedi gorffen. Byddai'r creigiau hynny'n gwneud suddfan carbon tymor hir perffaith.
>
> Nid yw'r broses yn anodd ond byddai'n eithaf drud rhoi popeth yn ei le. Mae pob unigolyn yn y Deyrnas Unedig yn creu tua 10 tunnell o CO_2 bob blwyddyn wrth ddefnyddio egni. Rydym yn amcangyfrif y byddai dal a storio CO_2 yng nghreigiau Môr y Gogledd yn costio tua £20 y dunnell fetrig. Felly byddai'n costio tua £200 y pen bob blwyddyn. A fyddai pobl eisiau talu?
>
> Bydd yn rhaid i'r llywodraeth ddod o hyd i ffordd o wneud y cwmnïau pŵer ddechrau gwneud hyn. Mae'n rhaid i'r generaduron trydan ddal y CO_2 ac yna ei gludo i safle gwaredu. Bydd angen i'r cwmnïau fforio olew dalu am storio'r CO_2 yn ddwfn dan y ddaear. Gallai'r llywodraeth fygwth codi mwy o dreth ar y cwmnïau hyn oni bai eu bod yn dechrau dal a storio carbon.

Gwyddonydd

Pŵer niwclear neu adnewyddadwy?

Llefarydd ar ran Cyfeillion y Ddaear

> Mae rhai'n dadlau mai pŵer niwclear yw'r ateb i newid hinsawdd oherwydd nad yw'n cynhyrchu allyriadau carbon. Ond mae Cyfeillion y Ddaear yn gwrthwynebu adeiladu unrhyw orsafoedd pŵer niwclear newydd yn y Deyrnas Unedig. Rydym ni o'r farn bod pŵer niwclear yn beryglus am sawl rheswm. Yn gyntaf, rhaid ystyried diogelwch a gallai gorsafoedd pŵer fod yn dargedau i derfysgwyr. Yn ail, mae yna wastraff ymbelydrol peryglus y bydd angen ei reoli'n ofalus am genedlaethau. Yn olaf, gall gwastraff niwclear gael ei newid i'w ddefnyddio mewn arfau.
>
> Rydym ni o blaid egni gwyrdd sef egni o ffynonellau adnewyddadwy megis y gwynt a'r haul. Mae'r technolegau hyn yn ateb mwy diogel, rhad a glân i'r broblem newid hinsawdd.

40

Thema 2: Newid Hinsawdd

Biodanwydd

Mae nifer o gnydau sy'n cynhyrchu olew y gellir ei brosesu i wneud tanwydd naill ai ar gyfer ceir neu awyrennau. Gallai twf y biodanwyddau hyn leihau tlodi mewn gwledydd sy'n datblygu trwy greu swyddi a chyfoeth i ffermwyr. Ar yr un pryd, gall pobl yn y gwledydd datblygedig barhau i ddefnyddio eu ceir a mynd ar daith hedfan heb ofni prinder olew.

Llefarydd ar ran y diwydiant

Mae cnydau biodanwydd yn achosi tlodi a newyn mewn rhai gwledydd sy'n datblygu. Mae ffermwyr yn cael eu hannog i dyfu biodanwydd yn lle bwyd fel ein bod ni'n gallu gyrru ein ceir heb deimlo'n euog am allyriadau carbon. Yma yn Oxfam rydym o'r farn bod hyn wedi bod yn ffactor yn y cynnydd ym mhris bwyd yn 2007 a 2008. Gan ddefnyddio ffigurau Banc y Byd rydym ni'n credu bod y cynnydd ym mhrisiau bwyd wedi gwthio 100 miliwn o bobl ar draws y byd islaw'r llinell dlodi.

Ers mis Ebrill 2008, mae'n rhaid i 2.5 y cant o betrol a diesel ym Mhrydain ddod o fiodanwydd. Bu'r Undeb Ewropeaidd yn ystyried codi'r targed i 10 y cant erbyn 2020. Fodd bynnag, erbyn hyn mae'n pryderu y gallai hyn wneud prisiau bwyd yn uwch fyth.

Llefarydd ar ran Oxfam

Suddfannau coedwigoedd

Mae plannu coed i'w weld yn ateb da i newid hinsawdd. Maen nhw'n amsugno carbon o'r atmosffer a'i storio. Fodd bynnag, dydy Greenpeace ddim o'r farn bod plannu coed yn ddigonol. Rhaid i bobl leihau eu hallyriadau carbon er mwyn mynd i'r afael â newid hinsawdd. Felly dydy plannu coed i wneud iawn am eich allyriadau ddim yn ddigon da.

Rydym ni wedi bod yn codi ymwybyddiaeth ymhlith rhai cwmnïau sy'n plannu coed i wneud iawn am eu hallyriadau carbon. Er enghraifft, mae yna gwmni pŵer o Japan a oedd am wneud iawn am eu hallyriadau carbon trwy blannu coed. Felly fe wnaethon nhw brynu tir yn Tasmania, Awstralia. Ond fe wnaethon nhw dorri'r goedwig naturiol oedd yn tyfu yno er mwyn plannu 3,000 hectar o goed ewcalyptws oedd yn tyfu'n gyflym i amsugno'r carbon. Pa mor ddwl oedd hynny?

Llefarydd ar ran Greenpeace

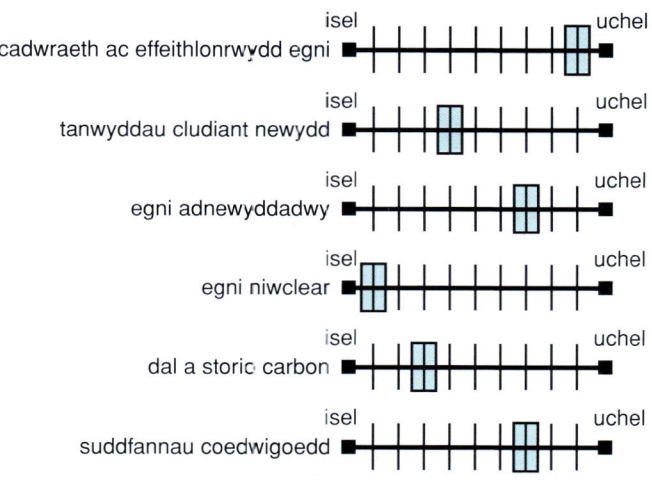

Ffigur 34 Pa ddyfodol carbon y byddech chi'n ei gefnogi?

Gweithgaredd

1. Trafodwch y safbwyntiau yn Ffigur 33. Amlinellwch rai o fanteision ac anfanteision:
   a) effeithlonrwydd a chadwraeth egni
   b) biodanwydd
   c) pŵer niwclear.

2. Eglurwch pam y mae rhai amgylcheddwyr yn dadlau nad yw plannu coedwigoedd yn ddewis digon da.

3. Gan weithio mewn parau astudiwch Ffigur 34.
   a) Dychmygwch fod pob llithrydd yn cynrychioli faint o ymdrech a buddsoddiad y gellid ei wneud yn y chwe ateb posibl i newid hinsawdd. Cytunwch gyda'ch partner ble y dylid rhoi pob llithrydd yn eich dyfodol carbon isel delfrydol. Rhaid i chi fod yn barod i gyfiawnhau eich penderfyniad.
   b) Ymunwch â phâr arall. Rhaid i bob pâr roi cyflwyniad byr i ddisgrifio a chyfiawnhau eu dyfodol carbon isel. A allwch chi berswadio'r pâr arall i newid eu meddwl?

Thema 2: Newid Hinsawdd

Newid ein ffyrdd o fyw trefol

Gallai newid hinsawdd gael effeithiau difrifol mewn dinasoedd mawr lle y gallai cyfnodau o wres mawr ddod yn llawer mwy cyffredin. Yn ystod gwres mawr, mae yna fwy o ddiwrnodau pan fydd pobl yn dioddef effeithiau anghyfforddus straen gwres. Dan amodau difrifol, gall gwres mawr arwain at farwolaeth, yn enwedig ymhlith plant bach a hen bobl. Yn ystod gwres mawr mis Awst 2003, roedd y tymheredd yng nghanol Llundain 9 °C yn uwch nag yn yr ardal wledig o'i chwmpas. Roedd Paris hefyd yn eithriadol o boeth, ac achosodd yr amodau eithafol o leiaf 14,000 o farwolaethau yn Ffrainc.

Mae adeiladau a thraffig mewn dinas fawr yn effeithio ar yr hinsawdd leol. **Microhinsawdd trefol** yw'r enw ar yr effaith hon. Un o'r prif effeithiau y mae dinas yn ei chael ar yr hinsawdd leol yw creu tymheredd sy'n gynhesach nag yn yr ardal wledig o'i chwmpas. Gelwir hyn yn **ynys wres drefol**. Mae'r ddinas yn gweithredu fel gwresogydd storio anferth, gan drosglwyddo gwres o adeiladau a cheir i'r aer uwchben y ddinas.

- Yn ystod y dydd, mae concrit, brics a tharmac yn amsugno gwres o'r haul. Mae'r gwres hwn yn cael ei belydru i'r atmosffer yn ystod yr hwyr a'r nos.
- Mae adeiladau sydd wedi'u hynysu'n wael yn colli egni gwres, yn enwedig trwy'r toeon a'r ffenestri. Mae gwres hefyd yn cael ei greu mewn ceir a ffatrïoedd ac mae'r gwres hwn yn cael ei golli i'r aer o bibellau gwacáu a simneiau.

Mae gwyddonwyr yn gwybod bod cyfuniad o newid hinsawdd a'r ynys wres drefol yn achosi straen mewn rhai dinasoedd yn hemisffer y gogledd. Mae Ffigur 36 yn darparu tystiolaeth o effeithiau cynyddol ynysoedd gwres yn Efrog Newydd, Paris a Tōkyō.

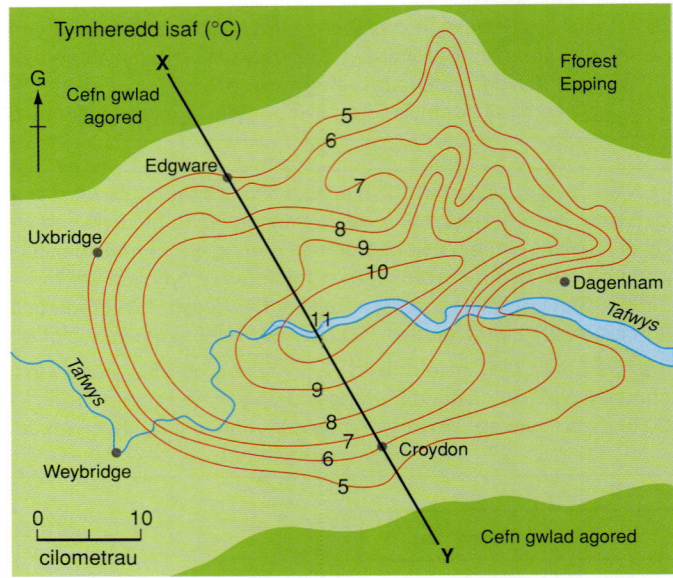

Ffigur 35 Ynys wres drefol Llundain, tymheredd yn ystod y nos yng nghanol mis Mai

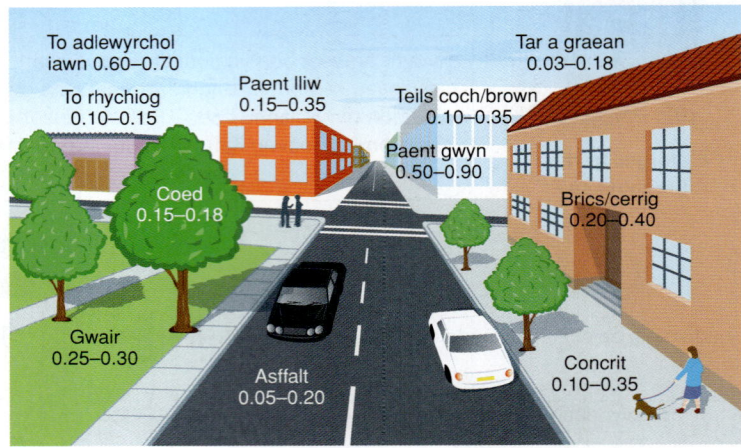

Ffigur 36 Sut y mae'r amgylchedd trefol yn adlewyrchu egni'r haul. Po agosaf yw'r rhif i 1.0, mwyaf yn y byd o egni sy'n cael ei adlewyrchu. Mae arwynebau gyda rhifau isel iawn yn amsugno mwy o egni'r haul. Maent wedyn yn allyrru'r gwres hwn yn y nos

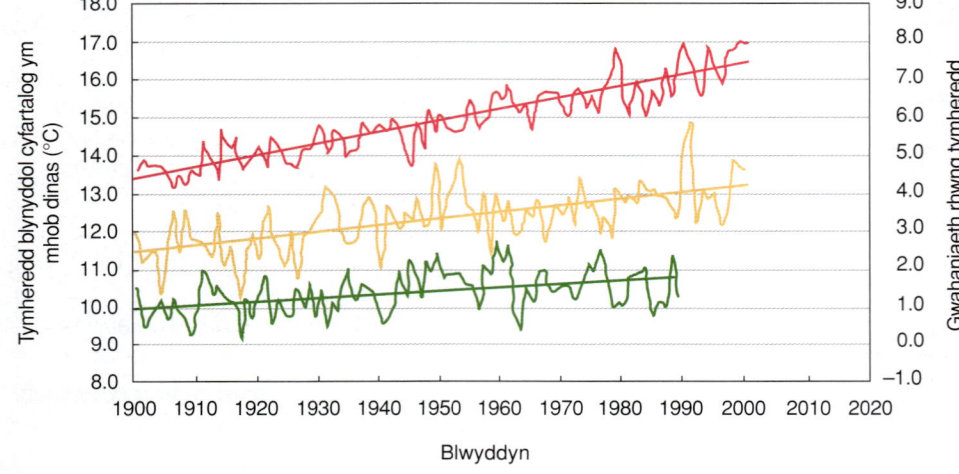

Ffigur 37 Tueddiadau yn y tymheredd trefol cyfartalog yn Tōkyō, Efrog Newydd a Pharis

Thema 2: Newid Hinsawdd

Beth y gellir ei wneud am yr ynys wres drefol?

Wrth i'r tymheredd godi mae mwy o bobl yn gosod aerdymherydd yn eu cartrefi, ond mae aerdymheru yn defnyddio llawer o egni trydanol. Mae cynhyrchu mwy o drydan yn creu'r nwyon tŷ gwydr sy'n achosi newid hinsawdd. Amcangyfrifir bod defnyddio aerdymherydd am flwyddyn yn unig mewn hinsawdd boeth fel Florida yn cynhyrchu mwy o CO_2 nag y mae rhywun yng Nghambodia yn ei gynhyrchu drwy gydol ei oes. Mae Ffigur 38 yn ystyried ffyrdd o leihau effaith yr ynys wres drefol yn y dyfodol.

Mae angen i ni ddefnyddio llai o egni. Rhaid i bob adeilad newydd gael ei ynysu'n dda i golli llai o wres. Mae angen i ni ddylunio ceir a systemau aerdymheru sy'n defnyddio llai o egni ac yn cynhyrchu llai o allyriadau nwyon tŷ gwydr.

Peiriannydd

Gwyddonydd

Dylem greu rhwydwaith o barciau fel y gall y gwynt chwythu trwy ein dinasoedd a chael gwared ar beth o'r gwres. Gellir pwmpio dŵr daear oer trwy'r pibellau yn ein gorsafoedd trenau tanddaearol. Byddai hynny'n oeri'r aer. Gellir rhoi defnyddiau lliw golau ar doeon adeiladau i adlewyrchu'r heulwen.

Mae angen mwy o fannau gwyrdd. Mae parciau'n adlewyrchu mwy o egni'r haul. Rhaid plannu mwy o goed. Mae cysgod coed yn gostwng tymheredd yr aer. Mae coed yn amsugno carbon deuocsid a llygredd traffig.

Cynllunydd trefol

Gwleidydd

Mae angen i bobl newid eu ffordd o fyw. Dylai pobl gymryd gwyliau hir i ffwrdd o'r ddinas yn yr haf. Mae angen i ni leihau traffig trwy annog pobl sy'n dibynnu ar geir i ddefnyddio cludiant cyhoeddus. Gallwn wneud hyn trwy godi tâl atal tagfeydd, fel yng nghanol Llundain.

Ffigur 38 Ffyrdd posibl o leihau'r ynys wres drefol

Gweithgaredd

1 Defnyddiwch Ffigur 35.
   a) Disgrifiwch leoliad yr ardal sydd â'r tymheredd uchaf yn Llundain.
   b) Disgrifiwch ddosbarthiad y lleoedd sydd â thymheredd is.
   c) Awgrymwch resymau dros y patrwm ar y map.

2 Defnyddiwch Ffigur 35 i lunio trawstoriad o ynys wres drefol Llundain ar hyd llinell x–y.

3 a) Defnyddiwch Ffigur 36 i gymharu'r ynys wres drefol ym mhob dinas.
   b) Defnyddiwch y duedd i ragfynegi'r ynys wres drefol ym mhob dinas erbyn 2020.

4 Defnyddiwch Ffigurau 37 a 38 i egluro sut y gallai creu mwy o barciau, coetiroedd a llynnoedd yn ein dinasoedd:
   a) effeithio ar y microhinsawdd trefol
   b) gwneud ardaloedd trefol yn fwy cynaliadwy yn y dyfodol.

5 Defnyddiwch Ffigur 38 i amlinellu'r dadleuon o blaid ac yn erbyn pob un o'r canlynol:

Strategaeth i leihau ynysoedd gwres trefol	Dadleuon o blaid	Dadleuon yn erbyn	Pwy allai wrth-wynebu'r cynllun hwn
Creu mwy o fannau gwyrdd			
Lleihau nifer y ceir			
Dylunio cartrefi gwell			

Thema 2: Newid Hinsawdd

Creu dyfodol cynaliadwy

Mae cymuned BedZed yn **gymuned gynaliadwy** o 82 o gartrefi yn Beddington, Surrey. Mae'r cartrefi'n defnyddio egni'n effeithlon iawn. Dim ond ffynonellau egni adnewyddadwy a ddefnyddir yn y datblygiad: egni solar a sglodion coed. Honnir bod y datblygiad yn garbon niwtral, hynny yw, nid yw'r cartrefi'n ychwanegu unrhyw allyriadau carbon deuocsid ychwanegol at yr atmosffer. Mae'r Llywodraeth eisiau i ragor o gynlluniau carbon niwtral gael eu hadeiladu. Mewn gwirionedd, mae'r llywodraeth yn dweud y bydd angen 3 miliwn o gartrefi newydd yn y Deyrnas Unedig erbyn 2020. Faint fydd yn helpu i greu dyfodol carbon isel?

Gweithgaredd

1 Trafodwch y nodweddion yn Ffigurau 39 a 40. Defnyddiwch y rhain a gwefan eco-ysgolion i gynnal archwiliad (rhestru'r nodweddion da a gwael) o'ch ysgol chi. Sut y gallai eich cymuned fod yn fwy cynaliadwy?

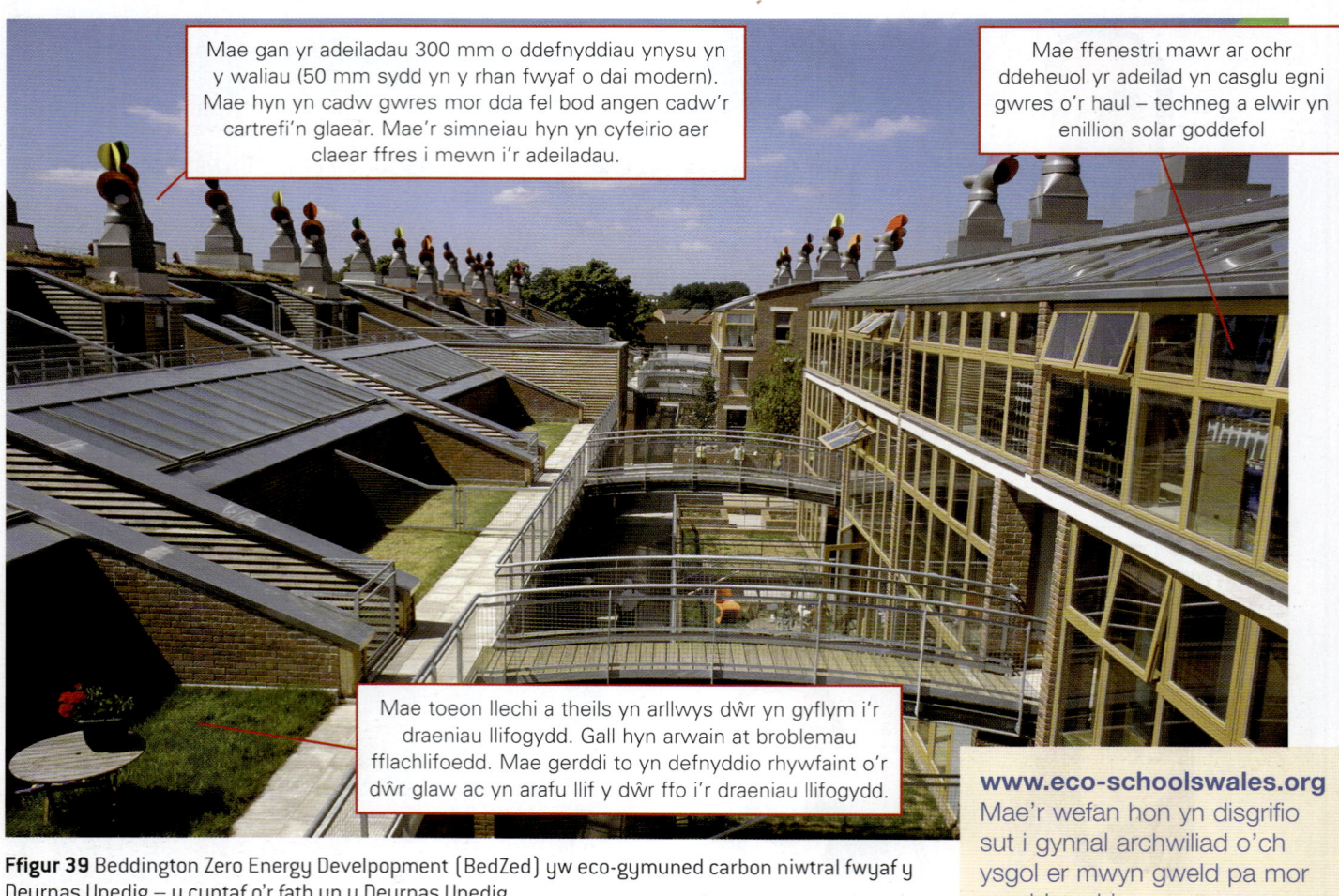

Mae gan yr adeiladau 300 mm o ddefnyddiau ynysu yn y waliau (50 mm sydd yn y rhan fwyaf o dai modern). Mae hyn yn cadw gwres mor dda fel bod angen cadw'r cartrefi'n glaear. Mae'r simneiau hyn yn cyfeirio aer claear ffres i mewn i'r adeiladau.

Mae ffenestri mawr ar ochr ddeheuol yr adeilad yn casglu egni gwres o'r haul – techneg a elwir yn enillion solar goddefol

Mae toeon llechi a theils yn arllwys dŵr yn gyflym i'r draeniau llifogydd. Gall hyn arwain at broblemau fflachlifoedd. Mae gerddi to yn defnyddio rhywfaint o'r dŵr glaw ac yn arafu llif y dŵr ffo i'r draeniau llifogydd.

Ffigur 39 Beddington Zero Energy Develpopment (BedZed) yw eco-gymuned carbon niwtral fwyaf y Deyrnas Unedig – y cyntaf o'r fath yn y Deyrnas Unedig.

www.eco-schoolswales.org
Mae'r wefan hon yn disgrifio sut i gynnal archwiliad o'ch ysgol er mwyn gweld pa mor wyrdd yw hi.

Mae gan gymuned gynaliadwy...
- safle tir llwyd yn hytrach na safle maes glas
- swyddi ar gael yn lleol
- rhai tai fforddiadwy ar gyfer pobl ar incwm is
- cludiant cyhoeddus ar gael i bawb
- rhai adeiladau wedi'u dylunio ar gyfer pobl hŷn neu anabl gyda drysau llydan ar gyfer defnyddwyr cadair olwyn ac ystafelloedd gwely ac ymolchi ar y llawr daear
- cynlluniau i leihau nifer y bobl sydd yn berchen ar gar, e.e. costau parcio uwch
- cyfleusterau lleol i bobl o bob oed, e.e. crèche, grŵp ieuenctid, canolfan gymunedol
- technolegau gwyrdd i leihau costau gwresogi ac allyriadau carbon

Ffigur 40 Nodweddion posibl cymuned gynaliadwy

Thema 3
Byw mewn Cylchfa Weithredol

Pam y mae ymylon platiau yn beryglus?

Mae'r ddaear o dan ein traed yn symud drwy'r amser, er nad ydym yn ymwybodol o hynny y rhan fwyaf o'r amser. Weithiau mae digwyddiadau fel daeargrynfeydd a llosgfynyddoedd yn ein hatgoffa o'r grymoedd hyn.

- Yn eich barn chi, pwy sy'n ymweld â'r lle hwn a pham?
- Sut y gallai'r dirwedd hon fod wedi cael ei chreu?
- Pe bai'r bobl yn croesi'r bont droed, a fyddent mewn cyfandir gwahanol? Pam?
- Pam y gallai hwn fod yn lle peryglus i ymweld ag ef?

Ffigur 1 Dyffryn hollt Thingvellir yng Ngwlad yr Iâ

Mae **cramen** y Ddaear yn debyg i blisgyn wy sydd wedi cracio. Mae'n frau ac wedi'i gwneud o **blatiau** mawr o graig. Oddi tanodd, mae'r **fantell** wedi'i gwneud o graig dawdd. Mae'r tymheredd yma yn amrywio llawer, yn dibynnu ar y dyfnder, ac mae'r tymheredd poethaf i'w gael yn agos at graidd y Ddaear. Mae defnyddiau poethach yn codi tuag at wyneb y Ddaear, lle y maent yn oeri ac yn suddo yn ôl tuag at y craidd. Ceryntau darfudol yw'r enw ar y prosesau hyn. Dros gannoedd o filiynau o flynyddoedd, mae'r platiau ar ben y fantell wedi bod yn symud yn araf oherwydd y ceryntau darfudol. Maent yn symud ar gyflymder cyfartalog o 2.5 cm y flwyddyn.

Gweithgaredd

1. Edrychwch ar Ffigur 1.
   a) Dewiswch bedwar gair neu ymadrodd o'r bocs isod sy'n disgrifio'r ffotograff orau.
   b) Trafodwch eich rhesymau dros ddewis y geiriau hynny gyda phartner.
   c) Ysgrifennwch gyfiawnhad manwl pam y mae'r geiriau yn disgrifio'r llun yn eich barn chi. Pa dystiolaeth sydd i gefnogi eich esboniad?

ardal brin ei phoblogaeth	poblogaidd gyda thwristiaid	peryglus
yn cael ei rheoli	adnoddau naturiol gwael	trefol
adnoddau naturiol da	tlawd	trofannol
cyfoethog	gwledig	ardal ddwys ei phoblogaeth
	Arctig	diogel
		anghysbell

45

Thema 3: Byw mewn Cylchfa Weithredol

Beth yw ymylon platiau?

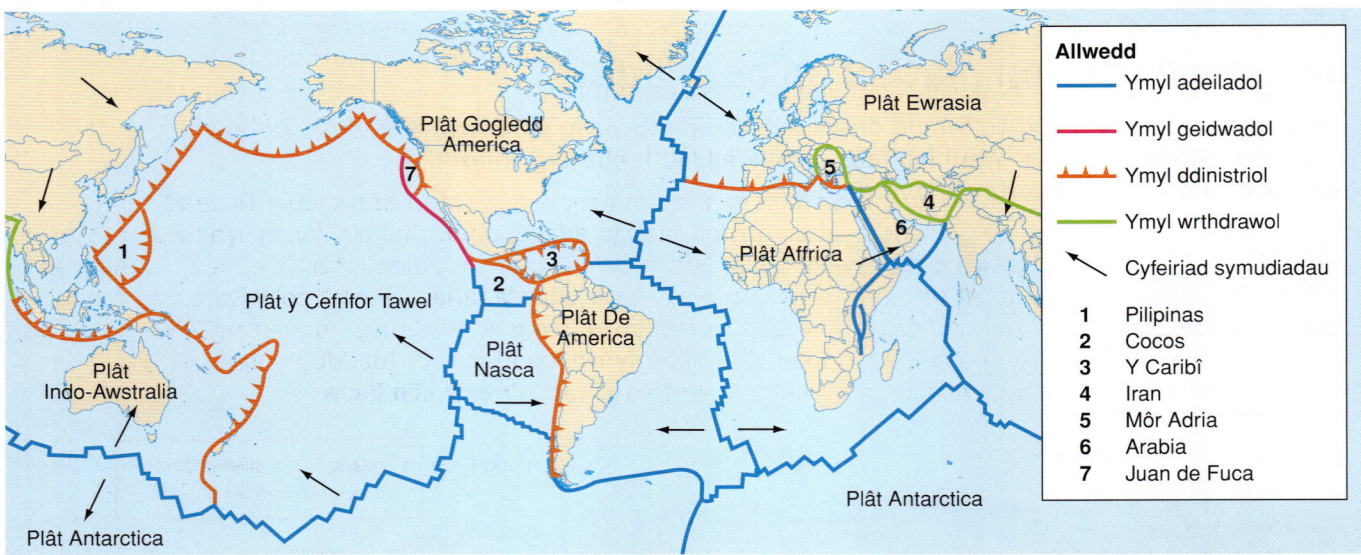

Ffigur 2 Ymylon platiau a chyfeiriad symudiadau

Mae **ymylon platiau** yn cynhyrchu tirffurfiau unigryw a dramatig ac yn creu amrywiaeth o beryglon i'r bobl sy'n byw yn yr ardaloedd hyn. Mae rhai platiau'n symud tuag at ei gilydd (**ymyl plât ddinistriol**) ac mae eraill yn symud oddi wrth ei gilydd (**ymyl plât adeiladol**).

Beth sy'n digwydd ar ymylon platiau adeiladol?

Ar ymylon platiau adeiladol, mae dau blât yn symud oddi wrth ei gilydd. O dan wyneb y Ddaear, mae magma yn codi, yn oeri ac yn llenwi'r bwlch rhwng y platiau, gan greu defnydd cramen newydd. Pan fydd hyn yn digwydd o dan y môr, mae symudiad cyson y platiau'n tynnu i ffwrdd oddi wrth ei gilydd ac yn ffurfio cramen gefnforol newydd yn arwain at greu **cefnen gefnforol** amlwg. Mae hyn yn digwydd yng nghanol Cefnfor Iwerydd. Mae Cefnen Canol Iwerydd yn profi bod plât Ewrasia yn symud i ffwrdd oddi wrth blât Gogledd America (Ffigur 3). Gan nad yw'r platiau'n symud oddi wrth ei gilydd yn hollol gyson ar hyd yr ymyl, mae yna holltau mawr ar hyd y gefnen. Felly yn hytrach na bod y gefnen ar ffurf llinell syth, mae holltau ar ei hyd. Wrth i'r platiau symud ar wahân, mae yna fwy o ffrithiant yn yr holltau. Pan fydd y gwasgedd yn mynd yn ormod, mae egni'n cael ei ryddhau yn sydyn, yn debyg i fand elastig yn torri, ac mae daeargryn yn digwydd. Mae'r rhan fwyaf o ddaeargrynfeydd sy'n digwydd ar ymyl plât o'r math hwn yn fas gan fod y pwynt ffrithiant yn gymharol agos at wyneb y gramen.

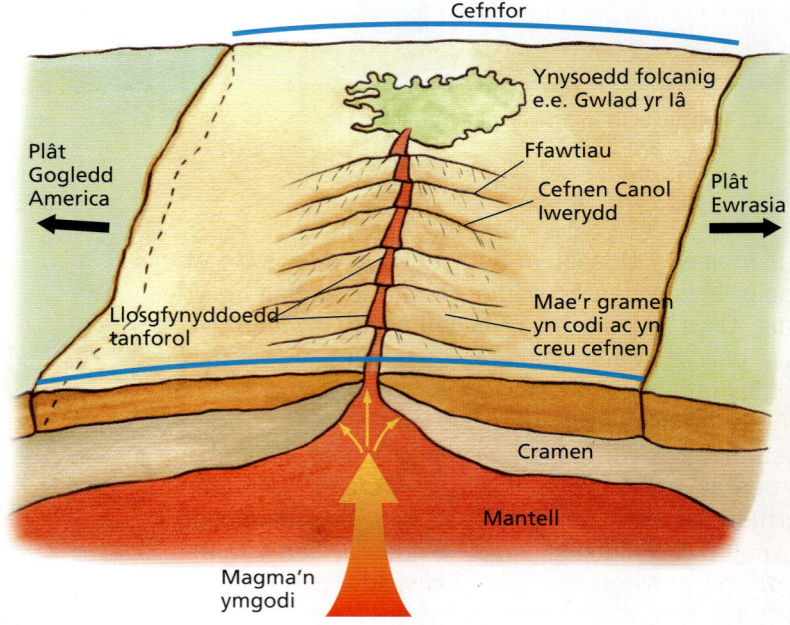

Ffigur 3 Tirffurfiau ymyl plât adeiladol

Gweithgaredd

1. Dewch o hyd i Wlad yr Iâ yn Ffigur 2.
   a) Disgrifiwch leoliad Gwlad yr Iâ.
   b) O wybod lleoliad Gwlad yr Iâ, sut y gallech newid eich dewis o eiriau i ddisgrifio Ffigur 1?

Thema 3: Byw mewn Cylchfa Weithredol

Gwlad yr Iâ

Mae ymylon platiau adeiladol yn digwydd ar y tir yn ogystal ag o dan y môr. Mae'r ffaith fod Gwlad yr Iâ wedi'i lleoli y naill ochr i Gefnen Canol Iwerydd yn gyfrifol am lawer o'i thirwedd unigryw. Mewn gwirionedd, mae Gwlad yr Iâ'n cael ei hollti'n ddwy yn raddol ac mae hyn i'w weld yn Thingvillir fel y gwelwn yn Ffigur 4. Dros amser, mae agen enfawr 7.7 km o hyd wedi agor ar wyneb y Ddaear. Wrth iddi ledu, mae'r tir yng nghanol yr agen wedi suddo, gan ffurfio **dyffryn hollt** gyda sgarpiau serth ar hyd y ddwy ochr.

Ardal folcanig yw hon gan fod magma'n agos iawn at wyneb y Ddaear. Llosgfynyddoedd ar ymylon platiau adeiladol yw rhai o'r llosgfynyddoedd mwyaf yn y byd o ran arwynebedd. Nid yw'r lafa yma yn ludiog iawn, h.y. mae'n denau iawn ac yn llifo dros ardal eang. **Llosgfynyddoedd tarian** yw enw pobl Gwlad yr Iâ am y rhain oherwydd eu bod yn isel ac yn eang ac yn debyg i darian rhyfelwr. Mae lludw sy'n cael ei ryddhau gan y llosgfynyddoedd hyn yn tueddu i ymgasglu ger agorfeydd, gan greu bryn serth a chrwn o'r enw **côn lludw**.

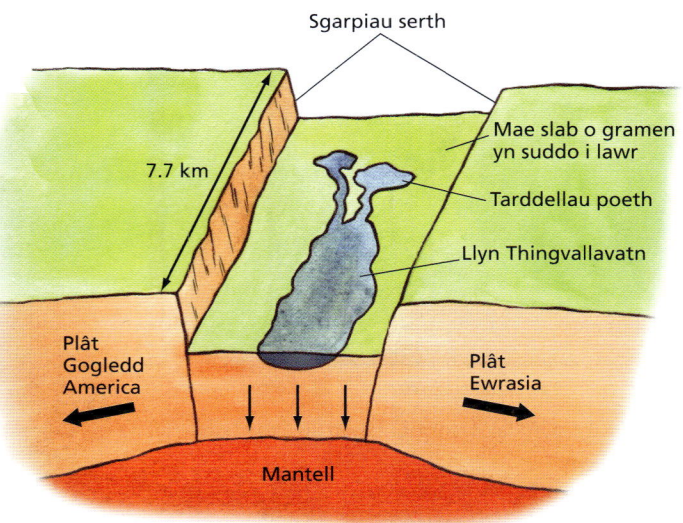

Ffigur 4 Ffurfio'r dyffryn hollt yn Thingvellir

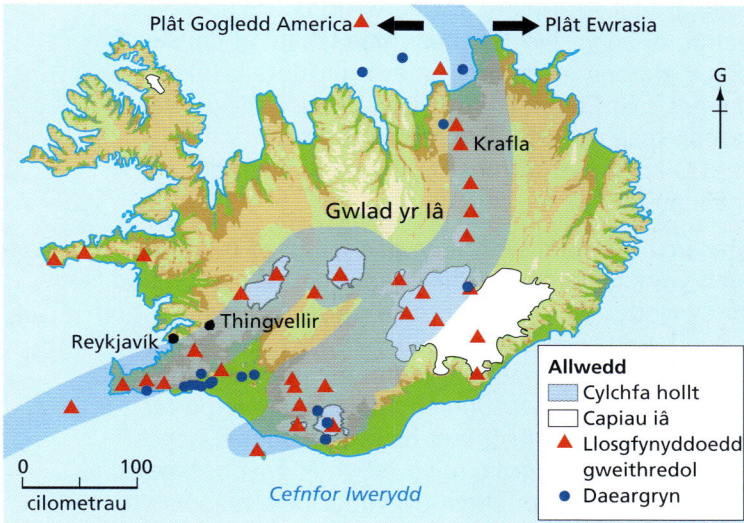

Ffigur 5 Map o Wlad yr Iâ yn dangos lle y mae Cefnen Canol Iwerydd yn croesi'r wlad

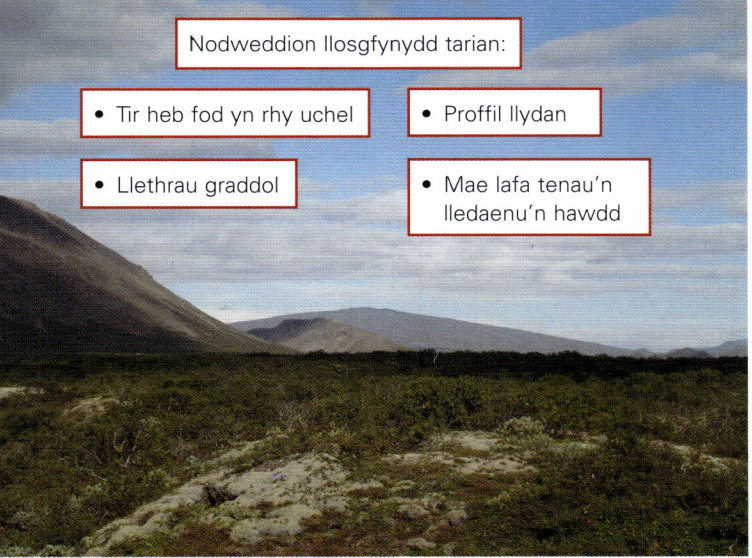

Ffigur 6 Skjaldbreidur, Gwlad yr Iâ – enghraifft o losgfynydd tarian

Gweithgaredd

2 Astudiwch Ffigurau 1 a 4. Gwnewch fraslun o Thingvellir gydag anodiadau o'r tirffurfiau a'r prosesau.

3 Pam y mae'r tarddellau yn Thingvellir yn boeth?

4 Defnyddiwch Ffigurau 3 a 4 i egluro sut y gallai daearyddiaeth ffisegol Gwlad yr Iâ newid dros y miliwn o flynyddoedd nesaf.

5 Astudiwch Ffigur 5.
   a) Meddyliwch am ragdybiaeth ynglŷn â dosbarthiad llosgfynyddoedd a daeargrynfeydd yng Ngwlad yr Iâ.
   b) Ysgrifennwch adroddiad byr yn disgrifio'r dosbarthiad gan ddefnyddio tystiolaeth i gefnogi eich rhagdybiaeth.

Thema 3: Byw mewn Cylchfa Weithredol

Beth sy'n digwydd ar ymylon platiau dinistriol?

Mae ymyl plât ddinistriol yn ardal lle y mae dau blât yn symud tuag at ei gilydd. Mae yna ddau fath: cramen gyfandirol yn gwrthdaro â chramen gefnforol, a chramen gefnforol yn gwrthdaro â chramen gefnforol. Mae'r ddau blât yn cyfarfod yn y **gylchfa dansugno** lle y mae un plât yn cael ei orfodi o dan y llall i'r fantell. Mae'r plât sy'n cael ei dansugno yn oerach ac yn fwy trwchus na'r fantell gyfagos ac mae disgyrchiant yn ei dynnu i lawr. Y farn yw mai'r broses hon, sef tyniad slab, sy'n gyfrifol am ddrifft cyfandirol.

Ar hyd arfordir De America, mae plât Nasca yn symud tuag at blât De America. Oherwydd bod plât Nasca yn gefnforol ac yn fwy trwchus, mae'n cael ei dansugno o dan y gramen gyfandirol i mewn i'r fantell, fel y dangosir yn Ffigur 7. Wrth i blât Nasca blygu i lawr i'r fantell mae'n ffurfio **ffos gefnforol** ddwfn sy'n 5,900 km o hyd a thros 8,000 km o ddyfnder mewn mannau.

Mae grym un plât wrth iddo gael ei lusgo o dan un arall yn achosi llawer o ffrithiant ac mae'r gwasgedd yn cynyddu. Yn y diwedd, mae'r gwasgedd yn rhy gryf a bydd y ddau blât yn symud yn sydyn, gan achosi daeargryn. Lle y mae plât cefnforol yn cyfarfod â phlât cyfandirol, mae gwaddodion yn cael eu gwthio tuag i fyny. Oherwydd y ffrithiant dwys sy'n cael ei achosi gan y platiau yn sgrafellu yn erbyn ei gilydd, mae'r tymheredd yn y fantell yn cynyddu. Mae magma yn codi ac yn ffurfio cadwyn hir o **fynyddoedd plyg** folcanig (e.e. yr Andes).

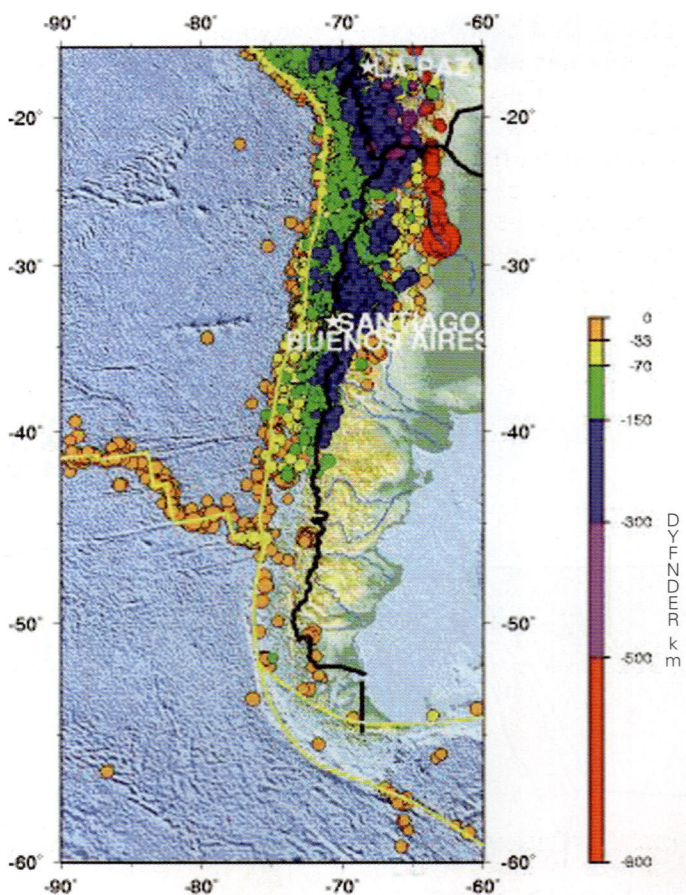

Ffigur 8 Lleoliad a dyfnder daeargrynfeydd yn Chile

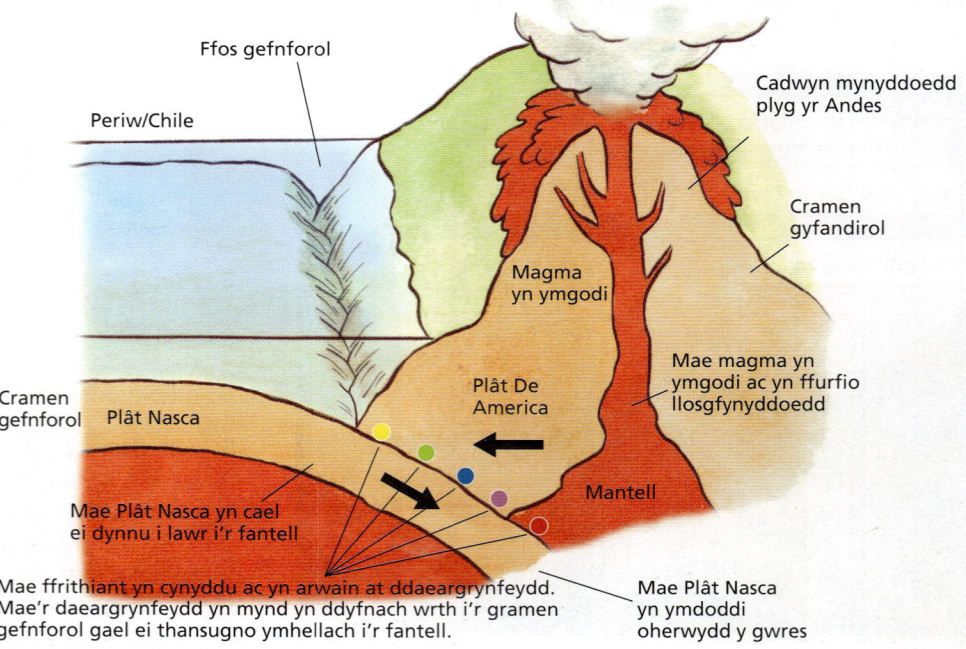

Ffigur 7 Tirffurfiau a gynhyrchir ar ymyl plât ddinistriol – tansugno Plât Nasca

Thema 3: Byw mewn Cylchfa Weithredol

Lle y mae dau blât cefnforol yn symud tuag at ei gilydd, mae un plât yn cael ei dansugno o dan y llall. Mae hyn yn digwydd ym Môr y Caribî lle y mae Plât Gogledd America yn cael ei dansugno o dan Blât y Caribî. Mae Ffigur 9 yn dangos hyn. Eto, mae ffos gefnforol yn cael ei ffurfio. Wrth i Blât Gogledd America gael ei dansugno, mae'n llusgo gwaddodion a dŵr o wely'r môr i lawr. Mae'r cymysgedd hwn yn ymdoddi i'r fantell oherwydd y ffrithiant a'r gwres.

Wrth i'r gwres gynyddu, mae magma yn codi tuag at i fyny i gramen y Caribî, sy'n ffurfio cadwyn o ynysoedd folcanig a elwir yn **arc o ynysoedd**. Mae ynys Montserrat yn rhan o arc ynysoedd India'r Gorllewin. Mae llosgfynydd Bryniau Soufrière wedi bod yn echdorri'n gyson ers 1995 ar ôl bod ynghwsg am dros 300 o flynyddoedd. Mae'n enghraifft o **strato-losgfynydd** sydd wedi cael ei greu dros amser gan haenau o ludw, lafa a malurion folcanig eraill.

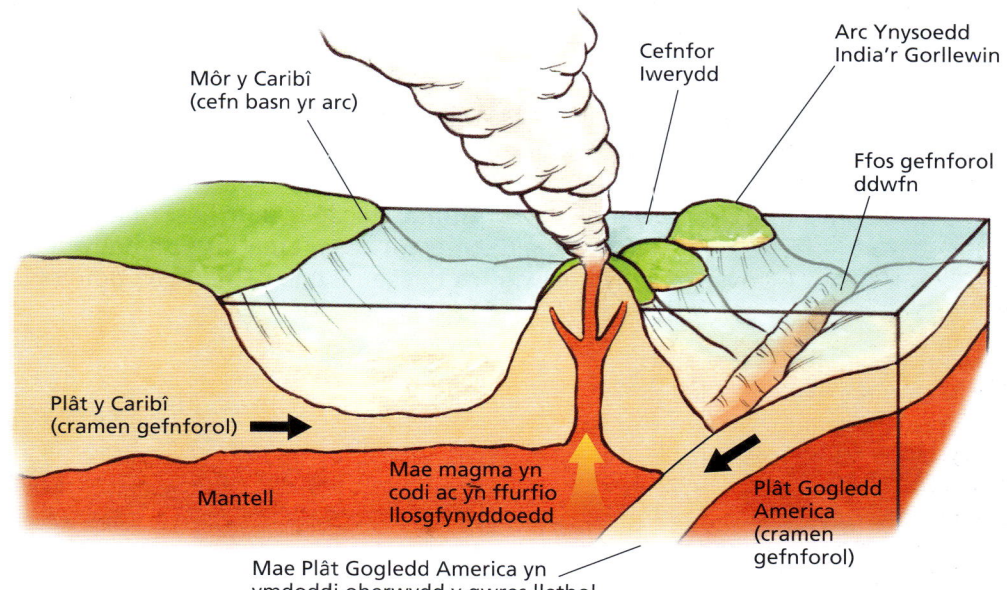

Ffigur 9 Tirffurfiau ar ymyl plât ddinistriol lle y mae cramen gefnforol yn cael ei thansugno o dan gramen gefnforol fel yn rhanbarth y Caribî

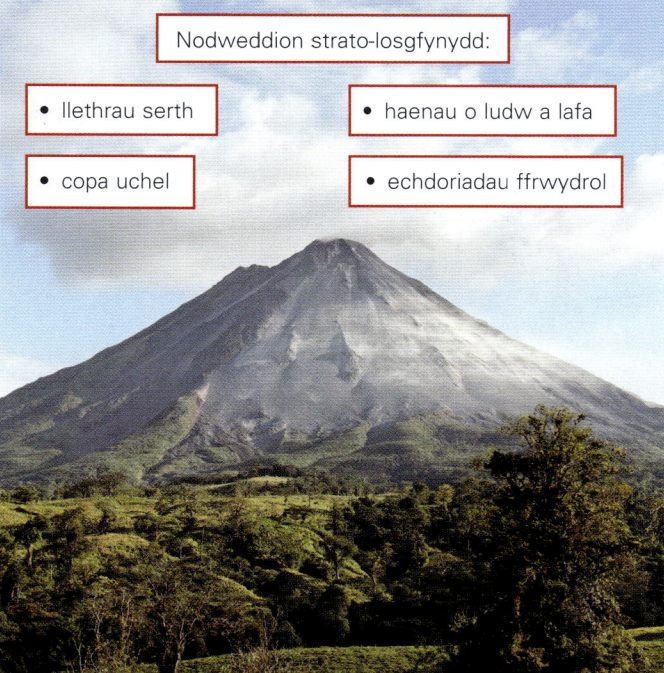

Nodweddion strato-losgfynydd:
- llethrau serth
- copa uchel
- haenau o ludw a lafa
- echdoriadau ffrwydrol

Ffigur 10 Strato-losgfynydd

Gweithgaredd

1. Disgrifiwch sut y mae platiau yn symud.

2. Gwnewch dabl fel yr un isod. Rhestrwch y tirffurfiau sy'n digwydd ym mhob ymyl plât a rhowch ddisgrifiad cryno o bob un ohonynt.

Ymyl plât adeiladol	Ymyl plât ddinistriol

3. Sut y mae llosgfynyddoedd yn wahanol ar ymylon platiau adeiladol ac ymylon platiau dinistriol?

4. Defnyddiwch Ffigurau 7 ac 8.
   a) Disgrifiwch batrwm daeargrynfeydd ar ymyl plât ddinistriol.
   b) Rhowch resymau am y patrwm. Sut y gallai fod yn wahanol i batrwm ymyl plât adeiladol?

49

Beth yw peryglon cynradd ac eilaidd echdoriadau folcanig?

Mae'n bosibl gwahanu'r peryglon sy'n gysylltiedig â chylchfaoedd llosgfynyddoedd a daeargrynfeydd i ddau gategori.

- Mae **peryglon cynradd** yn digwydd o ganlyniad uniongyrchol i'r daeargryn neu'r echdoriad folcanig.
- Mae **peryglon eilaidd** yn digwydd oherwydd newid i'r amgylchedd yn dilyn daeargryn neu echdoriad.

Un o'r peryglon folcanig mwyaf cyffredin a hynod beryglus yw **llif pyroclastig.** Mae cymylau poethgoch anferth (ar dymheredd hyd at 1000 °C) o ludw, nwy a **theffra** yn ffrwydro i'r awyr. Mae teffra yn drwchus iawn ac mae'n symud yn gyflym i lawr llethrau'r llosgfynydd ar gyflymder o 200 km/awr. Mae grym y cwmwl yn llosgi llystyfiant ac yn dadwreiddio coed. Yng Ngwlad yr Iâ, mae llifoedd pyroclastig yn anghyffredin iawn. Maent yn fwy cyffredin ar ymylon platiau dinistriol, lle y mae'r lafa yn fwy trwchus a ffrwydrol – er enghraifft ar ynys Montserrat yn y Caribî.

Perygl cyffredin arall yw **lahars** neu leidlifau. Mae dŵr tawdd rhewlifol a glaw trwm sy'n disgyn ar lethrau folcanig yn achosi'r llifoedd hyn. Mae dŵr yn cymysgu â lludw a malurion eraill ac yn creu llif sy'n debyg i sment. Maent yn teithio yn gyflym iawn dros ddegau o gilometrau, gan ddinistrio popeth ar y ffordd.

Ffigur 11 Mae llif pyroclastig yn hyrddio i lawr llethrau llosgfynydd Bryniau Soufrière yn Montserrat

Thema 3: Byw mewn Cylchfa Weithredol

Grimsvötn, Gwlad yr Iâ

Astudiaeth achos o echdoriad Grimsvötn, Gwlad yr Iâ

Mae Gwlad yr Iâ mewn perygl arbennig am ei bod yn cael llawer o ddaeargrynfeydd a digwyddiadau folcanig. I wneud pethau'n waeth, mae llawer o'r llosgfynyddoedd o dan gapiau iâ sy'n gorchuddio 11 y cant o'r wlad. Grimsvötn yw llosgfynydd mwyaf gweithredol Gwlad yr Iâ yn ystod y cyfnod diweddar.

Trwy gydol echdoriadau Grimsvötn cafodd cymylau anferth o **ludw** eu rhyddhau yn uchel i'r atmosffer, gan darfu ar draffig awyr ledled Ewrop. Lledaenodd un o'r cymylau cyn belled â Norwy a'r Ffindir.

Weithiau bydd lludw yn disgyn i'r ddaear mewn ardaloedd ger llosgfynyddoedd, yn debyg i law trwm. Mae pwysau'r lludw ar adeiladau yn gallu achosi i doeon ddymchwel. Mae lludw yn gallu halogi cyflenwadau dŵr a mygu cnydau. Yn 1783, roedd llosgfynydd Laki yng Ngwlad yr Iâ yn gyfrifol am ladd dros 200,000 o dda byw ar ôl iddynt fwyta gwair a oedd wedi'i halogi gan ludw. Bu farw 10,000 o bobl yn y newyn a ddilynodd. Llifodd dros 15 km² o lafa dros y tir a rhwystrodd y lludw olau'r haul am ddwy flynedd, gan newid y tymheredd hefyd.

Cofnodwyd llifoedd o lafa yn echdoriad 1996, er i'r rhain ddigwydd o dan y cap iâ. Mae'r rhan fwyaf o losgfynyddoedd yng Ngwlad yr Iâ yn cynhyrchu lafa nad yw'n ludiog iawn (yn denau) sy'n golygu ei fod yn gallu lledaenu dros ardal fawr pan fydd echdoriadau'n digwydd yn yr awyr agored. Nid yw llifoedd lafa yn bygwth bywydau fel arfer gan eu bod yn symud yn gymharol araf. Fodd bynnag, bydd adeiladau, ffyrdd a choed yn llwybr y llif yn cael eu dinistrio.

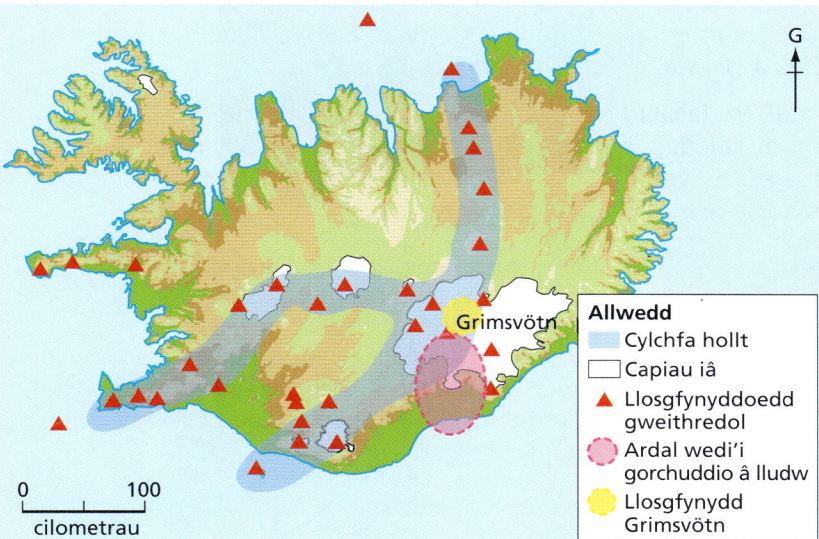

Ffigur 12 Lleoliad Grimsvötn

Ffeil ffeithiau
- Llosgfynydd mwyaf gweithredol Gwlad yr Iâ
- O dan gap iâ Vatnajökull
- Iâ 200 m o drwch uwchben y llyn callor
- Wedi echdorri yn 1996, 1998, 2004
- Llyn tanrewlifol yn gwagio bob 5–10 mlynedd

Ffigur 13 Grimsvötn yn echdorri drwy gap iâ Vatnajökull

Thema 3: Byw mewn Cylchfa Weithredol

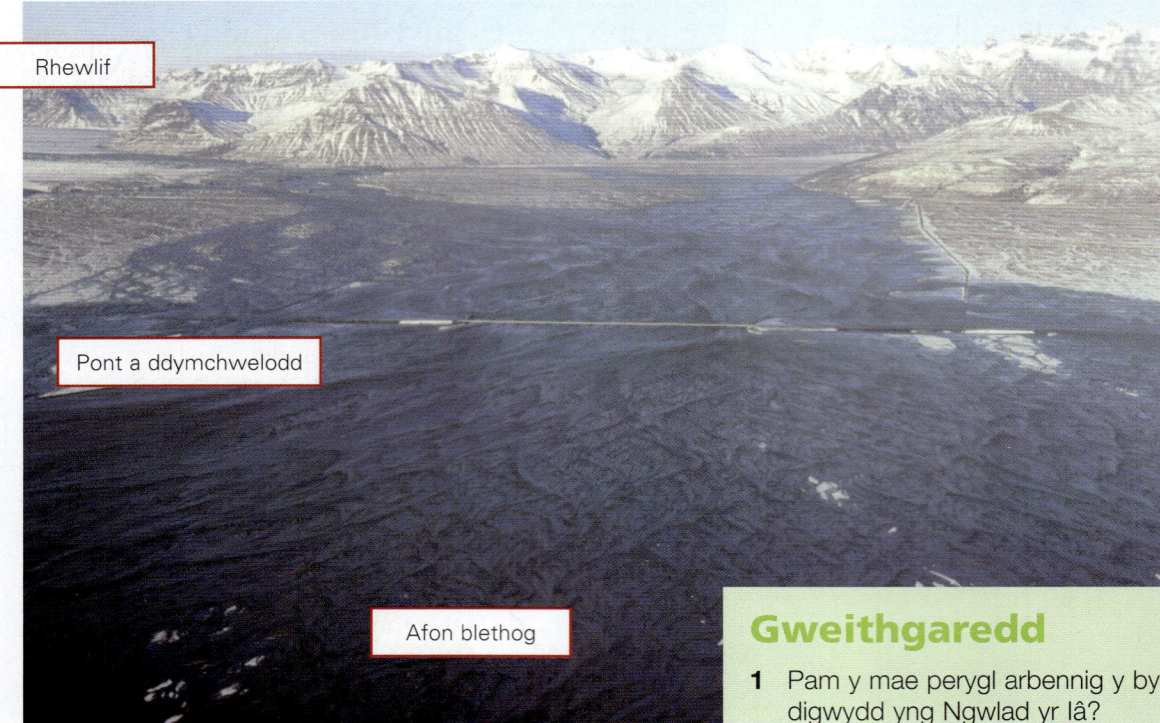

Ffigur 14 Jökulhaup a ddigwyddodd ar ôl i Grimsvötn echdorri yn 1996

Roedd echdoriad 1996 yn arbennig o ddramatig, gan gynhyrchu llawer o effeithiau cynradd ac eilaidd (Ffigur 14). Parhaodd yr echdoriad am chwe wythnos. Yn ystod yr amser hwn, ymdoddodd sylfaen yr iâ gan greu llyn **tanrewlifol**, a lenwodd y **callor**. Yn y diwedd roedd 3 km² o ddŵr wedi cronni, a oedd yn ddigon i godi'r cap iâ. Ar 4 Tachwedd 1996, ffrwydrodd y dŵr tawdd drwy'r rhewlif, 50 km o'r llosgfynydd. Roedd y llif, o'r enw **jökulhaup**, yn cludo mynyddoedd iâ anferth a gwaddod gydag ef. Dinistriodd sawl pont ac ysgubodd ran o gylchffordd Gwlad yr Iâ i ffwrdd. Oherwydd y lleoliad diarffordd, yn ffodus iawn ni chafodd neb eu lladd.

Gweithgaredd

1. Pam y mae perygl arbennig y bydd jökulhaup yn digwydd yng Ngwlad yr Iâ?

2. Edrychwch ar Ffigur 15. Copïwch a chwblhewch y tabl isod gan nodi'r peryglon cynradd ac eilaidd sy'n gysylltiedig â llosgfynyddoedd. Disgrifiwch bob un yn gryno.

Peryglon cynradd	Peryglon eilaidd

3. Beth fyddai'n digwydd pe bai echdoriad tebyg i'r un a gafwyd yn 1783 yn digwydd heddiw? A fyddai'r canlyniadau yr un mor ddinistriol?

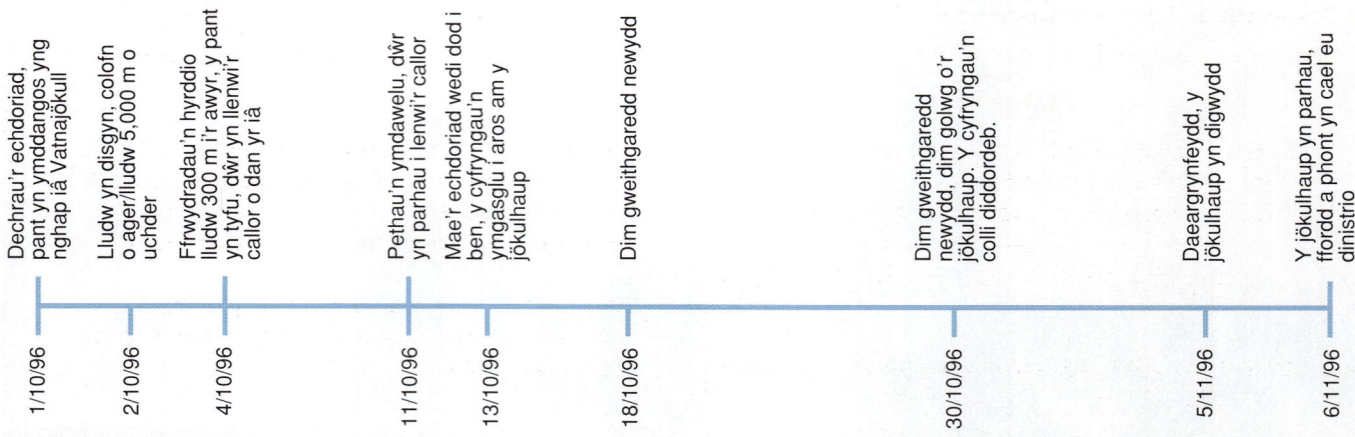

Ffigur 15 Llinell amser o ddigwyddiadau echdoriad Grimsvötn 1996

Thema 3: Byw mewn Cylchfa Weithredol

Gweithgaredd SGD: Cylchfaoedd peryglus Gwlad yr Iâ

http://gullhver.os.is/website/hpf/orkustofnun_english/viewer.htm

Bydd y gwe-gyswllt yn mynd â chi i atlas digidol o Wlad yr Iâ. Mae'r map sylfaen yn dangos llinellau glas gwan ar gyfer yr arfordir a'r afonydd. Gallwch chwyddo mewn ac allan trwy ddefnyddio'r offer ar y chwith. Cliciwch ar y blychau deialog yn y ddewislen ar y dde i ddangos haenau amrywiol, sy'n cynnwys nodweddion fel llosgfynyddoedd a tharddellau poeth.

Defnyddir gwres y creigiau yn Hengill mewn sawl ffordd. Mae ffermwyr lleol yn defnyddio dŵr poeth o'r ddaear i gynhesu tai gwydr masnachol sy'n tyfu blodau, tomatos a chiwcymerau. Mae ager hefyd yn cael ei beipio o'r ddaear ar wasgedd uchel i greu pŵer ar gyfer y brifddinas, Reykjavík. Mae ymwelwyr yn cerdded yn yr ardal i weld y pyllau llaid byrlymog.

Llosgfynydd gweithredol yw Hekla. Bu echdoriad enfawr yno yn 1947. Cefnen hir a thenau yw'r mynydd ac mae echdoriadau yn digwydd yn yr agennau ar hyd y gefnen hon tuag unwaith bob 10 mlynedd.

Echdoriad Heimaey yn 1973

Ffigur 16 Sgrinlun yn dangos cylchfaoedd geothermol a llosgfynyddoedd gweithredol yn ne-orllewin Gwlad yr Iâ

I gael mwy o wybodaeth am y dyffryn hollt yng Ngwlad yr Iâ ewch i
www.thingvellir.is/english/maps

Gweithgaredd

1 Defnyddiwch Ffigur 16 a'r gwe-gyswllt uchod.
   a) Disgrifiwch leoliad Hekla.
   b) Defnyddiwch y ffotograff a'ch dealltwriaeth o ymylon platiau adeiladol i ddisgrifio pum perygl cynradd sy'n gysylltiedig ag echdoriad fel hwn.

2 a) Disgrifiwch ddosbarthiad y tarddellau poeth yn Ffigur 16.
   b) Disgrifiwch ddosbarthiad meysydd tymheredd uchel o'i gymharu â dosbarthiad llosgfynyddoedd canolog gweithredol.
   c) Awgrymwch resymau dros y patrymau hyn.

3 Ysgrifennwch adroddiad 500 gair yn egluro tair mantais wahanol y mae daeareg Gwlad yr Iâ yn ei rhoi i'w phobl.

Thema 3: Byw mewn Cylchfa Weithredol

Beth yw'r effeithiau cynradd ac eilaidd sy'n gysylltiedig â daeargrynfeydd?

Mae daeargrynfeydd yn cynhyrchu peryglon cynradd ac eilaidd hefyd. Peryglon cynradd yw'r rhai sy'n digwydd o ganlyniad uniongyrchol i ddaeargryn. Mae tsunami yn enghraifft o berygl eilaidd gan ei fod yn digwydd ar ôl daeargryn o dan lawr y cefnfor. Bu farw 230,000 o bobl yn dilyn y tsunami yn Asia ar 26 Rhagfyr 2004. Mae hyn yn profi bod peryglon eilaidd yn aml yn achosi mwy o ddinistr na'r digwyddiad gwreiddiol.

Sichuan, China — Astudiaeth achos o ddaeargryn Sichuan yn China

- Roedd tref Beichuan yn rwbel yn dilyn y daeargryn.
- Arweiniodd y daeargryn at dirlithriad
- Ffurfiodd llyn y tu ôl i'r tirlithriad
- Draeniodd peirianwyr y 'llyn daeargryn' gan orlifo dyffryn yr afon islaw.

Ffigur 17 Beichuan cyn ac ar ôl y daeargryn – gwnaeth y tirlithriadau rwystro'r afonydd gan greu 'llynnoedd daeargrynfeydd'.

Cafodd tref Beichuan ei gwagio cyn y llifogydd. Bydd yn cael ei hailadeiladu yn rhywle arall.

Ar 12 Mai 2008, cafodd talaith Sichuan yn ne-orllewin China ei tharo gan ddaeargryn cryf yn mesur 7.9 ar raddfa Richter.

Bu farw tua 87,000 o bobl wrth i adeiladau ddymchwel ar ôl i'r ddaear ysgwyd cymaint. Parhaodd **ôl-gryniadau** cryf (yn mesur hyd at 6.1 ar raddfa Richter) yn yr wythnosau ar ôl y digwyddiad, gan achosi mwy o ddifrod ac amharu ar y gwaith achub.

Yn Sichuan, mae'r nifer fwyaf o bobl ac adeiladau i'w cael mewn dyffrynnoedd afonydd. Ar ôl i'r pridd corsiog gael ei ysgwyd yn gryf, collodd ei gryfder ac aeth yn feddal iawn fel concrit gwlyb. Enw'r broses hon yw **hylifiad**. Nid oedd unrhyw beth i gynnal sylfeini adeiladau, felly gwnaethant ddymchwel yn hawdd.

Yn nhref Beichuan, un o'r ardaloedd a gafodd ei tharo waethaf, dymchwelodd 80 y cant o'r adeiladau.

Roedd y bobl a lwyddodd i oroesi'r daeargryn yn gorfod wynebu peryglon eilaidd.

Arweiniodd y daeargryn at dirlithriad a rwystrodd lif Afon Jian. Cododd lefel y dŵr yn gyflym yn y dyffryn y tu ôl i'r argae, gan greu 'llyn daeargryn'. (Cafodd dros 30 o'r rhain eu creu ledled Sichuan.) Roedd ôl-gryniadau yn bygwth dymchwel yr argaeau llawn rwbel hyn ac anfon llif enfawr o ddŵr i lawr yr afon. Cafodd Beichuan ei gwagio wrth i beirianwyr greu sianeli i ddraenio'r dŵr. Yn y diwedd, torrodd y dŵr drwy'r argaeau gan achosi llifogydd yn Beichuan a'r dyffryn i lawr yr afon (Ffigur 17).

Mewn ardaloedd adeiledig, gall tanau fod yn fygythiad mawr yn syth ar ôl daeargryn. Mae pibellau nwy sydd wedi torri yn cynnau a gall tanau ledaenu'n gyflym drwy'r rwbel. Cafwyd tanau bach yn Sichuan ond fe'u diffoddwyd yn gyflym. Daeth trenau oddi ar y cledrau yn ystod y daeargryn ac roedd tirlithriadau wedi cau ffyrdd, felly roedd hi'n anodd iawn anfon cymorth i'r

Thema 3: Byw mewn Cylchfa Weithredol

ardaloedd a oedd ei angen. Caeodd diwydiannau oherwydd bod llawer o weithwyr wedi cael eu lladd. Cafodd cnydau reis eu dinistrio neu bu'n rhaid eu cynaeafu'n gynnar er mwyn gwneud lle i'r gwersylloedd ffoaduriaid a oedd eu hangen ar y 4.8 miliwn o bobl ddigartref. Roedd y rhai a oroesodd yn wynebu dyfodol ansicr.

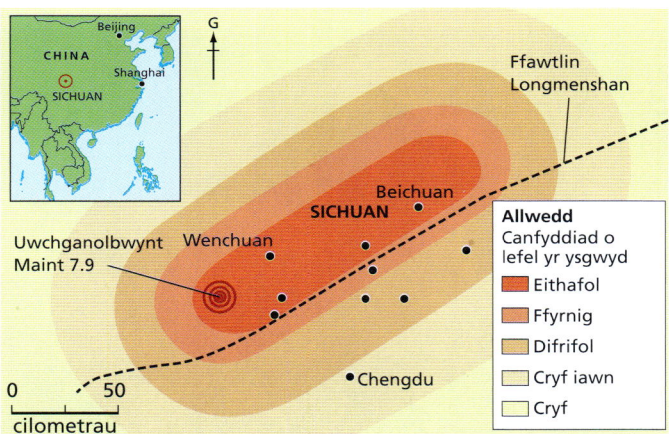

Ffigur 18 Yr ardal a gafodd ei heffeithio gan ddaeargryn Sichuan

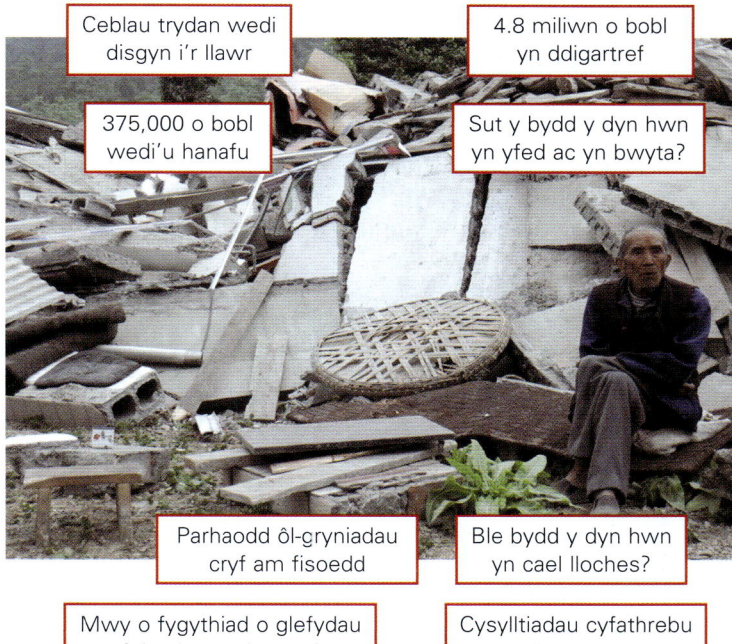

Ffigur 19 Difrod y daeargryn yn nhalaith Sichuan, China

Gweithgaredd

1. Rhestrwch y peryglon cynradd ac eilaidd sy'n gysylltiedig â daeargrynfeydd.

2. Beth oedd effeithiau daeargryn Sichuan ar:
   a) yr economi
   b) yr amgylchedd
   c) y bobl?

3. Astudiwch Ffigur 20.
   a) Meddyliwch am ragdybiaeth i egluro'r berthynas rhwng maint daeargryn a nifer y marwolaethau.
   b) Plotiwch graff gwasgariad ar gyfer y data yn Ffigur 20 gan ddefnyddio lliwiau gwahanol ar gyfer gwledydd LlEDd a gwledydd MEDd. (Dangoswch faint y daeargryn ar echelin x a nifer y marwolaethau ar echelin y.)
   c) Rhowch esboniad manwl am y patrwm sy'n cael ei ddangos yn y graff.

4. Astudiwch y geiriau yn y bocs isod. Gwerthuswch yr effaith y gall y ffactorau hyn ei chael ar y tebygrwydd o oroesi peryglon daeargrynfeydd.

| cyfoeth | cymorth |
| dwysedd poblogaeth | llwgrwobrwyo |

Dyddiad	Lleoliad	Maint ar raddfa Richter	Marwolaethau
12.05.08	Sichuan, China	8.0	65,000
26.12.04	Sumatera, Indonesia	9.3	300,000
26.12.03	Bam, Iran	6.6	30,000
26.01.01	Gujarat, India	7.7	20,085
17.08.99	İzmit, Twrci	7.6	17,118
17.01.95	Japan	7.2	5,000
15.02.94	Indonesia	6.5	37
17.01.94	Los Angeles, UDA	6.6	57
30.09.93	India	6.4	22,000
12.07.93	Japan	7.8	26
12.12.92	Indonesia	6.8	1,912
28.06.92	California, UDA	7.4	1
25.04.92	California, UDA	6.9	0
13.03.92	Twrci	6.8	1,000
01.02.91	Ffin Afghanistan/ Pakistan	6.8	1,200
16.07.90	Pilipinas	7.7	1,621
21.06.90	Iran	7.3–7.7	50,000

Ffigur 20 Daeargrynfeydd mawr 1972–2008

Thema 3: Byw mewn Cylchfa Weithredol

Pam y mae pobl yn parhau i fyw mewn cylchfaoedd peryglus?

Amcangyfrifir bod 500 miliwn o bobl, sef un ym mhob 12 o bobl y byd, yn byw mewn cylchfaoedd gweithredol. Mae'r peryglon yn amlwg, felly mae'n rhaid bod rhesymau pam y mae pobl yn parhau i fyw yn yr ardaloedd hyn. Fel arfer, mae'r mwyafrif o bobl yn gallu byw eu bywydau pob dydd heb boeni am y peryglon posibl. Yn aml iawn nid yw llawer ohonynt yn ymwybodol o'r bygythiadau oherwydd bod digwyddiadau'n anghyffredin ond yn cael effaith enfawr.

Ffigur 21 Mae Pilipinas ar ymyl plât ddinistriol. Mae'r rhan fwyaf o'r boblogaeth mewn perygl oherwydd llosgfynyddoedd a daeargrynfeydd

Mae Gwlad yr Iâ yn gwneud y gorau o'i lleoliad mewn cylchfa folcanig. Mae'r wlad yn dibynnu'n drwm ar **egni geothermol**. Mae magma o dan gramen y Ddaear yn cynhesu'r creigiau uwchben. Defnyddir y gwres i gynhyrchu ager i yrru tyrbinau sy'n cynhyrchu trydan. Mae gwres dros ben yn cael ei ddefnyddio'n lleol i wresogi adeiladau. Mae egni geothermol yn ffynhonnell egni **adnewyddadwy**. Mae'n rhad ei gynhyrchu, mae llawer ohono ar gael yng Ngwlad yr Iâ ac nid yw'n allyrru nwyon tŷ gwydr. Heddiw mae 18 y cant o drydan y wlad yn dod o gyflenwadau geothermol. Mae Ffigur 22 yn dangos sut y mae egni geothermol yn cael ei ddefnyddio.

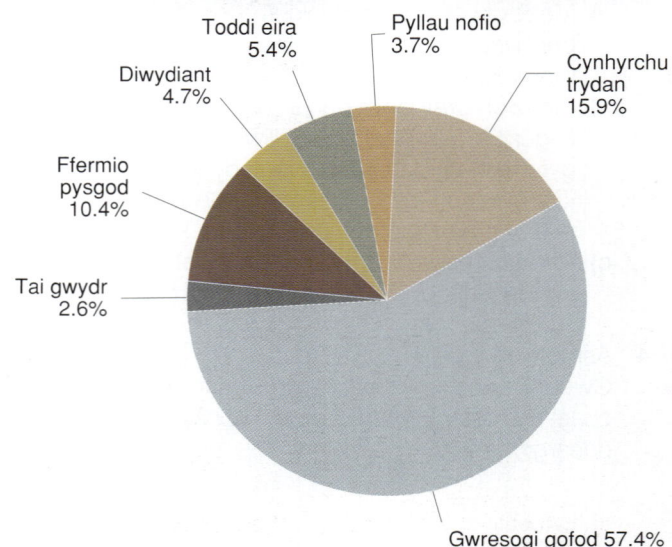

Toddi eira 5.4%
Pyllau nofio 3.7%
Diwydiant 4.7%
Cynhyrchu trydan 15.9%
Ffermio pysgod 10.4%
Tai gwydr 2.6%
Gwresogi gofod 57.4%

Ffigur 22 Mae Gwlad yr Iâ yn defnyddio egni geothermol mewn sawl ffordd

Mae llosgfynyddoedd yn atyniad naturiol i ymwelwyr chwilfrydig. Mae swyddi yn cael eu creu ac mae arian yn dod i'r economi lleol sy'n golygu bod pobl leol yn ymelwa. Mae gwasanaethau ac isadeiledd yn cael eu gwella hefyd er mwyn darparu ar gyfer y cynnydd yn nifer yr ymwelwyr. Yn aml iawn mae ymwelwyr yn cael eu denu gan y golygfeydd trawiadol, sbâu poeth (Gwlad yr Iâ) a chanolfannau sgïo (Mynydd Etna, yr Eidal). Mae cwmnïau teithiau arbenigol yn trefnu teithiau i ardaloedd folcanig anghysbell. Roedd y diwydiant ymwelwyr yn ffynnu ar ynys Montserrat yn y Caribî cyn i losgfynydd echdorri ym Mryniau Soufrière yn 1995. Mae'r llosgfynydd yn fyw hyd yn oed heddiw. Dinistriodd llifoedd pyroclastig y maes awyr gwreiddiol. Dim ond hanner yr ynys sy'n ddiogel heddiw yn ôl y datganiad swyddogol. Mae Ffigurau 23 a 24 yn dangos bod rhai twristiaid yn dal i ymweld â'r ynys ers yr echdoriad yn 1995.

Mae lludw o losgfynyddoedd yn cynnwys llawer o faetholion. Dros amser, mae dyddodion yn cynyddu gan greu priddoedd ffrwythlon sy'n berffaith ar gyfer tyfu cnydau. I ffermwyr, mae'r fantais hon yn drech na'r peryglon o fyw yma.

Mewn gwledydd LlEDd, nid oes gan lawer o bobl y dewis o symud o gylchfaoedd peryglus. Mae gwledydd fel Pilipinas wedi eu lleoli ar rai o'r ymylon platiau mwyaf gweithredol yn y byd. Mae daeargrynfeydd cryf ac echdoriadau folcanig yn gyffredin. Mae'r rhan fwyaf o'r boblogaeth yn byw mewn tai o ansawdd gwael. Gan amlaf, y bobl yn yr ardaloedd hyn sy'n cael eu taro waethaf gan unrhyw ddigwyddiad. Mae'r boblogaeth yn profi syrthni ariannol; mae eu sefyllfa ariannol yn eu rhwystro rhag symud i ardaloedd mwy diogel, hyd yn oed os ydynt eisiau gwneud hynny.

Blwyddyn	Nifer yr ymwelwyr
1994	36,267
1998	9,427
2002	9,623
2006	7,991

Ffigur 23 Nifer yr ymwelwyr â Montserrat

Gwlad Preswylio	2002	2003	2004	2005	2006	2006 (%)
Unol Daleithiau America	1950	1541	2084	2034	2153	26.9
Canada	375	297	334	404	393	4.9
Y Deyrnas Unedig	2581	2269	3021	2968	2321	29.0
Gwledydd Eraill Ewrop	178	145	176	228	180	2.3
OECS*	3282	2849	3051	2297	1540	19.3
Gwledydd Eraill y Caribî	1171	1224	1334	1690	1328	16.6
Gweddill y Byd	86	65	138	69	76	1.0
CYFANSWM	9623	8390	10138	9690	7991	100.0

* OECS = Cyfundrefn Gwladwriaethau Dwyrain y Caribî

Ffigur 24 Tarddiad ymwelwyr â Montserrat [2002–2006]

Gweithgaredd

1 Beth yw egni geothermol?

2 Eglurwch fanteision egni geothermol i Wlad yr Iâ a nodwch rai o'i ddefnyddiau.

3 Astudiwch Ffigurau 23 a 24.
   a) Lluniwch graff i ddangos y duedd yn niferoedd yr ymwelwyr ers 1994.
   b) Marciwch echdoriad Gorffennaf 1995 ar y graff.
   c) Eglurwch beth y mae'r graff yn ei ddangos.
   ch) Defnyddiwch y data i ddisgrifio ac egluro o ba wledydd y mae ymwelwyr â Montserrat yn dod.
   d) Gyda'r person sy'n eistedd wrth eich ymyl trafodwch pa fathau o bobl a fyddai'n fwyaf tebygol o ymweld â Montserrat. Ysgrifennwch eich syniadau, gan roi rhesymau.

4 A ydych o'r farn fod y manteision o fyw mewn cylchfa beryglus yn fwy na'r problemau? Ysgrifennwch tua 200 o eiriau i gyfiawnhau eich barn.

Sut y mae modd lleihau'r risgiau sy'n gysylltiedig â chylchfaoedd folcanig a daeargrynfeydd?

Sut y mae llosgfynyddoedd yn cael eu monitro a beth y mae hyn yn ei ddweud am eu cyflwr?

Mae llosgfynyddoedd gweithredol y byd yn cael eu monitro'n gyson i geisio darogan pryd y bydd yr echdoriad nesaf. Mae gwyddonwyr yn gallu adnabod arwyddion penodol. Maent yn canolbwyntio'n benodol ar losgfynyddoedd sy'n agos at boblogaethau trefol mawr, e.e. Mynydd Etna, yr Eidal.

Seismigedd cynyddol – daeargrynfeydd rheolaidd

Mwy o wres yn cael ei ryddhau

Sylffwr deuocsid a CO_2 yn cael eu rhyddhau

Erydiad dyddodion folcanig

Anffurfiad y ddaear – y siâp yn newid

Ffigur 25 Mae gwyddonwyr yn monitro llosgfynyddoedd i geisio darogan pryd y byddant yn echdorri.

Bryniau Soufrière, Montserrat

Mae llosgfynydd Bryniau Soufrière yn Montserrat wedi bod yn echdorri ers 1995, gan roi cyfleoedd gwerthfawr i wyddonwyr yn Arsyllfa Llosgfynyddoedd Montserrat (*MVO*) wneud gwaith ymchwil. Er bod y llosgfynydd yn weithredol, mae'n mynd trwy gyfnodau cymharol dawel, ond gall echdorri'n sydyn. Yn Ffigur 26 mae un o fwlcanolegwyr *MVO* yn disgrifio sut y gwnaeth monitro'r llosgfynydd roi cliwiau i ffrwydrad diweddar.

Thema 3: Byw mewn Cylchfa Weithredol

'Yn MVO rydym ni'n defnyddio nifer o dechnegau i gadw golwg ar y llosgfynydd. Mae'r arsyllfa dair milltir i ffwrdd o'r llosgfynydd a gallwn ei weld yn glir (pan nad yw o'r golwg yn y cymylau!) Cyn yr echdoriad ar 28 Gorffennaf 2008, chwyddodd y gromen lafa. Roedd hyn yn awgrymu bod magma yn symud tuag i fyny y tu mewn i'r llosgfynydd. Mae ochrau'r gromen wedi'u gwneud o ddefnyddiau rhydd. Wrth i'r gromen dyfu mae creigiau'n disgyn. Am dair wythnos cyn 28 Gorffennaf, roedd ychydig mwy o greigiau nag arfer wedi bod yn disgyn.

Roeddwn i wedi bod yn cofnodi nifer y daeargrynfeydd ac wedi sylwi ar gynnydd sylweddol yn yr wythnos cyn y digwyddiad. Roedd deg ar hugain gwaith yn fwy o ddaeargrynfeydd mewn un wythnos nag yn ystod mis Mehefin i gyd! Dyna arwydd sicr bod rhywbeth yn digwydd. Wrth i'r magma symud i fyny, roedd y gwasgedd y tu mewn i'r llosgfynydd yn cynyddu, gan greu craciau. Roeddem ni'n teimlo hyn fel daeargrynfeydd bach. Mae mwy o wasgedd yn golygu mwy o ddaeargrynfeydd.

Roedd cydweithiwr i mi wedi cofnodi cynnydd graddol yng nghyfanswm y sylffwr deuocsid a oedd yn cael ei ryddhau. Mae hyn yn rhagrybudd o ddigwyddiad gan ei fod yn awgrymu bod magma yn symud yn nes at yr wyneb.

Yn ystod mis Mehefin a Gorffennaf, nid oedd llawer i'w weld ac eithrio cymylau o ludw bob hyn a hyn. Ein darlleniadau gwyddonol oedd yr unig ffordd o wybod bod rhywbeth ar fin digwydd. Dyna pam mae ein gwaith ni mor bwysig – fe allwn ni rybuddio pobl a helpu i gynllunio mapiau o beryglon.'

Ffigur 26 Fwlcanolegydd o *MVO* yn disgrifio'r gwaith monitro

Gweithgaredd

1. Edrychwch ar Ffigur 25. Nid yw un o'r arwyddion yn perthyn yno. Pa un a pham?

2. Copïwch a llenwch y tabl canlynol trwy ddefnyddio'r wybodaeth ar y ddwy dudalen hyn.

Arwydd y gallai llosgfynydd echdorri	Beth y mae'n ei ddweud wrthym am y llosgfynydd
Siâp y gromen lafa yn newid	
	Mae'r gwasgedd yn cynyddu y tu mewn i'r llosgfynydd…

3. Astudiwch y data yn Ffigur 27.
   a) Lluniwch graff i ddangos y canlyniadau ar gyfer allyriadau SO_2.
   b) Lluniwch graff i ddangos nifer y daeargrynfeydd a'r achosion o greigiau'n disgyn.
   c) Defnyddiwch frawddegau llawn. Disgrifiwch y patrwm o ran:
      i) allyriadau SO_2
      ii) daeargrynfeydd ac achosion o greigiau'n disgyn.
   ch) Beth yw canran y cynnydd yn yr allyriadau SO_2 rhwng 31 Mai a'r echdoriad?

4. Awgrymwch ragdybiaeth ar gyfer nifer y daeargrynfeydd a'r achosion o greigiau'n disgyn yn y cyfnod yn arwain at echdoriad.

5. Pa ddata arall y gellid eu cynnwys yn y tabl i roi gwybodaeth i ni am gyflwr y llosgfynydd?

6. Eglurwch yr anawsterau sy'n gysylltiedig â monitro llosgfynyddoedd.

2008 Dyddiad wythnos yn cychwyn	Gweithgaredd	Tunelli y dydd (t/d) o SO_2 ar gyfartaledd	Daeargrynfeydd	Creigiau'n disgyn
31 Mai	isel	206	20	9
07 Mehefin	isel	228	14	17
14 Mehefin	isel	254	14	2
21 Mehefin	isel	323	6	6
28 Mehefin	isel	329	5	0
05 Gorffennaf	isel	339	10	10
11 Gorffennaf	isel	414	8	13
21 Gorffennaf	mwy	378	145	18
28 Gorffennaf	uchel	3000	1694	25

Ffigur 27 Data a gasglwyd gan *MVO* yn y cyfnod cyn llif pyroclastig
Ffynhonnell: Arsyllfa Llosgfynyddoedd Montserrat

Thema 3: Byw mewn Cylchfa Weithredol

Sut y gellid lleihau effeithiau echdoriadau folcanig a daeargrynfeydd mewn Gwledydd LlEDd a Gwledydd MEDd?

Mae gwledydd LlEDd a gwledydd MEDd yn rhoi mesurau tymor byr a thymor hir ar waith i leihau effaith trychinebau. Fel arfer, mae effeithiau llosgfynyddoedd a daeargrynfeydd yn cael mwy o effaith ar bobl sy'n byw mewn gwledydd LlEDd. Mae gwledydd MEDd mwy cyfoethog wedi buddsoddi llawer o arian i ddiogelu eu hunain a'u heconomïau rhag trychineb.

Beth sy'n cael ei wneud yn y tymor byr i leihau effeithiau llosgfynyddoedd a daeargrynfeydd?

China

Ar ôl echdoriad folcanig neu ddaeargryn, mae'n debyg y bydd pobl yn dioddef trawma ac mae'n bosibl y byddant mewn perygl o hyd. Mae angen ymateb cyflym a phwrpasol er mwyn lleihau'r effeithiau. Yn dilyn daeargryn mawr Sichuan ar 12 Mai 2008 (lle bu farw 87,000 o bobl) ymatebodd llywodraeth China yn gyflym, gan anfon 50,000 o filwyr i gynorthwyo'r bobl.

Ffigur 28 Ymatebodd China yn gyflym i'r trychineb

Yn ystod y dyddiau cyntaf, roedd rhaid i achubwyr symud y rwbel â'u dwylo er mwyn cyrraedd y bobl a oedd yn fyw ond yn sownd. Roedd angen defnyddio offer trwm i symud y pridd, ac roedd rhaid i China ofyn am gymorth y gymuned ryngwladol oherwydd maint y trychineb. Anfonwyd timau bach o Japan a oedd yn arbenigo mewn gwaith achub adeg daeargrynfeydd i Sichuan. Chwe wythnos ar ôl y trychineb, roedd llywodraeth China wedi trefnu i symud bron i 1.47 miliwn o bobl o'r ardaloedd a gafodd eu taro waethaf. Cafodd gwersylloedd dros dro eu sefydlu i roi lloches i bobl. Defnyddiwyd 34,000 o bebyll. Roedd angen gweithredu yn gyflym er mwyn rhoi dŵr yfed glân, lloches, bwyd a meddyginiaeth i'r nifer mawr o bobl a oroesodd. Mae rhai trefi fel Beichuan, lle y dinistriwyd 80 y cant o'r adeiladau, yn mynd i gael eu hailadeiladu yn rhywle arall.

Mae llifoedd lafa'n bygwth y trefi a'r pentrefi ger Mynydd Etna yn yr Eidal yn rheolaidd. Mae dargyfeirio lafa yn ddrud. Yn dilyn ymdrechion i reoli'r llif lafa yn yr ail ganrif ar bymtheg, pasiwyd deddfau yn gwahardd yr arfer ar lethrau Etna. Roedd amddiffyn un pentref yn golygu aberthu pentref arall gan amlaf. Cafodd y deddfau hyn eu dileu yn 1983 ac mae'r awdurdodau bellach yn defnyddio sawl dull o ddargyfeirio llifoedd.

Dyma rai o'r dulliau mwy llwyddiannus sydd wedi cael eu defnyddio ledled y byd:

- chwistrellu dŵr dros y lafa – mae hyn yn ei oeri a'i galedu
- defnyddio rhwystrau pridd i sianelu cyfeiriad y lafa
- gollwng blociau concrit o hofrennydd er mwyn dargyfeirio'r llif
- bomio tiwbiau lafa â dynameit o'r awyr er mwyn eu lledu a gwasgaru'r llif.

Gall dargyfeirio lafa fod yn ddadleuol. O safbwynt ymarferol, nid yw'n bosibl dargyfeirio lafa oni bai bod yr amodau topograffigol yn ffafriol. Pan fydd lafa yn cael ei ddargyfeirio i eiddo na fyddai wedi cael ei effeithio fel arall, mae problemau cyfreithiol cymhleth yn codi. Mae hefyd yn codi cwestiynau gwleidyddol a chymdeithasol. A ddylai'r awdurdodau geisio ymyrryd mewn digwyddiad naturiol o gwbl? Mae'n ddrud yn ariannol. Mae arsyllfa llosgfynydd Mauna Loa yn Hawaii yn cael ei gwarchod gan rwystrau oherwydd bod modd cyfiawnhau hynny yn ariannol. Mae'n bosibl na fyddai modd cyfiawnhau gwneud hynny ar gyfer adeiladau llai gwerthfawr.

Mae pobl yn cael eu symud o ardaloedd peryglus er mwyn lleihau nifer y marwolaethau. Gall symud pobl dro ar ôl tro fod yn ddrud ac mae'n tarfu ar eu bywydau. Mae atebion tymor hir yn well.

Gweithgaredd

1 Rhestrwch y mesurau tymor byr i leihau peryglon llosgfynyddoedd a daeargrynfeydd.
   a) Lluniwch ddiagram Venn fel yr un isod.
   b) Rhowch y geiriau o'ch rhestr yn y diagram Venn (gwledydd LIEDd/MEDd).

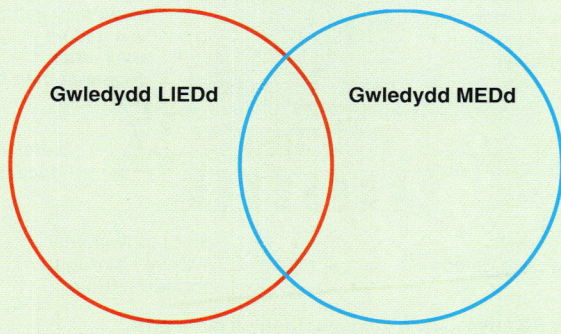

2 Beth yw manteision ac anfanteision rheoli llifoedd lafa?

3 Edrychwch ar yr ymarfer penderfynu ar y dde.
   a) Dychmygwch mai chi yw maer y dref. Pa un o'r opsiynau y byddech chi'n ei ddewis?
   b) Ysgrifennwch adroddiad 250 gair i gyfiawnhau eich penderfyniad.

Ymarfer penderfynu ar lif lafa

Tref fach ger Mynydd Etna yn yr Eidal yw Nicolosi ac mae ganddi boblogaeth o tua 6,500. Mae lafa wedi bygwth y dref sawl gwaith, a digwyddodd hynny mor ddiweddar â 2001. Nid yw'r awdurdodau yn siŵr sut i fynd i'r afael â'r broblem.

Dychmygwch mai chi yw maer Nicolosi ac mae'r dref yn cael ei bygwth eto wrth i lafa lifo i lawr y llethrau yn dilyn echdoriad. Sut ydych chi'n ymateb?

Penderfynwch beth rydych chi am ei wneud drwy ddewis un o'r opsiynau canlynol. Eglurwch eich dewis yn llawn. Beth fydd canlyniadau eich penderfyniad?

- Gadael llonydd i'r llif lafa a gwagio'r dref (gan wybod y byddwch yn gorfod gwagio'r dref eto yn y dyfodol o bosibl).
- Ceisio dargyfeirio'r llif drwy ddefnyddio blociau concrit. Bydd gwneud hyn yn golygu aberthu sawl adeilad y tu allan i'r pentref.
- Gwagio'r dref ac adleoli'r trigolion mewn tref newydd mewn man sy'n ddigon pell o Fynydd Etna.
- Adeiladu amddiffynfeydd concrit o gwmpas adeiladau allweddol sydd mewn perygl.

Thema 3: Byw mewn Cylchfa Weithredol

Pa fesurau tymor hir sy'n bodoli i leihau effaith llosgfynyddoedd a daeargrynfeydd?

Mae mesurau tymor hir yn cynnwys cynlluniau i baratoi pobl a thechnoleg i leihau'r risgiau sy'n gysylltiedig â llosgfynyddoedd a daeargrynfeydd. Mae ardaloedd risg uchel fel California yn cael llawer o ddaeargrynfeydd. Gallai daeargryn mawr yno ladd pobl a gwneud llawer o niwed i'r economi. Mae llawer o arian wedi ei fuddsoddi mewn mesurau i leihau'r risgiau.

datblygiadau newydd yn llym hefyd, gan osgoi ardaloedd a allai fod yn rhy beryglus.

Yn aml iawn, nid yw gwledydd LlEDd yn gallu paratoi cystal ar gyfer trychinebau fel daeargrynfeydd a llosgfynyddoedd oherwydd bod llai o fuddsoddiad ariannol mewn systemau rhybuddio cynnar. Ar draws Cefnfor India, yn dilyn y tsunami dinistriol ar 26 Rhagfyr 2004, mae system rhybuddio cynnar bellach ar waith. Mae'r system yn rhybuddio pobl sy'n byw mewn ardaloedd agored i niwed, gan roi amser iddynt symud i dir uwch. Mae gwledydd o gwmpas Cefnfor India yn ogystal â'r gymuned ryngwladol ehangach wedi ariannu'r cynllun hwn.

Ffigur 29 Taflen ar gyfer digwyddiad 'Shake Out'

Mae ardaloedd trefol mawr mewn gwledydd MEDd yn dibynnu ar system cynllunio ar gyfer argyfwng. Mae'r gwasanaethau brys yn cael eu hyfforddi i ymateb i echdoriad folcanig neu ddaeargryn. Mae'n bosibl anfon timau arbenigol sydd ag offer i ddod o hyd i bobl sydd wedi goroesi o dan y rwbel ar unwaith. Mae addysg a driliau daeargrynfeydd hyd yn oed yn cael eu cynnwys yn y cwricwlwm ysgol yn ne California. Un pryder yw fod pobl yn dechrau anghofio am y risgiau, a dyna pam y mae digwyddiadau fel 'Shake Out' yn California yn cael eu cynnal (Ffigur 29). Mae'r digwyddiad blynyddol yn ceisio codi ymwybyddiaeth o risgiau daeargrynfeydd mawr er mwyn lleihau unrhyw ddifrod.

Mewn ardaloedd sy'n cael daeargrynfeydd, mae adeiladau, ffyrdd a phontydd newydd yn cael eu cynllunio i wrthsefyll daeargrynfeydd a lleihau unrhyw ddifrod (Ffigur 30). Mae cynllunwyr lleol yn rheoli

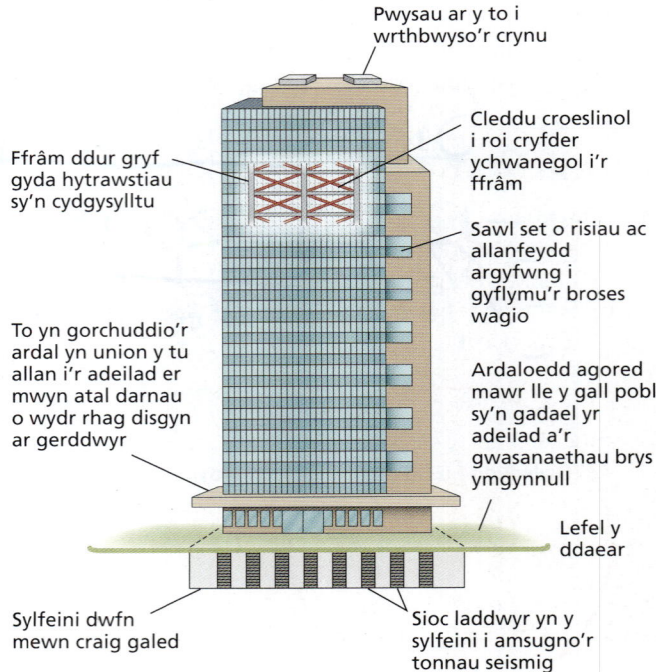

Ffigur 30 Adeilad sy'n gallu gwrthsefyll daeargryn

Gweithgaredd

1. Rhestrwch y mesurau tymor hir i leihau peryglon llosgfynyddoedd a daeargrynfeydd, gan ddisgrifio pob un yn gryno.
2. Eglurwch y gwahaniaethau rhwng mesurau tymor byr a mesurau tymor hir i leihau peryglon llosgfynyddoedd a daeargrynfeydd.
3. Ble mae llosgfynyddoedd a daeargrynfeydd yn debygol o gael yr effaith fwyaf: mewn gwledydd LlEDd neu wledydd MEDd?
4. Cymharwch sut y mae gwledydd LlEDd a gwledydd MEDd yn lleihau effaith llosgfynyddoedd a daeargrynfeydd.

Thema 3: Byw mewn Cylchfa Weithredol

Sut y mae technoleg yn helpu i fonitro llosgfynyddoedd?

Mae gwyddonwyr yn defnyddio amrywiaeth o ddulliau technolegol i fonitro llosgfynyddoedd. Ers i losgfynydd Bryniau Soufrière ddechrau echdorri yn 1995, mae Arsyllfa Llosgfynyddoedd Montserrat (*MVO*) wedi gwella'r dulliau o gasglu data wrth i dechnolegau newydd gael eu datblygu.

Mae sawl gorsaf fonitro wedi ei lleoli o gwmpas y llosgfynydd ac maent yn cael eu pweru gan banel solar a batri 12V. Mae'n bosibl gweithredu llawer o'r offer o bell, felly'r cwbl sydd ei angen yw gwaith cynnal a chadw arferol o dro i dro. Un o'r offerynnau mwyaf gwerthfawr yw seismograff. Mae'r rhain yn cofnodi hyd yn oed y cryndod lleiaf. Caiff signalau eu hanfon yn ôl i'r arsyllfa lle y mae fwlcanolegwyr yn dehongli'r canlyniadau ac yn cyhoeddi rhybuddion pan fydd nifer y daeargrynfeydd yn cynyddu.

Defnyddir sawl techneg i fesur newidiadau yn siâp llosgfynydd (anffurfiad). Mae lloerenni Systemau Lleoli Byd-eang (*GPS: Global Positioning System*) yn cofnodi union leoliad pob gorsaf fonitro. Er bod y lloerenni yn y gofod, gallant gofnodi'r newid lleiaf yn siâp y llosgfynydd. Dull arall yw anfon pelydr laser o un man ar y llosgfynydd i fan arall, lle y mae drych yn cael ei osod. Mae hyd yn oed y newid lleiaf yn siâp y ddaear yn cael ei gofnodi. Defnyddir **mesuryddion gogwydd** hefyd, ond dim ond symudiadau mawr y mae'r rhain yn eu cofnodi ar y cyfan.

Mae lefelau sylffwr deuocsid yn cael eu cofnodi rhwng dwy a phum gwaith yr wythnos. Mae hyn yn cynnwys cymryd darlleniadau nwy mewn lleoliadau o gwmpas y llosgfynydd. Mae unrhyw waith sy'n cael ei wneud ar lethrau'r llosgfynydd yn gallu bod yn beryglus.

Mae monitro gweledol yn hynod bwysig hefyd, yn enwedig wrth fonitro twf y gromen lafa. Mae camerâu pell, sy'n cael eu gosod o gwmpas y llosgfynydd, yn tynnu lluniau rheolaidd. Mae'r *MVO* hefyd yn hedfan dros Fryniau Soufrière i dynnu ffotograffau o'r awyr pan na fydd gormod o gymylau. Defnyddir synhwyro RADAR a synhwyro o bell drwy gyfrwng lloerenni hefyd. Mae'r rhain yn darparu lluniau o safon o'r llosgfynydd beth bynnag yw'r tywydd.

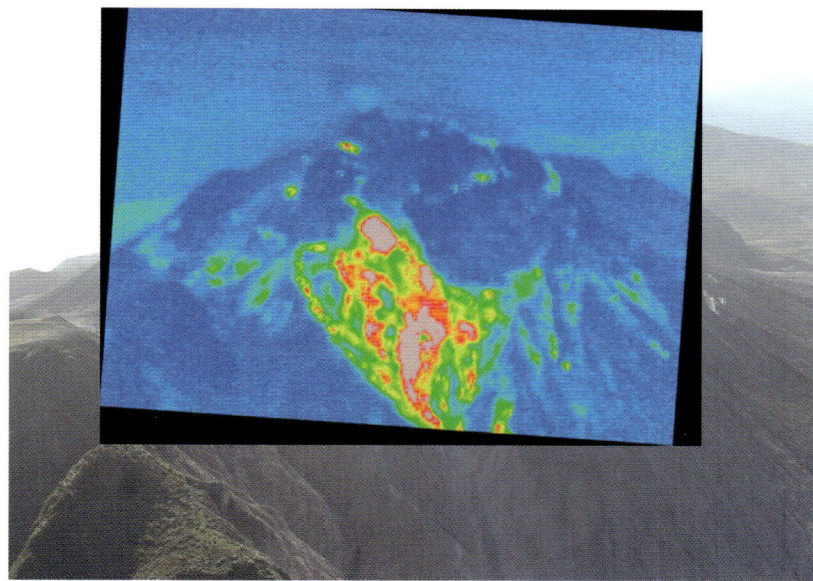

Ffigur 31 Lluniau o gromen Llosgfynydd Bryniau Soufrière, Montserrat, a dynnwyd o'r hofrennydd ar uchder o 4,000 troedfedd. Mae'r llun uchaf yn cyfuno ffotograff â delwedd thermol a dynnwyd ar yr un pryd. Mae ardaloedd poeth yn ymddangos fel lliwiau cynhesach yn y ddelwedd thermol.

Thema 3: Byw mewn Cylchfa Weithredol

Montserrat — Mapio peryglon

Mae mapio peryglon yn lleihau effaith llosgfynydd neu ddaeargryn trwy atal pobl rhag mynd i gylchfaoedd penodol neu drwy reoli datblygiad ynddynt. Mae rhan ddeheuol Montserrat wedi ei rhannu'n chwe chylchfa (Ffigurau 32 a 33). Defnyddir system lefel peryglon, sy'n atal pobl rhag mynd i rai ardaloedd penodol yn dibynnu ar ba mor weithredol yw'r llosgfynydd. Dim ond gwyddonwyr sydd â hawl i fynd i lawer o'r ynys. Gall pobl fynd i rai o'r ardaloedd yn ystod y dydd. Mae yna ardaloedd gwaharddedig morwrol hefyd gan fod rhai o'r llifoedd pyroclastig yn cyrraedd yr arfordir. Mae dros ddwy ran o dair o'r boblogaeth o 11,500 ym Montserrat wedi gadael yr ynys ers i'r echdoriadau ddechrau ar 18 Gorffennaf 1995.

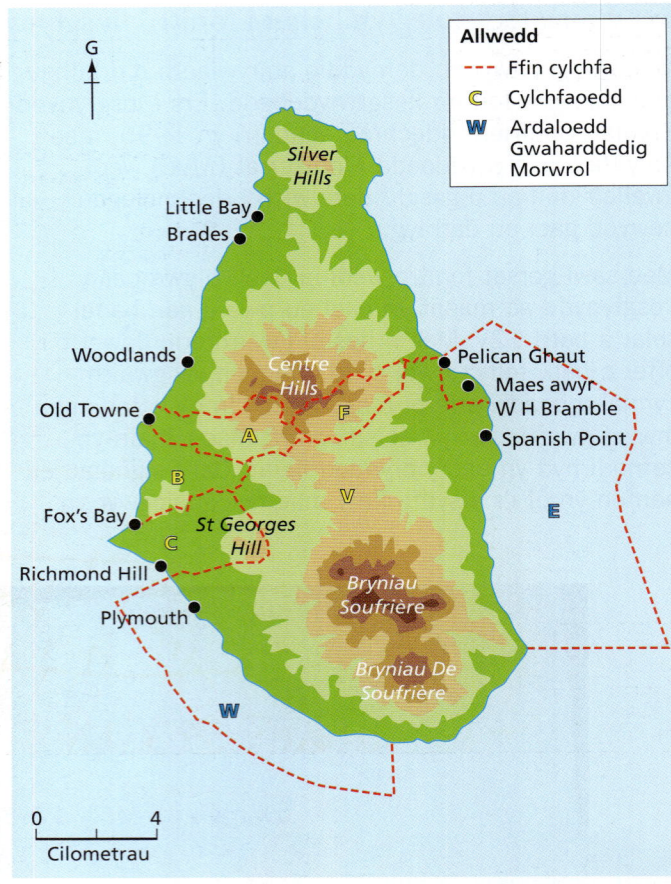

Ffigur 32 Map peryglon ar gyfer Montserrat

Gweithgaredd

1. Astudiwch yr erthygl yn yr adroddiad ar dudalen 65.
   a) Disgrifiwch dri gwahanol fath o weithgaredd y gallai'r gwyddonwyr fod wedi eu monitro.
   b) Awgrymwch sut y gallai'r gwyddonwyr fod wedi defnyddio'r data hyn i gadw pobl yn ddiogel.

2. Edrychwch ar y tabl isod.
   a) Copïwch y tabl.
   b) Rhestrwch yr offer a ddefnyddir ar gyfer y gwahanol fathau o fonitro. Mae'n bosibl bod mwy nag un ffordd o wneud rhai ohonynt.
   c) Trafodwch fanteision ac anfanteision posibl pob un ohonynt a llenwch y colofnau.

3. Astudiwch Ffigur 32. Mae rhan ogleddol yr ynys yn y gylchfa ddiogel.
   a) Tua pha ganran o'r ynys yw'r rhan hon?
   b) Pam y mae ardaloedd gwaharddedig morwrol yn eich barn chi?
   c) Roedd rhaid gadael yr hen brifddinas Plymouth a maes awyr W H Bramble. Pa broblemau y byddai hyn wedi eu hachosi i bobl Montserrat?

Math o fonitro	Offer a ddefnyddir	Manteision	Anfanteision
Seismig			
Anffurfiad			
Darlleniadau nwy			
Gweledol			

Thema 3: Byw mewn Cylchfa Weithredol

Lefel y Perygl		1	2	3	4	5
Gweithgaredd Nodweddiadol		Mwy nag un flwyddyn heb gofnodi unrhyw weithgaredd.	Dim gweithgaredd sy'n bygwth y gogledd neu'r gorllewin. Cofnodi gweithgaredd isel.	Gweithgaredd cymedrol sy'n bygwth y gogledd neu'r gorllewin. Newid sylweddol yn y gweithgaredd a gofnodwyd. Cofnodi gweithgaredd uchel.	Allwthiad lafa sy'n bygwth y gogledd neu'r gorllewin. Cromen fawr ansefydlog i'r gogledd neu'r gorllewin.	Bygythiad yn sgil llifoedd pyroclastig mawr i'r gogledd neu'r gogledd-orllewin. Bygythiad yn sgil ffrwydrad ochrol neu un o'r darnau'n dymchwel.
Cylchfa-oedd	A	Anghyfyngedig	Anghyfyngedig	Anghyfyngedig	Anghyfyngedig	Mynediad rheoledig
	B	Anghyfyngedig	Anghyfyngedig	Anghyfyngedig	Mynediad rheoledig	Mynediad rheoledig
	C	Anghyfyngedig	Mynediad yn ystod y dydd	Mynediad rheoledig	Mynediad rheoledig	Gweithwyr hanfodol
	F	Anghyfyngedig	Mynediad yn ystod y dydd	Mynediad yn ystod y dydd	Mynediad rheoledig	Mynediad rheoledig
	V	Mynediad yn ystod y dydd i rai ardaloedd	Mynediad rheoledig	Gweithwyr hanfodol	Gweithwyr hanfodol	Gweithwyr hanfodol
	T	Mynediad yn ystod y dydd	Mynediad rheoledig	Mynediad rheoledig	Gweithwyr hanfodol	Gweithwyr hanfodol
Ardaloedd Gwaharddedig Milwrol	W	Anghyfyngedig	Mynediad yn ystod y dydd	Mynediad yn ystod y dydd	Gweithwyr hanfodol	Gweithwyr hanfodol
	E	Anghyfyngedig	Gweithwyr hanfodol	Gweithwyr hanfodol	Gweithwyr hanfodol	Gweithwyr hanfodol

Cyfyngiadau Mynediad

Anghyfyngedig – Mae lludw'n disgyn a *lahars* yn gallu bod yn beryglon sylweddol ym mhob ardal, ac mae angen cymryd rhagofalon priodol.

Mynediad yn ystod y dydd – Caniateir mynediad rhwng 6:30am a 5:30pm. Mae'r clwydi mynediad yn cael eu cloi gweddill yr amser.

Mynediad yn ystod y dydd i rai ardaloedd – Bydd ardaloedd yn cael eu diffinio ar sail cyflwr a lleoliad y gweithgaredd folcanig.

Croesi yn ystod y dydd – Caniateir cychod i deithio trwy'r MEZ heb stopio rhwng 6:30am a 5:30pm.

Mynediad rheoledig – Dim mynediad heb gymeradwyaeth NDPRAC. Rhoddir cymeradwyaeth ar sail achosion unigol. Bydd y clwydi'n cael eu cloi bob amser.

Gweithwyr hanfodol – Mynediad i staff MVO a staff cysylltiedig yn unig. Mynediad ar gyfer gwaith cynnal a chadw hanfodol yn unig ar ôl cael cymeradwyaeth NDPRAC. Bydd y clwydi'n cael eu cloi bob amser.

Ffigur 33 Tabl rhybudd o beryglon ar gyfer Montserrat

www.mvo.ms/July_2008_Activity_this_week_archive.htm
Darn o adroddiad gweithgaredd wythnos gan Arsyllfa Llosgfynyddoedd Montserrat

Llosgfynydd Bryniau Soufrière –
Yr adroddiad wythnosol diweddaraf, 18–25 Gorffennaf 2008

Roedd mwy o weithgaredd yn Llosgfynydd Bryniau Soufrière yr wythnos diwethaf, gyda gweithgaredd echdorri cymedrol, llifoedd pyroclastig ar ochr ddwyreiniol y llosgfynydd, a chynnydd amlwg mewn gweithgaredd seismig.

Yr wythnos hon, cofnododd y MVO 18 achos o greigiau'n disgyn a 145 o ddaeargrynfeydd, o'i gymharu â 13 achos o greigiau'n disgyn ac 8 daeargryn yr wythnos flaenorol.

Y fflwcs sylffwr deuocsid (SO_2) cyfartalog ar gyfer yr wythnos oedd 378 tunnell y dydd (t/d). Mae'r rhain yn debyg i ffigurau'r wythnos diwethaf.

Mae'r gweithgaredd dros yr wythnosau diwethaf yn dangos aflonyddwch parhaus yn y llosgfynydd. Hyd yn oed os nad yw allwthiad lafa yn ailddechrau, mae'r gromen yn parhau i fod yn fàs mawr o ddefnydd poeth iawn a allai ddymchwel neu ffrwydro unrhyw bryd. Mae *lahars* (lleidlifau) yn y dyffrynnoedd afon o gwmpas y llosgfynydd yn berygl posibl yn ystod ac ar ôl cyfnodau o law trwm.

Gweithgaredd

4 a) Gwnewch linfap o Ffigur 32.
b) Defnyddiwch Ffigur 33 a'r erthygl yn y gwe-gyswllt uchod i liwio'r map i ddangos lefel y perygl rhwng 18 a 25 Gorffennaf 2008.

5 Beth yw'r cyfyngiadau mynediad ar gyfer:
a) Plymouth
b) Old Towne?

6 Dychmygwch eich bod yn gweithio i Arsyllfa Llosgfynyddoedd Montserrat. Defnyddiwch y data o'r erthygl yn y gwe-gyswllt i ddisgrifio'r camau y dylid eu cymryd ym mhob un o'r ardaloedd sydd i'w gweld ar fap peryglon Montserrat.

Thema 3: Byw mewn Cylchfa Weithredol

Daearyddiaeth i'r dyfodol

Beth pe bai arch-losgfynydd Yellowstone yn echdorri?

O dan Barc Cenedlaethol Yellowstone yn UDA mae llosgfynydd sydd mor fawr, fel y byddai canlyniadau difrifol a phellgyrhaeddol pe bai'n echdorri. Mae'r **arch-losgfynydd** (*supervolcano*) hwn yn cael ei ffurfio gan fagma yn codi i'r gramen i ffurfio cronfa fawr 60 km o hyd a 40 km o led o dan y ddaear. Mae'n un o nifer bach o losgfynyddoedd 'mannau poeth' sy'n digwydd y tu mewn i blatiau.

Bob blwyddyn, mae 3 miliwn o bobl yn ymweld â'r parc i weld y tarddellau a'r geiserau geothermol. Nid yw llawer yn gwybod bod Yellowstone yn llosgfynydd gweithredol. Yn ôl gwyddonwyr mae Yellowstone wedi echdorri unwaith bob 600,000 o flynyddoedd – y tro diwethaf 640,000 o flynyddoedd yn ôl. Gallai echdoriad ddigwydd yn fuan!

Arwyddion cyntaf echdoriad fyddai daeargryn anferth a gâi ei deimlo ar draws UDA. Byddai'r ffrwydrad i'w glywed o gwmpas y byd. O fewn radiws o 1,000 km, byddai'r aer yn llenwi â lludw, gan fygu pobl ac anifeiliaid. Byddai o leiaf 90 y cant o'r boblogaeth yn cael eu lladd. Byddai'r glaw yn ddu ac yn asidig, gan ladd y rhan fwyaf o'r llystyfiant.

O fewn oriau, byddai arfordir dwyreiniol UDA wedi'i orchuddio gan drwch o ludw yn mesur rhai centimetrau a fyddai'n llygru'r dŵr yfed ac yn dinistrio cnydau. Byddai lludw yn yr atmosffer yn blocio golau'r haul. Gallai teithio fod yn beryglus wrth i bobl fynd i banig ac wrth i'r ffyrdd brysuro.

Ar ôl 3 neu 4 diwrnod, byddai gorchudd o ludw mân dros Ewrop. Byddai'r nwyon sylffwr yn yr atmosffer yn arwain at oeri byd-eang, gyda'r tymheredd yn gostwng hyd at 10°C am tua 10 mlynedd. Byddai glaw monsŵn yn methu, gan arwain at newyn ledled llawer o Asia. Byddai'r economi byd-eang ar chwâl, gyda phrisiau bwyd yn codi'n fawr ac yn debyg o achosi gwrthdaro dros adnoddau.

Ffigur 34 Parc Cenedlaethol Yellowstone, a'r ardal o fewn radiws o 1,000 km

Ffigur 35 Geiser, Parc Cenedlaethol Yellowstone

Gweithgaredd

1. Defnyddiwch yr wybodaeth ar y dudalen hon a'r hyn rydych chi'n ei wybod eisoes i nodi effeithiau echdoriad ar bobl a'r amgylchedd:
   a) o fewn 1,000 km i Yellowstone?
   b) yn UDA?
   c) yn fyd-eang?

2. Awgrymwch sut y gallai'r awdurdodau leihau effaith echdoriad Yellowstone.

3. A ddylem bryderu am ganlyniadau echdoriad ym Mharc Cenedlaethol Yellowstone? Ysgrifennwch adroddiad 500 gair yn asesu'r risgiau.

B Byd Global
Thema 4 Poblogaethau Newidiol

Ble mae pobl yn byw?

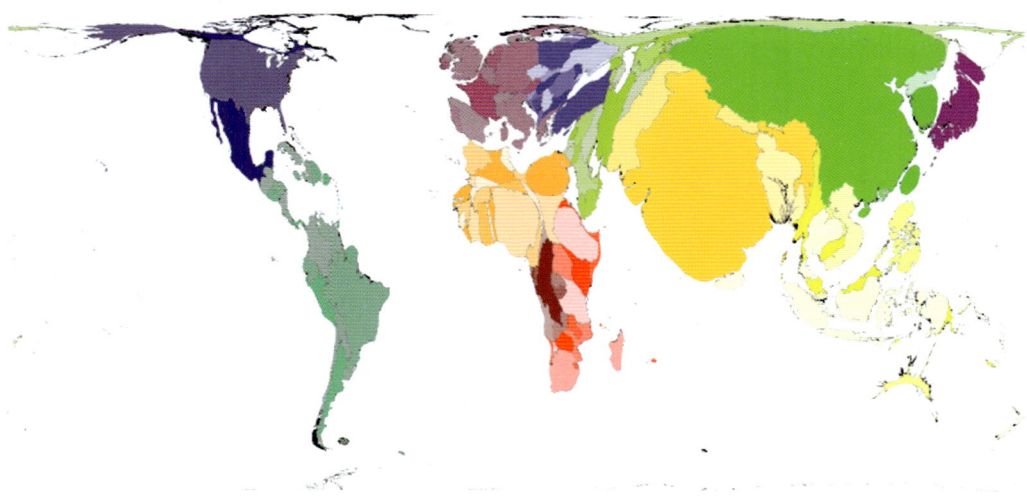

Ffigur 1 Poblogaeth y byd (data 2002). Mae pob gwlad mewn cyfrannedd â maint y boblogaeth

Gweithgaredd SGD: www.worldmapper.org

Mae gan wefan Worldmapper gasgliad mawr o fapiau'r byd a allai fod yn ddefnyddiol wrth astudio Themâu 4, 5 a 6. Mae'r mapiau wedi cael eu creu fel bod pob gwlad mewn cyfrannedd â'r data a ddangosir. Felly, yn Ffigur 1, mae gwledydd fel Japan a China yn edrych yn fawr oherwydd bod ganddynt boblogaeth fawr.

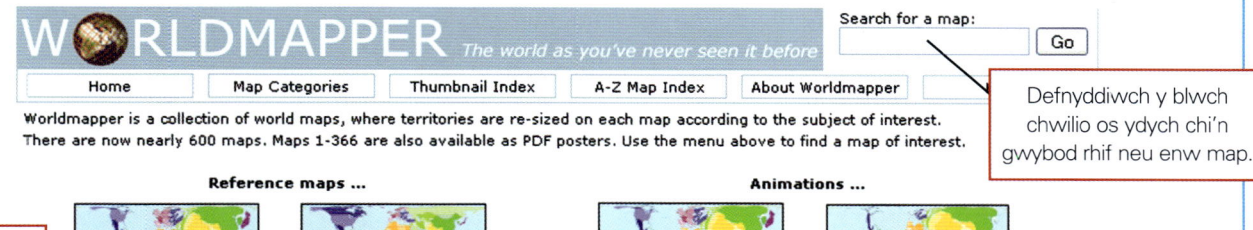

Defnyddiwch y blwch chwilio os ydych chi'n gwybod rhif neu enw map.

Y ffordd hawsaf o bori'r wefan yw clicio ar y mân-luniau hyn.

Ffigur 2 Hafan Worldmapper

Gweithgaredd

1 Defnyddiwch y wefan Worldmapper i ymchwilio i:
   a) sut y mae strwythur y boblogaeth yn amrywio rhwng gwledydd MEDd a gwledydd LlEDd
   b) newid yn y boblogaeth a phoblogaethau'r dyfodol
   c) gwahanol achosion marwolaeth mewn gwledydd MEDd a gwledydd LlEDd.

I ymchwilio	Categori mapiau Worldmapper	Defnyddiwch y mapiau canlynol
Strwythur y boblogaeth	Basic	5, 6
Newid yn y boblogaeth	Basic and cause of death	2, 8, 9, 10, 11, 12, 369, 370
Achosion marwolaeth	Cause of death	374, 379, 389, 408, 418, 436, 451

Thema 4: Poblogaethau Newidiol

Ble mae pobl yn byw yn y byd?

Roedd y Cenhedloedd Unedig yn amcangyfrif erbyn 2008 y byddai mwy na hanner poblogaeth y byd yn byw mewn ardaloedd trefol: trefi mawr a dinasoedd. Mae'r boblogaeth drefol, sef canran y bobl sy'n byw mewn trefi a dinasoedd, wedi tyfu'n raddol ers yr 1950au:

- 30 y cant yn 1950
- 47 y cant yn 2000
- Amcangyfrifir y bydd yn cyrraedd 60 y cant erbyn 2030.

Yr enw ar y broses lle y mae poblogaeth gwlad yn dod yn fwy trefol ac yn llai gwledig yw **trefoli**. Trefoli sy'n gyfrifol am dwf ffisegol a thwf dynol trefi a dinasoedd. Mae trefoli yn cael ei achosi gan gyfuniad o ddau ffactor:

- Pobl yn mudo o ardaloedd gwledig i ardaloedd trefol.
- Cynnydd naturiol yn y boblogaeth drefol oherwydd bod mwy o enedigaethau na marwolaethau.

Ffigur 3 Gweithwyr proffesiynol ifainc neu fyfyrwyr yw'r rhan fwyaf o bobl sy'n symud i ddinasoedd y Deyrnas Unedig. Felly a oes angen i ni barhau i ddarparu'r cyfleusterau sydd eu hangen ar deuluoedd ifanc fel ysgolion a mannau agored diogel?

Yn 2000 roedd tua 75 y cant o boblogaeth y gwledydd MEDd yn byw mewn ardaloedd trefol. Disgwylir y bydd hyn yn codi'n araf i 84 y cant erbyn 2030.

Mae'r rhan fwyaf o bobl Affrica yn byw mewn ardaloedd gwledig, a dim ond tua 37 y cant oedd yn byw mewn ardaloedd trefol yn 2000. Fodd bynnag, Affrica yw'r cyfandir lle y mae'r broses drefoli ar ei chyflymaf.

Ffigur 4 Map yn dangos lleoliad y dinasoedd a fydd, yn ôl y rhagolygon, yn fegaddinasoedd erbyn 2015

68

Thema 4: Poblogaethau Newidiol

Ar hyn o bryd mae trefoli'n digwydd yn gyflymach o lawer mewn gwledydd Llai Economaidd Ddatblygedig (LIEDd) nag mewn gwledydd Mwy Economaidd Ddatblygedig (MEDd). Mae'r boblogaeth mewn gwledydd LIEDd yn tueddu i dyfu'n gyflymach nag mewn gwledydd MEDd ac mae mwy o bobl yn symud o ardaloedd gwledig i ardaloedd trefol.

Mae pobl yn symud am amryw o resymau. Gall gwrthdaro a thrychinebau naturiol orfodi pobl i symud, ac mae mudwyr o'r fath yn cael eu disgrifio fel **ffoaduriaid**. Fodd bynnag, yn y rhan fwyaf o achosion mae pobl yn dewis mudo yn hytrach na chael eu gorfodi i wneud oherwydd trais neu drychineb. Gan amlaf mae pobl yn symud oherwydd eu bod yn awyddus i wella eu safon byw drwy ddod o hyd i swydd sy'n talu'n well. Mae mudwr sy'n symud er mwyn dod o hyd i waith yn cael ei ddisgrifio fel **mudwr economaidd**. Mae llawer o fudwyr hefyd yn credu y bydd symud i'r ddinas yn gwella eu hansawdd bywyd, efallai oherwydd bydd hi'n haws iddynt gael dŵr glân neu gyfleusterau gofal iechyd.

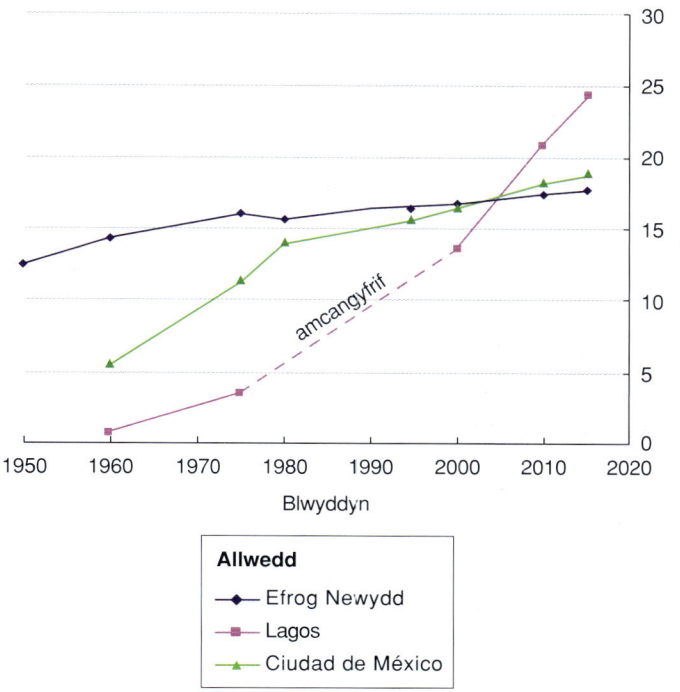

Ffigur 5 Twf ym mhoblogaeth tair dinas fawr

Gweithgaredd

1. Defnyddiwch Ffigur 4 i gwblhau'r canlynol:
   Mae cyfran *fwy* / *lai* o bobl yn byw mewn ardaloedd trefol mewn gwledydd MEDd o gymharu â gwledydd LIEDd. O ran y rhanbarthau llai economaidd ddatblygedig:
   - .... yw'r mwyaf trefol
   - yn .... mae'r broses drefoli ar ei chyflymaf.

2. Defnyddiwch y testun ar y tudalennau hyn i lunio eich diffiniadau eich hun ar gyfer **trefoli**, **ffoaduriaid** a **mudwr economaidd**.

3. Eglurwch y ddau ffactor a arweiniodd at broses drefoli gyflymach mewn gwledydd LIEDd.
   a) Defnyddiwch Ffigur 4 i ddisgrifio dosbarthiad tebygol megaddinasoedd y byd yn 2015.
   b) Defnyddiwch Ffigur 5 i ddisgrifio ac egluro tuedd pob graff.

Thema 4: Poblogaethau Newidiol

De Affrica — Ymchwilio i fudo gwledig–trefol yn Ne Affrica

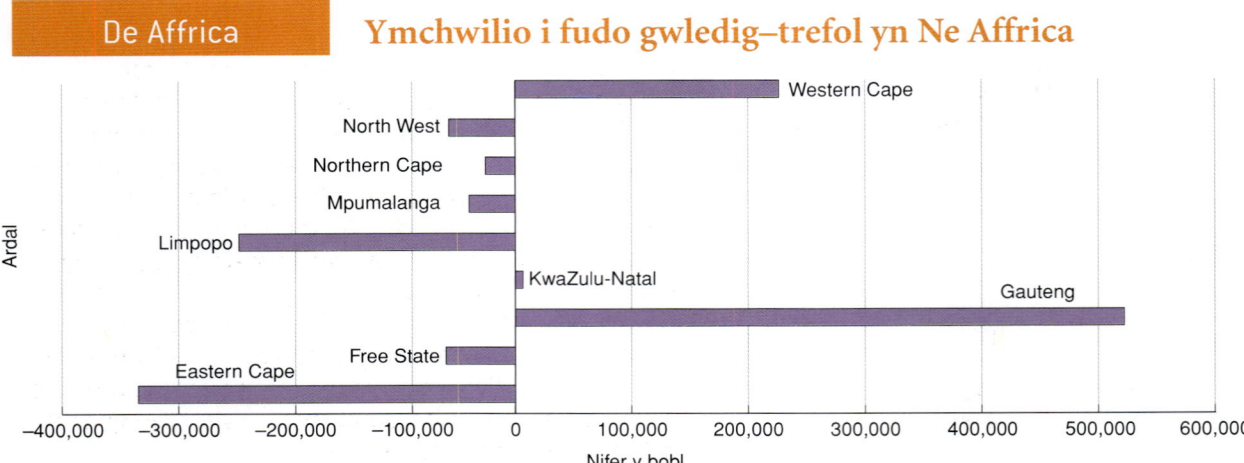

Ffigur 6 Cyfanswm y cynnydd a'r gostyngiad mewn poblogaeth oherwydd mudo yn 2005

Gauteng yw talaith fwyaf trefol De Affrica ac mae'n cynnwys tair dinas fawr: Johannesburg, Pretoria a Soweto. Mae poblogaeth pob un o'r dinasoedd hyn yn fwy na miliwn o bobl. Ar y llaw arall, dim ond 90,000 o bobl sy'n byw yn nhalaith gyfagos Limpopo ac mae dros 90 y cant o'r boblogaeth yn byw mewn ardaloedd gwledig. Yn yr astudiaeth achos hon byddwn ni'n ymchwilio i'r rhesymau dros fudo rhwng Limpopo a Gauteng, ac yn ystyried effeithiau'r mudo ar gymunedau gwledig.

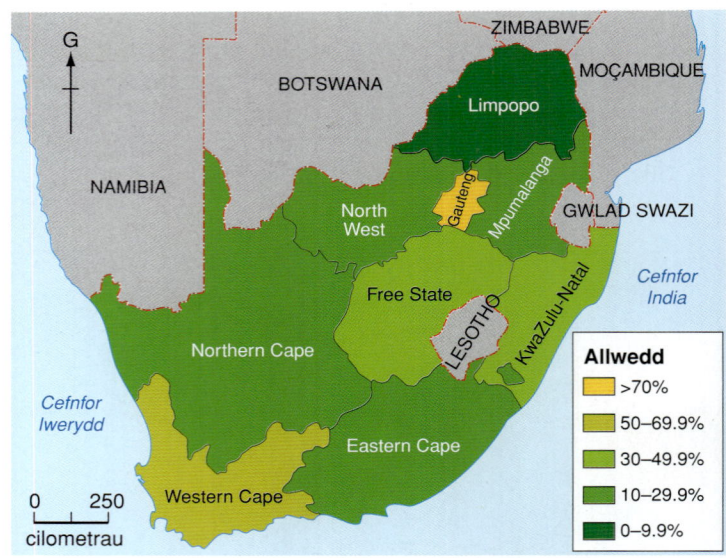

Ffigur 7 Y boblogaeth drefol yn nhaleithiau De Affrica [amcangyfrifon yn seiliedig ar y boblogaeth sy'n byw mewn aneddiadau o fwy na 20,000 o bobl]

Gweithgaredd

1. Defnyddiwch Ffigurau 6 a 7 i gwblhau'r canlynol:
   Y ddwy dalaith fwyaf trefol yw:
   i) .... a gafodd .... o fudwyr yn ystod 2005 a;
   ii) .... a gafodd .... o fudwyr yn 2005. Roedd poblogaeth y taleithiau mwy gwledig, fel ...., wedi cynyddu / gostwng yn ystod y flwyddyn.

2. Astudiwch Ffigur 8. Dewiswch o'r ymadroddion canlynol i ddisgrifio llif mudwyr o Limpopo:
   Mae'r rhan fwyaf o fudwyr yn mudo pellteroedd byr / hir. Mae'r rhan fwyaf o fudwyr / pob mudwr yn symud i daleithiau sy'n llai gwledig na Limpopo. Mae rhai / llawer o fudwyr yn symud i daleithiau mwyaf trefol De Affrica.

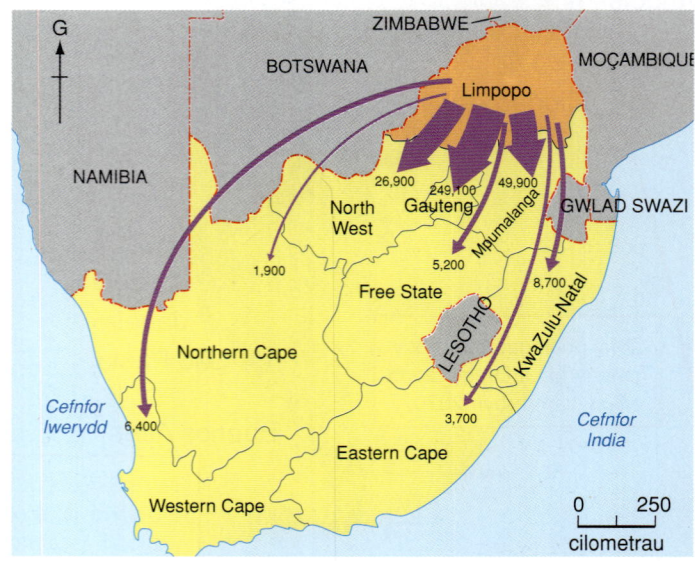

Ffigur 8 Mudo o dalaith Limpopo yn ystod 2005

Thema 4: Poblogaethau Newidiol

Beth yw'r ffactorau gwthio/tynnu sy'n achosi mudo gwledig–trefol yn Ne Affrica?

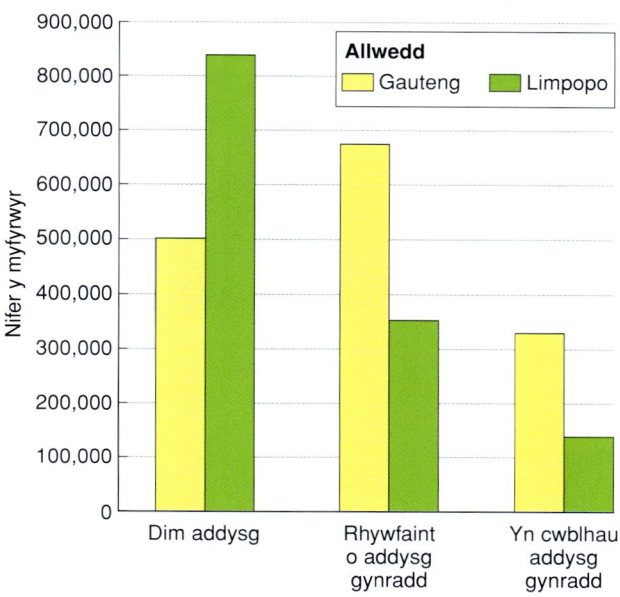

Ffigur 9 Cymharu addysg yn Limpopo a Gauteng

Mae pobl sy'n byw mewn ardaloedd gwledig fel Limpopo yn cael eu denu gan y swyddi a'r cyfleoedd gwell sydd ar gael mewn dinasoedd fel Johannesburg. Mae'r posibilrwydd o gael gofal iechyd ac ysgolion gwell ar gyfer eu plant yn ffactorau tynnu sy'n annog mudwyr i adael eu cartrefi gwledig. Ar yr un pryd, mae mudwyr yn aml yn anfodlon ar fywyd yng nghefn gwlad. Ychydig iawn o dai gwledig sydd wedi'u cysylltu â'r grid trydan cenedlaethol. Nid yw mwyafrif y bobl yn berchen ar bopty trydan, heb sôn am gyfrifiadur neu deledu. Mae diffyg arian, cyfleoedd swyddi gwael ac ansawdd bywyd cymharol isel oll yn ffactorau gwthio sy'n gallu gorfodi pobl i adael ardaloedd gwledig.

Mae pobl sy'n byw yn nhalaith Limpopo yn dibynnu ar naill ai ffermio neu dwristiaeth i gael incwm. Mae gan y rhanbarth hinsawdd drofannol dymhorol wlyb/sych ac ecosystem safana. Mae dwyseddau'r boblogaeth wledig yn gymharol uchel ac mae'r ffermydd yn fach.

Mae'r rhan fwyaf o gartrefi yn Limpopo yn ennill ychydig llai na 1,000 Rand y mis, tra bod incwm cyfartalog cartref yn Johannesburg yn 7,175 Rand y mis. Diffinnir y llinell dlodi yn Ne Affrica fel 1,100 Rand (tua US$150 y mis). Mae 60 y cant o bobl yn byw o dan y llinell dlodi hon yn Limpopo, o'i gymharu â dim ond 20 y cant o bobl yn nhalaith Gauteng.

Gweithgaredd

3 Yn seiliedig ar y dystiolaeth yn Ffigurau 6, 7 ac 8:
   a) awgrymwch pam y mae cyn lleied o fudwyr yn symud o Limpopo i Western Cape
   b) awgrymwch pa daleithiau sy'n colli mudwyr i Western Cape a rhowch resymau am eich ateb.

4 Defnyddiwch Ffigur 9. Faint o fyfyrwyr ym mhob talaith:
   a) nad ydynt yn cael addysg o gwbl
   b) sy'n cwblhau addysg gynradd?

5 Eglurwch sut y gall pob un o'r canlynol fod yn ffactorau gwthio sy'n cyfrannu at fudo o ardaloedd gwledig Limpopo.
   • Mae'r boblogaeth yn yr ardaloedd gwledig yn ddwys.
   • Mae glawiad yn isel ac yn anodd ei ddarogan.
   • Mae cymunedau gwledig yn bell i ffwrdd o wasanaethau fel ysgolion a gofal iechyd.

6 Defnyddiwch y tabl hwn i restru'r rhesymau dros fudo gwledig–trefol:

	Ffactorau gwthio	Ffactorau tynnu
Rhesymau economaidd		
Addysg		
Ansawdd bywyd		

Canran trigolion Johannesburg sydd:
• yn berchen ar stof drydan yn y cartref: 77.86 y cant
• yn berchen ar oergell neu rewgell: 87.26 y cant
• yn berchen ar beiriant golchi llestri: 5.24 y cant
• yn berchen ar sugnwr llwch: 31.35 y cant
• yn berchen ar deledu: 89.53 y cant
• yn berchen ar hi-fi neu beiriant chwarae cerddoriaeth: 73.61 y cant
• yn berchen ar gyfrifiadur personol: 17.86 y cant
• â chysylltiad ffôn: 57.65 y cant
• wedi bwyta mewn tŷ bwyta yn ystod y mis diwethaf: 44.1 y cant
• wedi prynu pryd parod i fynd yn ystod y mis diwethaf (mewn busnes parhaol, nid oddi wrth werthwr ar y stryd): 55.26 y cant
• wedi llogi fideo neu DVD yn ystod y mis diwethaf: 13.65 y cant

Ffigur 10 Rhai ystadegau ffordd o fyw ar gyfer Johannesburg, o'r *All Media Products Survey* [AMPS] blynyddol

7 Astudiwch Ffigur 10 sy'n dod o wefan yn Ne Affrica. Awgrymwch sut y gallai'r rhyngrwyd a hysbysebu, trwy ddamwain, annog mwy o bobl i fudo i Johannesburg.

Thema 4: Poblogaethau Newidiol

De Affrica — Beth yw canlyniadau mudo gwledig–trefol?

Beth yw effaith mudo ar yr ardaloedd gwledig y mae mudwyr yn eu gadael? A yw colli cynifer o bobl yn achosi problemau economaidd a chymdeithasol yng nghefn gwlad? Neu a yw mudo yn arwain at fanteision ar gyfer ardaloedd gwledig? Mae'r gwaith ymchwil yn awgrymu bod canlyniadau mudo yn gymhleth iawn. Maent yn cynnwys:

- Draen doniau (*Brain drain*) – colli rhai o'r gweithwyr mwyaf medrus.
- Taliadau – yr arian sy'n cael ei anfon adref gan weithwyr i gefnogi eu teuluoedd.
- Gwybodaeth a syniadau – mae technolegau a sgiliau newydd a ddysgir yn y ddinas yn llifo yn ôl i gefn gwlad lle y maent yn cael eu defnyddio i gynorthwyo busnesau lleol.

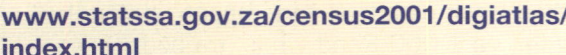
www.statssa.gov.za/census2001/digiatlas/index.html
Mae'r wefan hon yn defnyddio **Systemau Gwybodaeth Daearyddol (SGD: *GIS*)** i arddangos atlas ar-lein o Dde Affrica. Mae'n defnyddio data o'r cyfrifiad diweddaraf. Gellir gweld y data fel map neu graff.

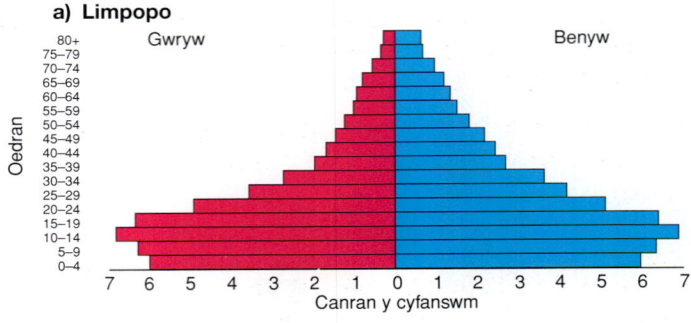

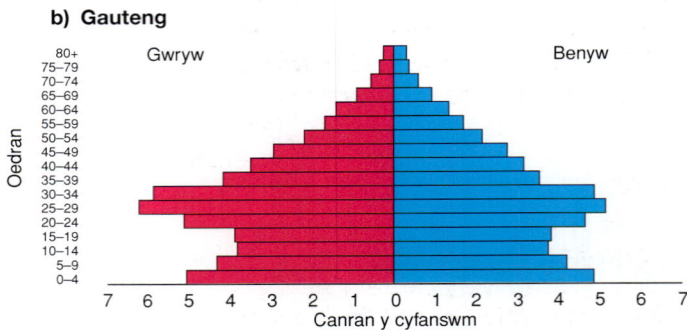

Ffigur 11 Pyramidiau poblogaeth ar gyfer a] Limpopo [talaith wledig] a b] Gauteng [talaith drefol gyfagos]

Gweithgaredd

1. Cymharwch y pyramidiau poblogaeth yn Ffigur 11. Canolbwyntiwch ar yr hyn sy'n wahanol/debyg yn y rhannau canlynol o bob graff:
   a) Canran y boblogaeth rhwng 0 ac 19 oed.
   b) Canran y boblogaeth rhwng 25 a 34 oed.
   c) Y cydbwysedd rhwng dynion a menywod.

2. Defnyddiwch Ffigur 12 i awgrymu rhesymau dros y gwahaniaethau rhwng y pyramidiau poblogaeth.

3. Eglurwch a yw pob un o'r canlynol yn fantais neu'n anfantais i ardal wledig sy'n colli mudwyr:
   a) draen doniau (*Brain drain*)
   b) taliadau
   c) gwybodaeth a syniadau.

Mae astudiaethau yn Ne Affrica yn dangos bod:
- pobl rhwng 15 a 35 oed yn fwyaf tebygol o fudo
- mwy o ddynion na menywod yn mudo, ond mae nifer cynyddol o fenywod yn mudo
- menywod sy'n mudo ychydig yn ifancach na dynion sy'n mudo
- mudo cylchol (gweler tudalen 73) yn fwy cyffredin na mudo parhaol
- rhai mudwyr gwledig yn symud i ardaloedd trefol mawr fel Johannesburg, ond mae llawer o fudwyr gwledig yn symud i drefi llai
- nifer cynyddol o fudwyr gwledig yn symud i ardaloedd gwledig eraill.

Ffigur 12 Pwyntiau allweddol am fudo yn Ne Affrica

Mudo cylchol

Nid yw pob mudwr yn symud i'r ddinas yn barhaol. Mae'n gyffredin i bobl adael cefn gwlad pan fydd swyddi ffermio yn brin a dychwelyd wedyn ar adegau prysurach o'r flwyddyn, fel y cynhaeaf er enghraifft. Mudo cylchol yw'r enw ar y math hwn o fudo gwledig–trefol dros dro fel.

Mae mudo cylchol yn arwain at fanteision a phroblemau i gymunedau gwledig. Mae mudwyr yn ennill arian sy'n cael ei anfon at y teulu gwledig a'i ddefnyddio i wella'r fferm: atgyweirio terasau, ac ar gyfer cynlluniau plannu coed. Mae mudwyr cylchol hefyd yn lleihau'r galw am fwyd a chyflenwadau dŵr mewn pentrefi. Mae hyn o gymorth mawr yn Limpopo sydd â thymor sych hir.

Fodd bynnag, bron yn ddi-os, mudo cylchol yw un o'r rhesymau pam y mae AIDS a chlefydau cysylltiad rhywiol eraill yn cael eu lledaenu. Yn ôl astudiaethau yn Ne Affrica, mae mudwyr tair gwaith yn fwy tebygol o gael eu heintio ag AIDS na phobl nad ydynt yn mudo. Gall mudwr sy'n dychwelyd adref fod yn anymwybodol ei fod/bod yn HIV positif a heintio partner yn y cartref gwledig wedyn. Mae'n fwy anodd trin pobl ag AIDS mewn ardaloedd gwledig oherwydd eu bod mor bell o glinigau iechyd.

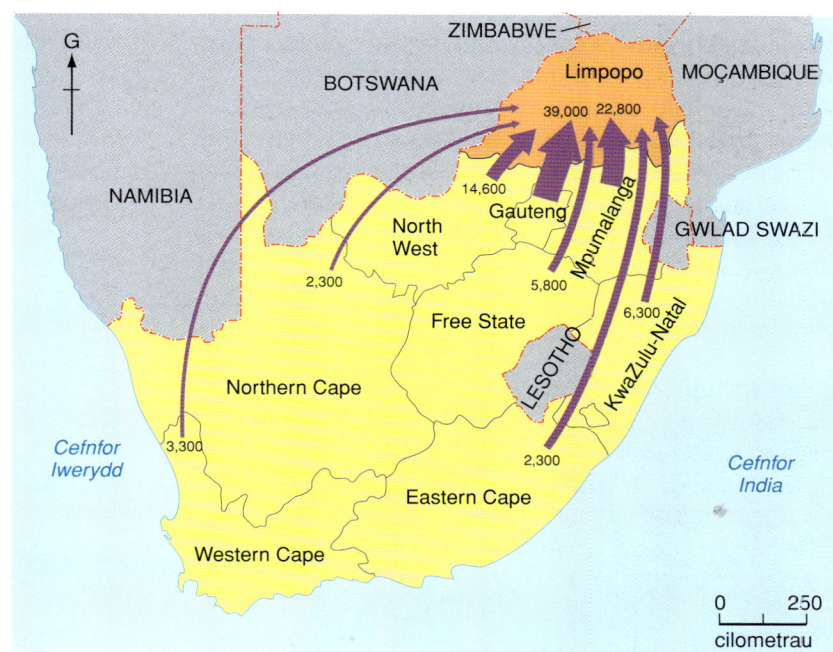

Ffigur 13 Mudo i Limpopo, 2005

Gweithgaredd

4 Diffiniwch fudo cylchol.

5 Defnyddiwch Ffigur 13.
   a) Faint o fudwyr a ddychwelodd o daleithiau trefol yn bennaf?
   b) Cymharwch y map hwn â Ffigur 8 ar dudalen 70. Beth sy'n debyg a beth sy'n wahanol?

6 Defnyddiwch y testun a'ch syniadau eich hun i gwblhau'r tabl canlynol am fanteision ac anfanteision mudo cylchol.

	Manteision i'r ardal wledig	Anfanteision i'r ardal wledig
Economaidd		
Cymdeithasol		

7 Eglurwch pam y mae mudo cylchol yn debygol o fod yn fwy manteisiol i ardaloedd gwledig na mudo parhaol.

Thema 4: Poblogaethau Newidiol

Pam y mae pobl yn awyddus i symud o'r ddinas i gefn gwlad mewn gwledydd MEDd?

Yr enw ar y broses lle y mae pobl yn mudo o ddinasoedd mawr i drefi a phentrefi yng nghefn gwlad yw **gwrthdrefoli**. Mae'r broses hon wedi arwain at newid enfawr yn ardaloedd gwledig llawer o wledydd MEDd, yn enwedig yng ngorllewin Ewrop. Mae llawer o bobl o'r farn fod byw a gweithio yn y ddinas yn gallu achosi straen. Mae sawl rheswm yn cael ei roi dros adael y ddinas, gan gynnwys cost ac anhawster cymudo drwy'r traffig awr frys; prinder mannau agored a lleoedd i blant chwarae'n ddiogel; sŵn; llygredd a chynnydd mewn troseddu. Ar y llaw arall, mae bywyd mewn tref fach neu bentref yn apelio am sawl rheswm. Mae pobl yn cael eu denu gan y llonyddwch a'r distawrwydd; mae mwynhau cefn gwlad agored yn gallu lleihau straen a thensiwn; ac mae'n bosibl y bydd rhieni sydd â phlant ifainc yn credu bod eu plant yn fwy diogel heb gymaint o geir o gwmpas.

Sut y mae technoleg wedi cyfrannu at newid yng nghefn gwlad?

Daeth symud o'r dref i gefn gwlad yn boblogaidd am y tro cyntaf yn y Deyrnas Unedig yn yr 1960au a'r 70au. Yn ystod y cyfnod hwn roedd mwy o bobl yn berchen ar gar ac roedd y rhwydwaith traffyrdd yn ehangu. Am y tro cyntaf roedd yn bosibl **cymudo** o gartref yng nghefn gwlad i swydd yn y ddinas. Ers hynny, mae newidiadau enfawr i dechnoleg gyfathrebu wedi'i gwneud yn bosibl i fwy a mwy o bobl weithio o gartref yng nghefn gwlad. Mae ysgrifenwyr, ymchwilwyr ac ymgynghorwyr busnes yn gallu treulio mwyafrif yr wythnos waith o flaen cyfrifiadur gartref, a chymudo i'r swyddfa ar gyfer ambell i gyfarfod yn unig. Yr enw ar y math hwn o waith yw **teleweithio**.

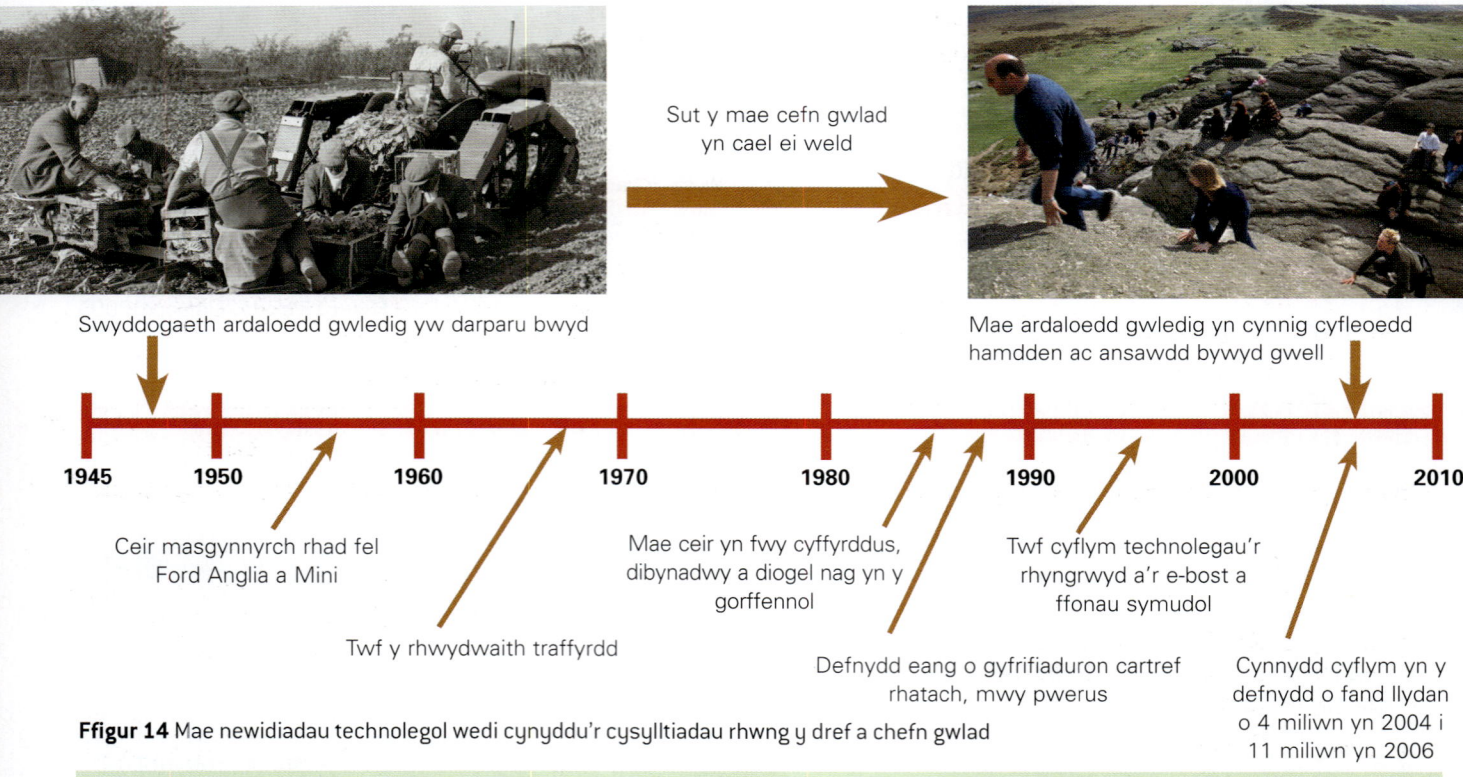

Ffigur 14 Mae newidiadau technolegol wedi cynyddu'r cysylltiadau rhwng y dref a chefn gwlad

Gweithgaredd

1 Astudiwch Ffigur 14 a'i ddefnyddio i egluro sut y mae technoleg wedi caniatáu:
 a) mwy o gymudo
 b) mwy o ddefnydd o gefn gwlad ar gyfer hamdden
 c) mwy o gyfleoedd i symud i gefn gwlad a gweithio gartref.

2 Defnyddiwch Ffigur 14 i awgrymu sut y gallai cefn gwlad newid ymhen 20 mlynedd.

Thema 4: Poblogaethau Newidiol

Swydd Amwythig — Sut y mae poblogaethau gwledig yn newid?

Yn Ne Swydd Amwythig, yng Ngorllewin Canolbarth Lloegr, mae'r **ansawdd bywyd** cymharol uchel yng nghefn gwlad yn apelio at amrywiaeth eang o bobl gan gynnwys gweithwyr proffesiynol ifanc, teuluoedd a phobl sydd wedi ymddeol. Yr hyn sy'n gyffredin i'r bobl hyn yw'r ffaith eu bod yn gallu talu prisiau cymharol uchel am gartrefi gwledig. Fodd bynnag, nid yw cefn gwlad yn apelio at bawb. Mae llawer o bobl ifainc yn eu harddegau sy'n byw yn yr ardal hon yn symud i ddinasoedd mewn rhannau eraill o'r DU ar ôl gadael yr ysgol. Mae'r diffyg swyddi, cyfleusterau hamdden, siopau, theatrau a sinemâu yng nghefn gwlad yn ffactorau gwthio, tra bod y cyfle i fynd i'r brifysgol a'r dewis gwell o swyddi yn ffactorau tynnu ar gyfer symud i ddinas. Yn ogystal, mae'r gost o brynu tŷ yng nghefn gwlad yn debygol o rwystro pobl ifainc ar incwm is rhag aros mewn ardal wledig. O ganlyniad, yn aml mae cefndiroedd cymdeithasol ac economaidd (neu statws **economaidd-gymdeithasol**) newydd-ddyfodiaid i fywyd gwledig yn wahanol i gefndiroedd y bobl leol sy'n gadael.

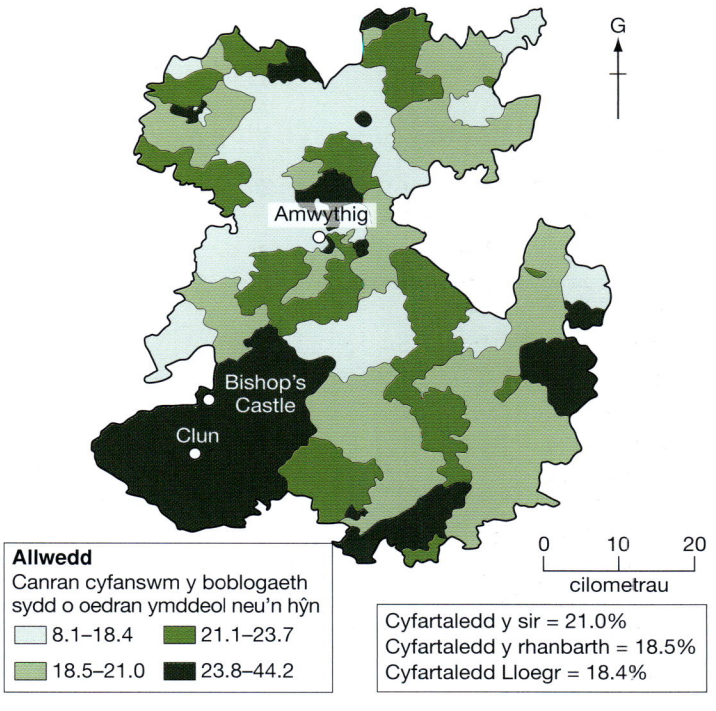

Ffigur 15 Patrymau ymddeol yn Swydd Amwythig mewn wardiau gwahanol

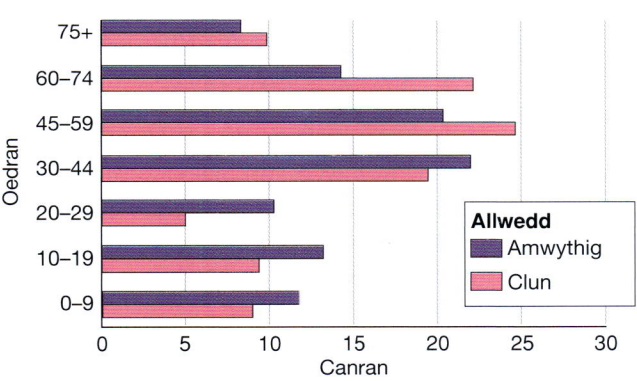

Ffigur 16 Cymharu strwythurau poblogaeth yn Amwythig a Clun

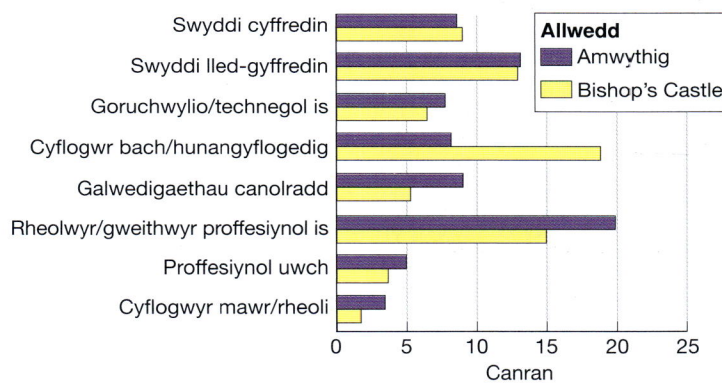

Ffigur 17 Cymharu galwedigaethau yn Amwythig a Bishop's Castle (Ffynhonnell: Cyfrifiad 2001)

Gweithgaredd

3 Defnyddiwch Ffigur 15 i ddisgrifio dosbarthiad wardiau lle y mae dros 23.8 y cant o'r boblogaeth wedi ymddeol.

4 Defnyddiwch Ffigur 16.
  a) Cymharwch strwythurau poblogaeth Clun ac Amwythig.
  b) Awgrymwch ddau reswm dros y gwahaniaethau rydych wedi sylwi arnynt.

5 Defnyddiwch Ffigur 17.
  a) Cymharwch y galwedigaethau yn Bishop's Castle ac Amwythig.
  b) Defnyddiwch y dystiolaeth hon i egluro pam y mae rhai oedolion ifancach yn gadael de Swydd Amwythig.

6 Gwnewch dabl fel yr un isod. Ychwanegwch at y ffactorau gwthio a thynnu sy'n golygu bod pobl yn symud i mewn ac allan o ardaloedd gwledig fel Swydd Amwythig.

Gweithiwr proffesiynol sydd wedi ymddeol yn symud allan o dref fawr i gefn gwlad		Oedolyn ifanc yn symud allan o gefn gwlad i dref fawr	
Ffactorau gwthio	Ffactorau tynnu	Ffactorau gwthio	Ffactorau tynnu
	Heddwch a distawrwydd	Ychydig iawn o swyddi llawn amser	

Thema 4: Poblogaethau Newidiol

Beth fydd yn digwydd i boblogaeth y byd?

Beth yw'r ffactorau sy'n dylanwadu ar gyfraddau genedigaethau a marwolaethau?

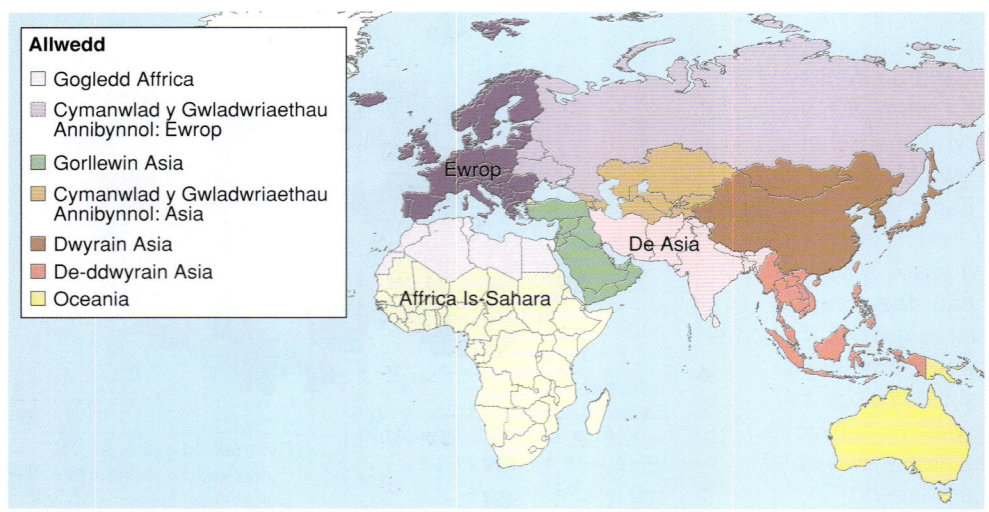

Ffigur 18 Mae'r map hwn yn dangos sut y mae'r Cenhedloedd Unedig yn dosbarthu gwledydd yn rhanbarthau

Yn y bennod hon byddwn yn ymchwilio i'r ffordd y mae'r boblogaeth yn newid mewn tri rhanbarth gwahanol iawn o'r byd: Affrica Is-Sahara, Ewrop a De Asia.

Mae cyfraddau genedigaethau yn cael eu heffeithio gan amrywiaeth eang o ffactorau gan gynnwys:

- incwm teulu – mae teuluoedd tlawd yn aml yn fwy
- mynediad i wasanaethau cynllunio teulu
- lefelau addysg menywod – mae menywod sydd wedi cael mwy o addysg yn tueddu i gael teuluoedd llai
- polisïau'r llywodraeth ar iechyd, addysg a chynllunio teulu.

Mae tlodi yn dylanwadu'n fawr ar gyfraddau genedigaethau. Mae'r rhieni tlotaf yn gweld eu plant fel ased sy'n gallu helpu i gynnal y teulu trwy wneud tasgau yn y cartref a gofalu am frodyr a chwiorydd ifancach. Gall plant gael eu hanfon allan i weithio fel eu bod yn cyfrannu at incwm teulu. Pan fydd rhieni tlawd yn hen gallant ddibynnu ar eu plant i'w cynnal, hyd yn oed os nad oes ganddynt gynilion na phensiwn.

Mewn ardaloedd lle mae gwasanaethau cynllunio teulu ar gael yn hawdd, mae cyfraddau geni'n is nag mewn ardaloedd lle maent yn anodd eu cael. Mae cynlluniau iechyd ymestyn (*outreach health schemes*) mewn ardaloedd anghysbell yn mynd i'r afael â'r cyfraddau uwch. Mewn rhai cymunedau, mae ffactorau cymdeithasol neu grefyddol yn rhwystro cynllunio teulu. Er enghraifft, mewn rhai cymdeithasau, y tad sy'n pennu maint y teulu ac ychydig o ddylanwad, os o gwbl, sydd gan fenywod yn y penderfyniad. Yn ogystal, mae rhai crefyddau yn gwrthwynebu atal cenhedlu. Mae addysg dda, yn enwedig i fenywod, yn arwain at gyfradd genedigaethau is gan fod menywod yn cael cyfleoedd gwaith gwell ac yn gwybod mwy am wasanaethau cynllunio teulu. Gall polisïau llywodraeth ddylanwadu ar ffrwythlondeb. Yn China, amcangyfrifir bod y gyfradd gyfredol yn 13.5 am bob 1,000 o'r boblogaeth o'i chymharu â 33.6 y 1,000 yn 1970. Mae'r lleihad enfawr oherwydd y 'Polisi Un Plentyn', polisi llym iawn a gyflwynwyd gan lywodraeth China yn 1979 i leihau twf y boblogaeth. Mae gwledydd eraill yn dilyn polisïau mewn ymgais i gynyddu eu cyfradd genedigaethau.

Mae maeth da, dŵr yfed glân a **gofal iechyd cychwynnol** da yn ffactorau sy'n helpu i leihau'r gyfradd marwolaethau. Mae gofal iechyd cychwynnol yn cynnwys atal salwch drwy imiwneiddio ac addysg yn ogystal â thrin pobl sy'n sâl. Mae cael gofal iechyd cychwynnol yn golygu y gall pobl gael y driniaeth angenrheidiol pan fyddant ei hangen, hyd yn oed os ydynt yn byw mewn ardaloedd anghysbell. Dau glefyd sy'n cael effaith anarferol o uchel ar gyfraddau marw mewn rhai gwledydd yw HIV a malaria. Mae malaria yn lladd mwy na miliwn o bobl y flwyddyn, ac mae 90 y cant o'r rhain yn Affrica. Mae'r cyfraddau marwolaethau uchaf yn ardaloedd gwledig Affrica lle mae problemau dosbarthu cyffuriau ataliol.

Nid yw cyfraddau marwolaethau uchel bob tro yn golygu bod systemau gofal iechyd gwlad yn wael. Yn anochel, bydd cyfradd gwlad yn uwch lle mae cyfran uwch o bobl hŷn. Bydd y boblogaeth yn dechrau lleihau os yw'r gyfradd marwolaethau'n uwch na'r gyfradd genedigaethau. Mae hyn yn dechrau digwydd mewn rhai gwledydd MEDd fel Rwsia.

Thema 4: Poblogaethau Newidiol

	Gwledydd dethol	Cyfradd genedig-aethau	Cyfradd marwol-aethau	Ffrwyth-londeb	Marwol-aethau babanod	IGC (GNI) (US$)
Affrica Is-Sahara	Malawi	46	18	6.3	96	250
	Mali	48	16	6.6	96	500
	Ghana	33	10	4.4	59	590
	Kenya	40	12	4.9	77	680
	De Affrica	23	15	2.7	43	5,750
Ewrop	Rwsia	10	15	1.3	10	7,560
	Yr Eidal	10	9	1.4	3.7	33,540
	Yr Almaen	8	10	1.3	3.8	38,860
	Y Deyrnas Unedig	12	10	1.6	4	42,740
	Gwlad yr Iâ	15	6	2.1	2.4	54,100
De Asia	Bangladesh	27	8	3.0	65	470
	Pakistan	31	8	4.1	78	870
	India	24	8	2.9	58	950
	Sri Lanka	18	7	2.0	11	1,540
	Bhutan	20	7	2.9	40	1,770

Ffigur 19 Data poblogaeth ar gyfer rhanbarthau dethol sy'n ymddangos yn y bennod hon (mae'r holl ddata ar gyfer 2007)

Cyfradd genedigaethau	Nifer y genedigaethau mewn blwyddyn am bob 1,000 o'r boblogaeth
Cyfradd marwolaethau	Nifer y marwolaethau mewn blwyddyn am bob 1,000 o'r boblogaeth
Ffrwythlondeb	Nifer cyfartalog y plant mewn teulu
Marwolaethau babanod	Nifer y plant sy'n marw cyn eu bod yn flwydd oed am bob 1,000 genedigaeth
IGC (GNI)	Incwm Gwladol Crynswth. Incwm cyfartalog y pen, wedi'i fesur mewn doleri UDA.

Ffigur 20 Diffiniadau ar gyfer data poblogaeth a datblygiad

Gweithgaredd

1 Defnyddiwch atlas a Ffigur 18 i enwi tair gwlad arall yn Affrica Is-Sahara a thair yn Ne Asia nad ydynt wedi'u rhestru yn Ffigur 19.

2 Defnyddiwch Ffigur 19.
   a) Plotiwch barau o graffiau bar ar gyfer pob gwlad yn dangos cyfraddau genedigaethau a marwolaethau.
   b) Pa wledydd sydd â'r bwlch mwyaf rhwng cyfraddau genedigaethau a marwolaethau?
   c) Ym mha wledydd y mae cyfraddau marwolaethau yn uwch na chyfraddau genedigaethau?
   ch) Awgrymwch pam y mae rhai llywodraethau yn awyddus i gynyddu cyfraddau genedigaethau.

3 Defnyddiwch dystiolaeth o Ffigur 19 i egluro pa ranbarth sydd â'r system gofal iechyd orau a pha un sydd â'r system waethaf.

4 Defnyddiwch Ffigur 19 i ymchwilio i'r berthynas rhwng ffrwythlondeb ac Incwm Gwladol Crynswth. Gallech blotio graff gwasgariad. Neu gallech wneud graffiau bar i gymharu'r ddwy set o ddata. Beth yw eich casgliad?

5 Gweithiwch mewn parau.
   a) Ar gyfer gwlad fel Malawi, nodwch bum peth y gallai'r llywodraeth ei wneud i leihau cyfraddau genedigaethau a marwolaethau.
   b) Eglurwch bob un o'ch strategaethau i bâr arall o fyfyrwyr.
   c) Gweithiwch mewn grŵp o bedwar i gytuno ar eich tair strategaeth bwysicaf.

Thema 4: Poblogaethau Newidiol

Cyngor Arholwr

Deall geiriau gorchymyn

Mae'n bwysig darllen a deall y cwestiwn sy'n cael ei ofyn. Er y byddwch yn awyddus i ddechrau ateb y cwestiynau ar y papur arholiad, mae'n syniad da treulio rhywfaint o amser yn ystyried gofynion y cwestiwn a sicrhau eich bod yn ateb pob rhan o'r cwestiwn. Geiriau gorchymyn yw'r geiriau mewn cwestiwn sy'n dweud beth y mae'r arholwr yn edrych amdano. Dim ond y rhannau o'ch ateb sy'n berthnasol i'r cwestiwn a ofynnwyd y bydd yr arholwr yn eu marcio.

Cymharwch ac Anodwch

Mae 'cymharwch' yn air gorchymyn sy'n gofyn i chi feddwl mewn ffordd gymharol. Mae'n bosibl y bydd gofyn i chi gymharu dau graff, dwy set o ffigurau, dwy wlad, dau ffotograff neu ddau fap. Mae'n bwysig eich bod yn disgrifio sut y mae'r adnoddau yn debyg ac yn wahanol. Y camgymeriad cyffredin yw disgrifio'r ddau adnodd ar wahân.

Mae 'anodwch' yn golygu bod rhaid i chi ychwanegu nodiadau eglurhaol at ddiagram, graff, map neu ffotograff. Mae anodiad yn cynnwys eglurhad, tra bod label yn ddisgrifiad syml.

Cwestiwn enghreifftiol 1

Anodwch y pyramid poblogaeth ar gyfer y Deyrnas Unedig er mwyn egluro prif nodweddion ei strwythur poblogaeth. [4]

Sylwadau'r arholwr!

Efallai fod hyn yn ymddangos yn llym, ond dim ond 2 farc y byddwn yn eu rhoi i'r ymgeisydd hwn. Mae'r labelu yn ardderchog ond dim ond dau ddatganiad eglurhaol sydd yma.

Ateb y Myfyriwr

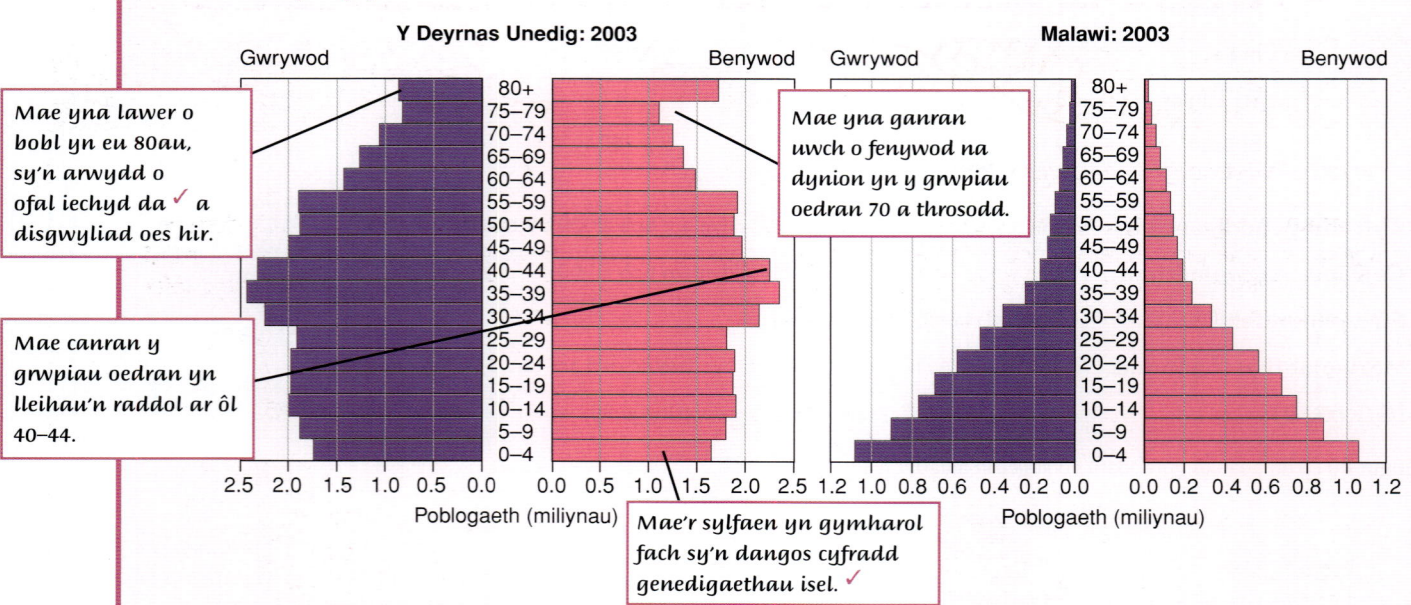

Cwestiwn enghreifftiol 2

Cymharwch a chyferbynnwch strwythur poblogaeth y Deyrnas Unedig ag un Malawi. [6]

Ateb y myfyriwr

Mae poblogaeth Malawi yn llawer ifancach ✓ oherwydd bod y gyfradd genedigaethau a'r gyfradd marwolaethau yn uchel. Mae yna lawer o bobl yn eu 30au yn y DU tra bod llai o bobl ganol oed ym Malawi. ✓ Mae yna lai o henoed yn y ddau byramid poblogaeth. ✓ Ym Malawi mae strwythur y pyramid yn lleihau'n raddol wrth symud i fyny'r grwpiau oedran, tra bod strwythur y DU yn gymharol anghyson o dan 50 oed ac nid yw'n dechrau lleihau yn raddol tan ar ôl 50. ✓ Mae poblogaeth gwrywod a benywod y ddwy wlad bron yr un fath er bod mwy o bobl yn byw yn hŷn nag 80 yn y DU. ✓ Mae siâp graff Malawi yn debycach i byramid ✓ ac mae'n nodweddiadol o'r GLlEDd.

Sylwadau'r arholwr!

Dyma ateb o safon sy'n werth 6 marc. Mae'n glir bod yr ymgeisydd yn deall gofynion y cwestiwn. Mae'r ymgeisydd yn defnyddio llawer o ddatganiadau cymharol fel: ifancach, tra bod, yn y ddau ac er bod. Nid yw'r cwestiwn yn gofyn am eglurhad, felly er bod y cyfeiriad at y ffaith fod y cyfraddau genedigaethau a marwolaethau yn nodweddiadol o GLlEDd yn ddaearyddiaeth dda, nid yw'n sgorio marc.

Thema 4: Poblogaethau Newidiol

Ymarfer arholiad

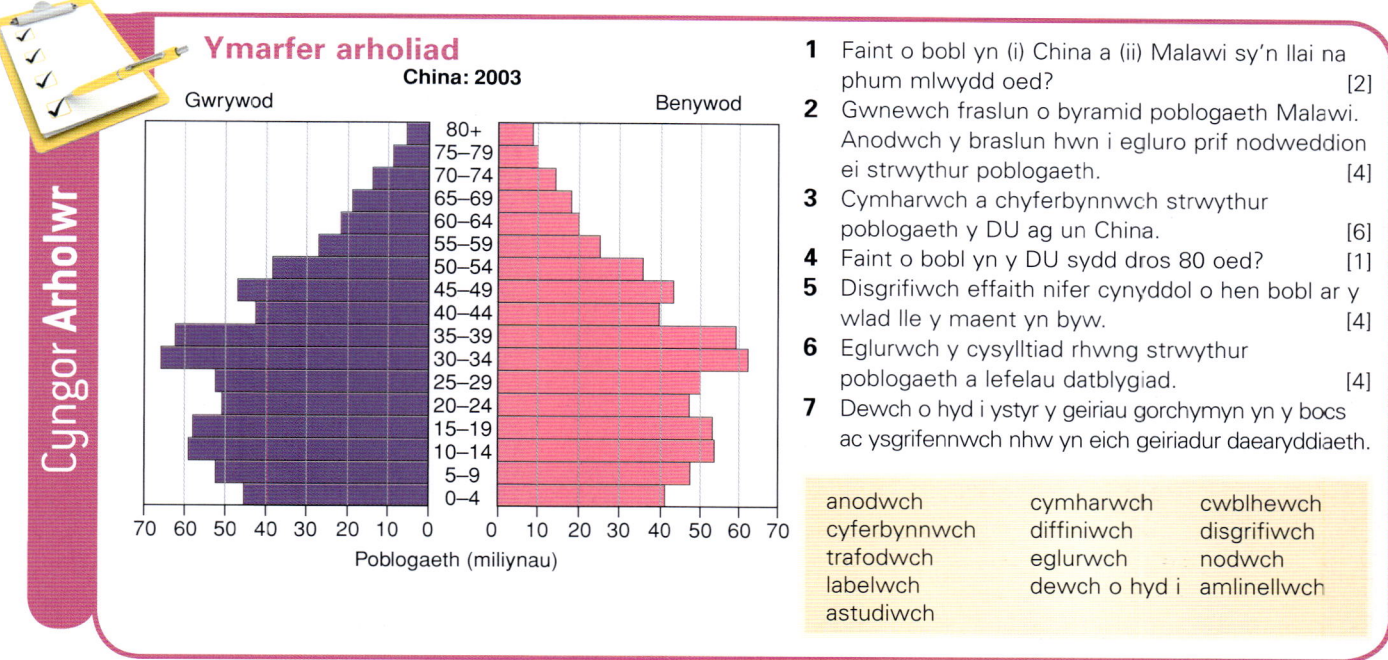

1. Faint o bobl yn (i) China a (ii) Malawi sy'n llai na phum mlwydd oed? [2]
2. Gwnewch fraslun o byramid poblogaeth Malawi. Anodwch y braslun hwn i egluro prif nodweddion ei strwythur poblogaeth. [4]
3. Cymharwch a chyferbynnwch strwythur poblogaeth y DU ag un China. [6]
4. Faint o bobl yn y DU sydd dros 80 oed? [1]
5. Disgrifiwch effaith nifer cynyddol o hen bobl ar y wlad lle y maent yn byw. [4]
6. Eglurwch y cysylltiad rhwng strwythur poblogaeth a lefelau datblygiad. [4]
7. Dewch o hyd i ystyr y geiriau gorchymyn yn y bocs ac ysgrifennwch nhw yn eich geiriadur daearyddiaeth.

anodwch	cymharwch	cwblhewch
cyferbynnwch	diffiniwch	disgrifiwch
trafodwch	eglurwch	nodwch
labelwch	dewch o hyd i	amlinellwch
astudiwch		

Gweithgaredd SGD: gwefan Ystadegau Gwladol

www.statistics.gov.uk/census2001/pyramids/pages/uk.asp

Gwefan swyddogol llywodraeth y DU ar gyfer cyfrifiad y DU yw'r wefan Ystadegau Gwladol. Mae'r data yn cynnwys data poblogaeth o bob math ac yn dangos pyramidiau poblogaeth ar gyfer sawl rhanbarth o'r DU. Bydd y cyswllt uchod yn mynd â chi i'r sgrin sydd i'w gweld yn Ffigur 21. Cliciwch ar un o'r cysylltau â lefel genedlaethol neu ranbarth o Loegr i weld pyramidiau ar gyfer rhannau eraill o'r DU.

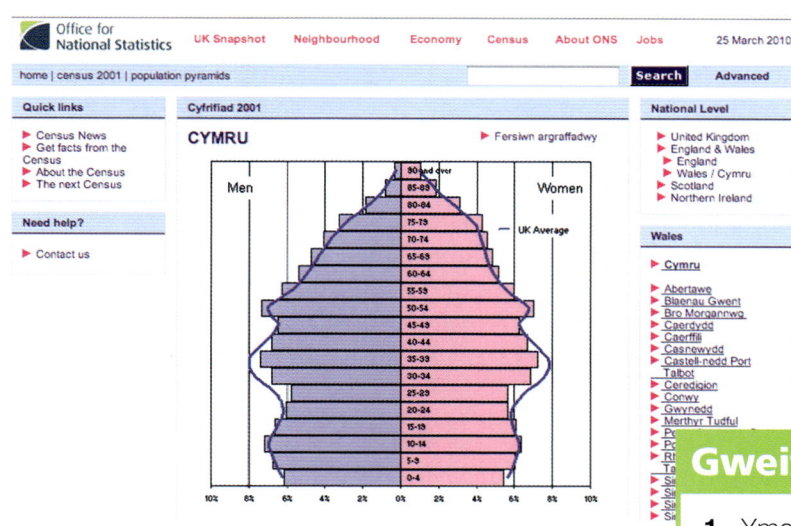

Ffigur 21 Sgrinlun yn dangos pyramid poblogaeth Cymru. Bydd clicio'r cyswllt 'Cymru' ar yr ochr dde yn agor sgrin â chysylltau pellach (Ffigur 22). Bydd pob un o'r cysylltau hyn yn dangos pyramid newydd.

Ffigur 22 Rhai o'r opsiynau sy'n agor ar ôl i chi glicio 'Cymru'.

Gweithgaredd

1. Ymchwiliwch i byramidiau poblogaeth ar gyfer ardaloedd gwahanol o'r Deyrnas Unedig, e.e. Caerdydd, Cernyw, Gwynedd, Sir Benfro, de Swydd Amwythig a Llundain. Cymharwch a chyferbynnwch y pyramidiau hyn ac eglurwch eu strwythurau gwahanol.

Problemau poblogaeth yn Ne Asia

Mae tlodi a ffrwythlondeb yn Ne Asia yn gymharol uchel o hyd. Mae 24 y cant o boblogaeth y byd yn byw yn y rhanbarth ar hyn o bryd ac mae disgwyl i'r canran hwn godi i 27 y cant erbyn 2050. Mae patrymau ffrwythlondeb yn amrywio'n sylweddol yng ngwledydd De Asia. Mae'r teuluoedd tlotaf yn fwy oherwydd bod rhieni tlawd yn gweld eu plant fel asedau sy'n gallu cyfrannu at incwm y teulu. Mewn teuluoedd tlawd, nid oes gan rieni fawr ddim cynilion a dim pensiwn, ac mae disgwyl i'r plant sy'n oedolion gynnal eu rhieni wrth iddynt heneiddio. O ganlyniad, mae'r rhanbarth yn wynebu nifer o broblemau. Sut i:

- hyrwyddo cynllunio teulu er mwyn arafu twf y boblogaeth
- gwella safonau gofal iechyd ar gyfer mamau a phlant
- codi statws menywod a gwella addysg i ferched.

	Poblogaeth (2007)	Amcangyfrif o boblogaeth (2025)	Amcangyfrif o boblogaeth (2050)
Iran	71.2	88.2	100.2
Afghanistan	31.9	50.3	81.9
Pakistan	169.3	228.8	295.0
India	1131.9	1391.2	1747.3
Sri Lanka	20.1	21.2	19.5
Bangladesh	149.0	190.0	231.0
Bhutan	0.9	1.1	1.3
Nepal	27.8	36.1	42.6
Cyfanswm De Asia	1602.1	2006.9	2518.8

Ffigur 23 Poblogaeth ac amcangyfrif o boblogaeth gwledydd De Asia

Gweithgaredd

1 Defnyddiwch Ffigur 23.
   a) Dewiswch graff priodol i blotio twf poblogaeth pob gwlad.
   b) Disgrifiwch y duedd ar eich graffiau. Poblogaethau pa wledydd fydd yn tyfu fwyaf?
   c) Defnyddiwch y dystiolaeth hon i awgrymu pa wlad sydd â'r polisïau cynllunio teulu mwyaf effeithiol.

2 a) Astudiwch Ffigur 24 a disgrifiwch ddosbarthiad y taleithiau lle y mae ffrwythlondeb:
      i) yn fwy na 3
      ii) yn llai na 2
   b) Eglurwch sut y gallai gwella mynediad i gyflog rheolaidd ac addysg well leihau ffrwythlondeb.

3 Defnyddiwch y data yn Ffigur 25 i ymchwilio i bob un o'r cwestiynau canlynol:
   a) A yw ffrwythlondeb yn is mewn taleithiau â lefelau uwch o lythrennedd ymysg menywod?
   b) A yw ffrwythlondeb yn uwch mewn taleithiau â mwy o gartrefi tlawd (a nodir gan ganrannau is o dai â thrydan)?
   c) A oes gan y taleithiau lle y mae gan fenywod statws isel (a nodir gan gymarebau rhyw isel) lefelau ffrwythlondeb uwch hefyd?

Thema 4: Poblogaethau Newidiol

India
Ymchwilio i batrymau ffrwythlondeb yn India

Mae ffrwythlondeb yn India yn amrywio'n sylweddol o un dalaith i'r llall. Y rhesymau am y patrwm hwn yw:

- gwahaniaethau yn incwm teuluoedd oherwydd bod mwy o swyddi â chyflog rheolaidd mewn rhai taleithiau o'u cymharu â rhai eraill
- gwell addysg i ferched mewn rhai taleithiau, sy'n golygu bod menywod ifainc yn gohirio cael eu plentyn cyntaf er mwyn gweithio am dâl a chael gyrfa (gweler tudalen 123).

Mewn rhai rhannau o Dde Asia, gan gynnwys rhai taleithiau yn India, mae statws merched yn is na statws meibion. Mewn cartref tlawd mae hyn yn gallu golygu bod merched yn cael llai o gyfleoedd addysg na bechgyn. Mae merched o gartrefi tlawd nad oes ganddynt lawer o addysg yn priodi'n ifanc yn aml. Mae'r menywod ifainc hyn yn mynd ymlaen i gael teuluoedd mawr oherwydd dyna yw dymuniad eu gwŷr. Yn ogystal, mae'n bosibl y bydd yn well gan deuluoedd tlawd gael meibion yn hytrach na merched oherwydd y bydd mab yn cyfrannu at incwm y teulu. Mewn rhai achosion, mae menywod yn terfynu eu beichiogrwydd os ydynt yn canfod eu bod yn disgwyl merch. Mewn achosion eraill, mae merched ifainc yn cael eu hesgeuluso ac yn marw. Dyma'r rheswm pam y mae llai o fenywod na dynion yn y rhan fwyaf o daleithiau India.

Talaith	Cymhareb ryw	Llythrennedd menywod	Ffrwythlondeb	Canran y cartrefi sydd â thrydan
Andhra Pradesh	978	50.4	1.8	88.4
Arunachal Pradesh	893	43.5	3.0	76.9
Assam	935	54.6	2.4	38.1
Bihar	919	33.1	4.0	27.7
Chhattisgarh	989	51.9	2.6	71.4
Goa	961	75.4	1.8	96.4
Gujarat	920	57.8	2.4	89.3
Haryana	861	55.7	2.7	91.5
Himachal Pradesh	968	67.4	1.9	98.5
Jammu & Kashmir	892	43.0	2.4	93.2
Jharkhand	941	38.9	3.3	40.2
Karnataka	965	56.9	2.1	89.3
Kerala	1,058	87.7	1.9	91.0
Madhya Pradesh	919	50.3	3.1	71.4
Maharastra	922	67.0	2.1	83.5
Manipur	974	56.8	2.8	87.0
Meghalaya	972	59.6	3.8	70.4
Mizoram	935	86.7	2.9	92.3
Nagaland	900	61.5	3.7	82.9
Orissa	972	50.5	2.4	45.4
Punjab	876	63.4	2.0	96.3
Rajasthan	921	43.9	3.2	66.1
Sikkim	875	60.4	2.0	92.1
Tamil Nadu	987	64.4	1.8	88.6
Tripura	948	64.9	2.4	68.8
Uttar Pradesh	898	42.2	3.8	42.8
Uttaranchal	962	59.6	2.6	80.0
Gorllewin Bengal	934	59.6	2.3	52.5

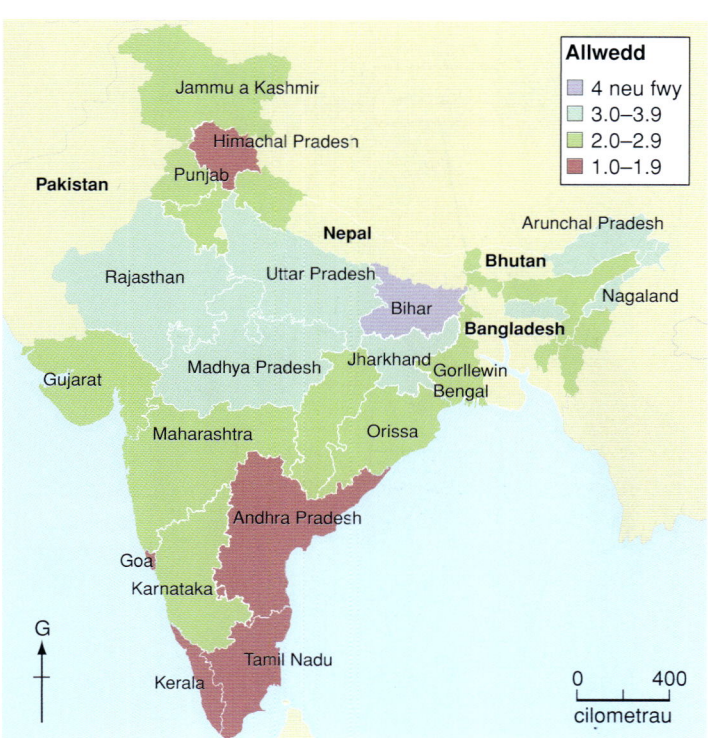

Ffigur 24 Mae ffrwythlondeb yn amrywio o un dalaith i'r llall yn India

Ffigur 25 Data dethol ar gyfer taleithiau India. Y gymhareb ryw yw nifer y menywod am bob 1,000 o ddynion. Llythrennedd menywod yw canran y menywod sy'n gallu darllen ac ysgrifennu

Thema 4: Poblogaethau Newidiol

Problemau poblogaeth yn Affrica Is-Sahara

Affrica Is-Sahara yw rhanbarth tlotaf y byd. Mae rhai gwledydd yn y rhanbarth hwn wedi llwyddo i leihau tlodi. Mae incwm, gofal iechyd ac addysg wedi gwella mewn gwledydd fel Mauritius ac, i raddau llai, De Affrica. Fodd bynnag, mae gan y rhanbarth y cyfraddau marwolaethau babanod uchaf yn y byd, ac fel y mae Ffigur 26 yn ei ddangos, maent yn lleihau yn araf iawn. Mater allweddol yn Affrica yw lleihau marwolaethau babanod a gwella gofal iechyd cychwynnol. Sut y gellir gwneud hyn?

Ymchwilio i effaith malaria

Mae malaria yn cael ei ledaenu gan fosgitos sy'n cario parasit ac sy'n heintio pobl ar ôl eu brathu. Mae'n bosibl atal y clefyd hwn yn gyfan gwbl. Er hynny, bob blwyddyn mae 300 miliwn o bobl yn cael malaria ac mae dros 1 miliwn o bobl yn marw ledled y byd. Mae malaria yn fygythiad iechyd mewn ardaloedd trofannol o'r byd. Mae tua 40 y cant o boblogaeth y byd yn byw mewn ardaloedd lle y mae malaria yn **endemig** (h.y. mae malaria yn bresennol drwy'r amser) ond mae 90 y cant o'r marwolaethau'n digwydd yn Affrica Is-Sahara.

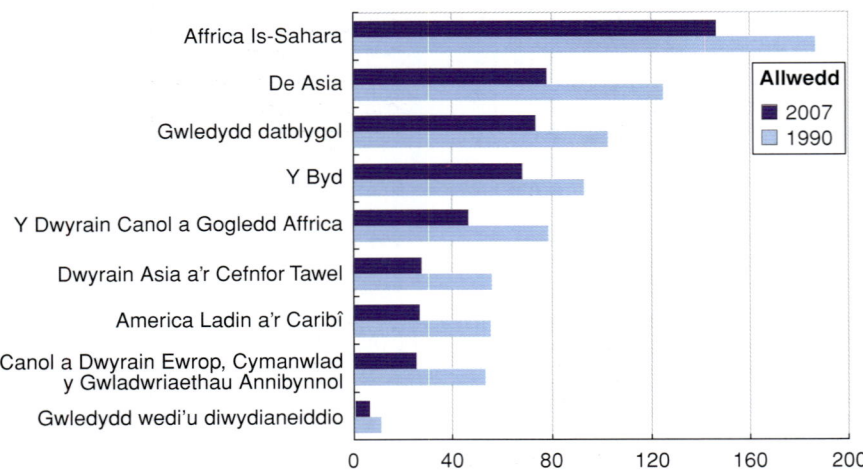

Ffigur 26 Cyfraddau marwolaethau babanod (marwolaethau plant o dan 1 oed am bob 1,000 o enedigaethau)

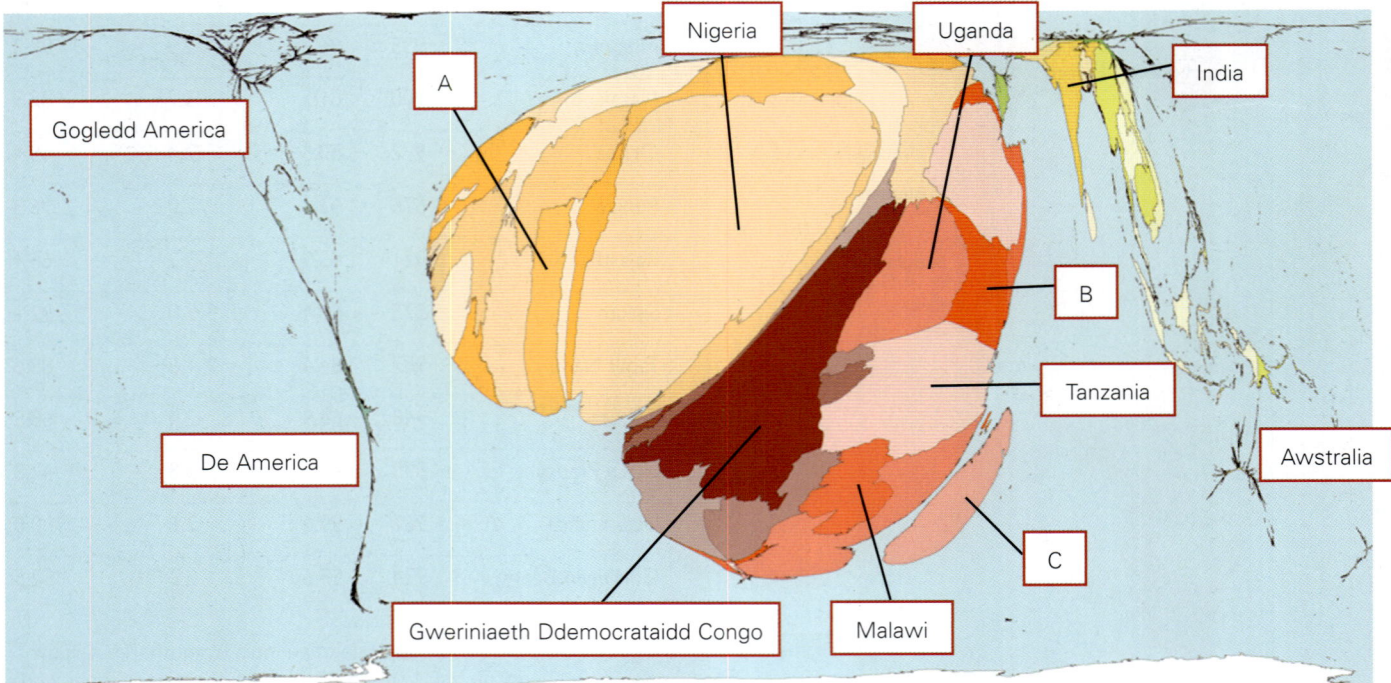

Ffigur 27 Marwolaethau o falaria. Mae gwledydd yn cael eu dangos mewn cyfrannedd â nifer y marwolaethau o falaria mewn blwyddyn (2002)

Thema 4: Poblogaethau Newidiol

Malawi

Astudiaeth achos o falaria ym Malawi

Malaria yw un o broblemau iechyd mwyaf difrifol Malawi. Ym Malawi, mae'r perygl o falaria yn amrywio ledled y wlad a thrwy'r flwyddyn hefyd. Mae'r tywydd cynnes a'r merddwr ar lannau Llyn Malawi yn amodau bridio perffaith ar gyfer mosgitos. Mae ardaloedd yr uwchdir yn fwy oer a sych gan amlaf. Yn yr ardaloedd hyn, clefyd tymhorol yw malaria ac mae nifer yr achosion yn cyrraedd uchafbwynt yn ystod tymor y glaw pan fydd ffosydd a phyllau'n ffurfio yn gyflym ac yn denu mosgitos. Mae tua 83 y cant o boblogaeth Malawi yn byw mewn ardaloedd gwledig. Mae llawer mwy o bobl yn marw o falaria mewn ardaloedd gwledig o'u cymharu â dinasoedd Blantyre a Lilongwe. Mae tai mewn ardaloedd gwledig wedi eu gwneud o friciau llaid ac mae ganddynt doeon gwellt. Nid ydynt yn dda am gadw mosgitos allan.

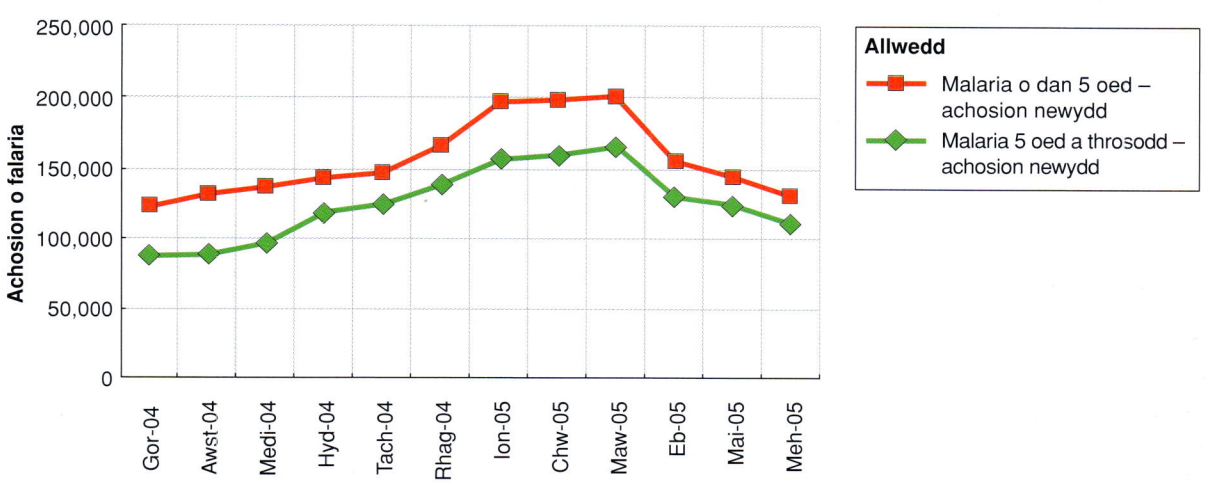

Ffigur 28 Achosion newydd o falaria fesul mis ym Malawi (Gorffennaf 2004–Mehefin 2005)

	Isafbwynt tymh. cymedrig (Celsius)	Uchafbwynt tymh. cymedrig (Celsius)	Dyodiad cyfartalog (mm)
Ion	17	27	208
Chwe	17	27	218
Maw	16	27	125
Eb	14	27	43
Mai	11	25	3
Meh	8	23	0
Gor	7	23	0
Awst	8	25	0
Medi	12	27	0
Hyd	15	30	0
Tach	17	29	53
Rhag	18	28	125

Ffigur 29 Hinsawdd Lilongwe, Malawi

Gweithgaredd

1. Defnyddiwch Ffigur 27 ac atlas i ganfod:
   a) y rhanbarth trofannol lle nac oes llawer iawn o achosion o falaria
   b) enwau gwledydd A, B ac C
   c) rhanbarth y byd sydd â'r nifer mwyaf o achosion o falaria, ar ôl Affrica Is-Sahara.

2. Disgrifiwch y patrwm blynyddol o achosion newydd o falaria ar gyfer plant o dan 5 oed. Cyfeiriwch at ffigurau yn eich ateb.

3. Defnyddiwch Ffigur 29.
   a) Lluniwch siart hinsawdd ar gyfer Malawi.
   b) Disgrifiwch y patrwm glawiad blynyddol.

4. Defnyddiwch dystiolaeth o Ffigurau 28 a 29 i egluro pam y mae achosion newydd o falaria yn fwy cyffredin ar adegau penodol o'r flwyddyn.

Thema 4: Poblogaethau Newidiol

Malawi — A yw'r risg o gael malaria yn fwy i rai grwpiau o bobl nag eraill?

Mae'r peryglon iechyd sy'n gysylltiedig â malaria yn amrywio'n eang ar gyfer grwpiau gwahanol o bobl. Ni fydd pawb sy'n dal malaria yn marw. Mewn gwirionedd, dros amser, bydd unigolyn yn datblygu imiwnedd i'r clefyd wrth gael ei heintio dro ar ôl tro gan frathiadau mosgitos. Mae cyfraddau mynychder ym Malawi yn dangos bod 60 y cant o fabanod a phlant o dan dair oed â malaria, o'i gymharu â dim ond 12 y cant o ddynion. Wrth i blant ac oedolion fynd yn hŷn maent yn datblygu ymwrthedd i'r clefyd ac mae nifer y marwolaethau'n lleihau.

Mae'r risg o farw o falaria yn fwy i rai pobl nag eraill. Y grwpiau sydd â'r risg mwyaf yw plant a menywod beichiog, yn enwedig os ydynt yn disgwyl eu plentyn cyntaf. Malaria sy'n gyfrifol am tua 40 y cant o farwolaethau plant (plant o dan 5 oed). Mae'r risg yn uchel i bobl sydd â systemau imiwnedd gwael. Amcangyfrifir bod 12 y cant o boblogaeth Malawi yn byw gyda'r firws HIV, sy'n dinistrio system imiwnedd pobl. Nid ydynt yn gallu gwrthsefyll clefydau, ac mae mwy o bobl â HIV yn marw o falaria o'i gymharu â phobl nad oes ganddynt HIV. Mae beichiogrwydd yn lleihau lefelau imiwnedd ychydig hefyd. O ganlyniad, mae ychydig yn fwy o fenywod beichiog yn marw o'r clefyd na menywod nad ydynt yn feichiog.

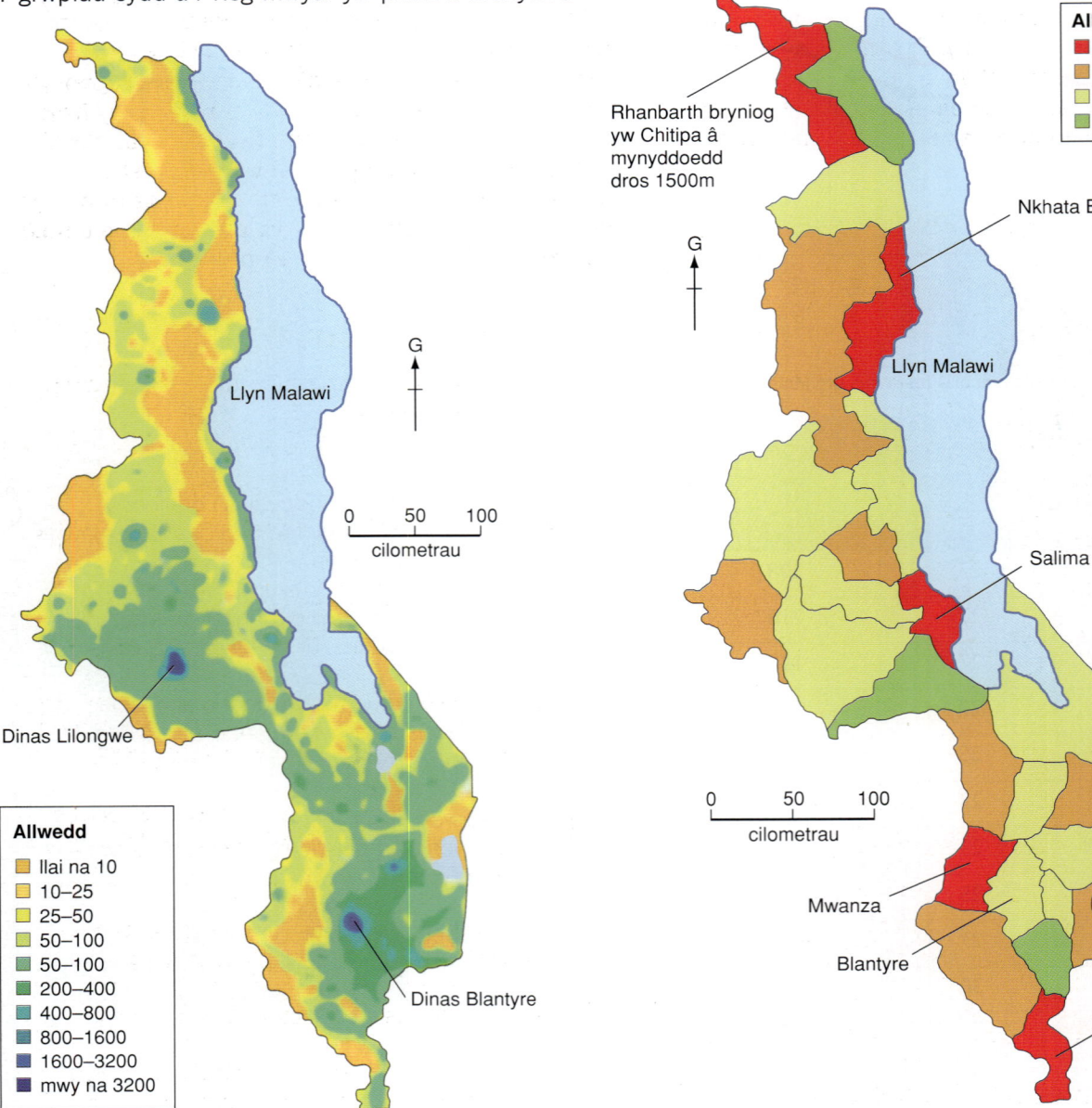

Ffigur 30 Dwyseddau poblogaeth ym Malawi. Mae gan ardaloedd gwledig ddwyseddau poblogaeth is nag ardaloedd trefol ar y cyfan

Ffigur 31 Dosbarthiad malaria ym Malawi [ar gyfartaledd mae malaria gan 28% o'r boblogaeth]

Strategaethau i frwydro yn erbyn malaria

Mae nifer o strategaethau wedi eu rhoi ar waith ym Malawi i frwydro yn erbyn y clefyd. Yn 2000, mabwysiadwyd Cyrchnodau Datblygiad y Mileniwm (*Millennium Development Goals*) gan lywodraethau ym mhob cwr o'r byd. Un o'r cyrchnodau oedd lleihau nifer yr achosion o falaria erbyn 2015. Un ffordd o gyflawni'r cyrchnod hwn yw hybu'r defnydd o rwydi gwely sydd wedi eu trin â phryfleiddiad. Dyma ffordd effeithiol iawn a chymharol rad o leihau achosion o falaria. Dim ond £3 yw pob rhwyd gwely. Fodd bynnag, mae hyn yn ormod i lawer o bobl yn ardaloedd gwledig Malawi. Yn ystod y 15 mlynedd diwethaf, mae'r Weinyddiaeth Iechyd ac elusennau fel Nothing but Nets wedi dosbarthu rhwydi gwely ledled Malawi. Yn 1997 dim ond 8 y cant o gartrefi ym Malawi oedd â rhwydi gwely. Erbyn 2004 roedd y cyfartaledd wedi codi i 50 y cant. Er mwyn sicrhau eu bod yn effeithiol, mae angen ail-drin rhwydi bob 6–12 mis. Mae'n hawdd anghofio gwneud hynny.

Mae pryfleiddiad yn cael ei chwistrellu mewn ardaloedd lle y mae mosgitos yn debyg o ddod i gysylltiad â phobl. Y broblem yw fod mosgitos wedi datblygu ymwrthedd i bryfleiddiaid ac nad ydynt mor effeithiol ag y gallent fod. Yn yr un modd, mae'r parasit malaria wedi datblygu ymwrthedd i gyffuriau. Mae angen datblygu cyffuriau newydd ar frys. Unwaith y mae pobl yn datblygu symptomau malaria, mae'n rhaid iddynt gymryd cyffuriau gwrth-falaria cyn gynted â phosibl fel bod ganddynt fwy o obaith brwydro yn erbyn y clefyd. Yn anffodus, nid yw pawb ym Malawi yn gallu cael gafael ar gyffuriau pan fyddant eu hangen. Y rheswm am hyn yn aml yw fod pobl sy'n byw mewn ardaloedd gwledig yn gorfod teithio'n bell i gyrraedd meddyg. Hefyd, oherwydd bod symptomau cynnar malaria yn debyg i symptomau sawl cyflwr arall, yn aml nid yw pobl yn gwybod bod y clefyd arnynt nes ei bod yn rhy hwyr. Mae malaria yn cael yr effaith fwyaf ar bobl dlawd, gan na allant fforddio prynu rhwydi a chael y driniaeth sydd ei hangen arnynt. Mae'n gallu bod yn gylch dieflig lle nad yw pobl yn gallu dianc o'u tlodi oherwydd effaith malaria ar eu bywydau.

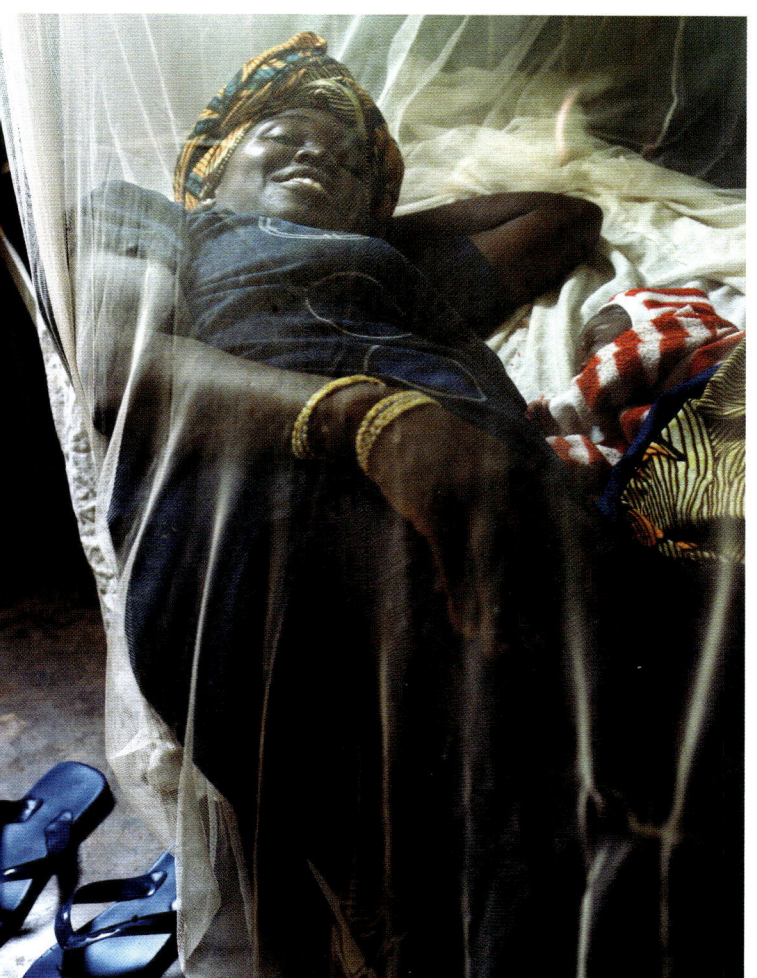

Ffigur 32 Mae'n bosibl atal marwolaethau o falaria drwy ddefnyddio rhwydi gwely sydd wedi eu trin â phryfleiddiad

Gweithgaredd

1. a) Nodwch y tri grŵp o bobl sy'n wynebu'r risg mwyaf o falaria.
   b) Eglurwch pam y mae'r risg yn fwy i rai pobl nag eraill.

2. a) Defnyddiwch Ffigur 31 i ddisgrifio dosbarthiad malaria ym Malawi.
   b) Defnyddiwch dystiolaeth o'r testun ar dudalennau 83–84 i awgrymu rhesymau gwahanol dros y cyfraddau uchel o falaria mewn dau o'r rhanbarthau a enwir yn Ffigur 31.
   c) Cymharwch Ffigurau 30 a 31. Defnyddiwch y mapiau hyn i gyflwyno tystiolaeth bod malaria yn fwy cyffredin mewn ardaloedd gwledig.

3. Ysgrifennwch erthygl fer ar gyfer papur newydd. Defnyddiwch y canlynol fel pennawd: 'Malaria, y lladdwr anghofiedig'.

4. Gweithiwch mewn parau. Trafodwch bob un o'r canlynol ac ewch ati i grynhoi eich casgliadau mewn dau ddiagram corryn.
   a) A yw malaria yn achosi tlodi neu a yw'n ganlyniad tlodi?
   b) Pa grwpiau y dylid eu targedu gyda rhwydi sydd wedi eu trin â phryfleiddiad?

Thema 4: Poblogaethau Newidiol

Gweithgaredd SGD: Gwefan Population Action

www.populationaction.org/Publications/Reports/The_Shape_of_Things_to_Come_Interactive_Database/Index.shtml

Sefydliad Anllywodraethol **(NGO: Non-Government Organisation)** sy'n cefnogi rhaglenni cynllunio teulu yw Population Action International. Mae cronfa ddata ryngweithiol ddefnyddiol ar ei wefan lle y gallwch:

- edrych ar fapiau strwythur poblogaeth ar gyfer heddiw a 2025
- cymharu pyramidiau poblogaeth hyd at dair gwlad wahanol ar y tro
- ymchwilio i newidiadau mewn strwythurau poblogaeth.

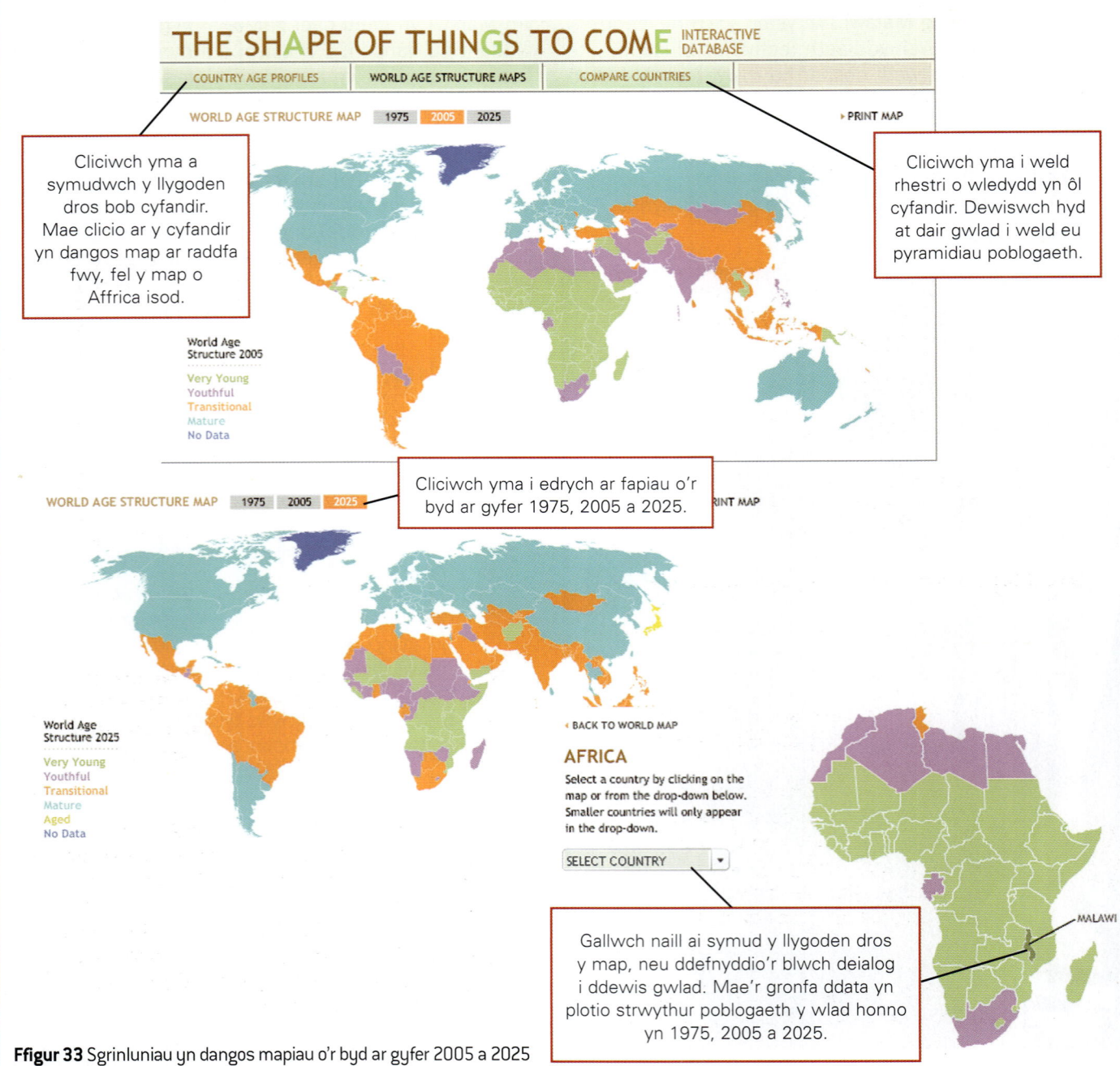

Ffigur 33 Sgrinluniau yn dangos mapiau o'r byd ar gyfer 2005 a 2025

Thema 4: Poblogaethau Newidiol

a) Defnyddio'r botwm Compare Countries.

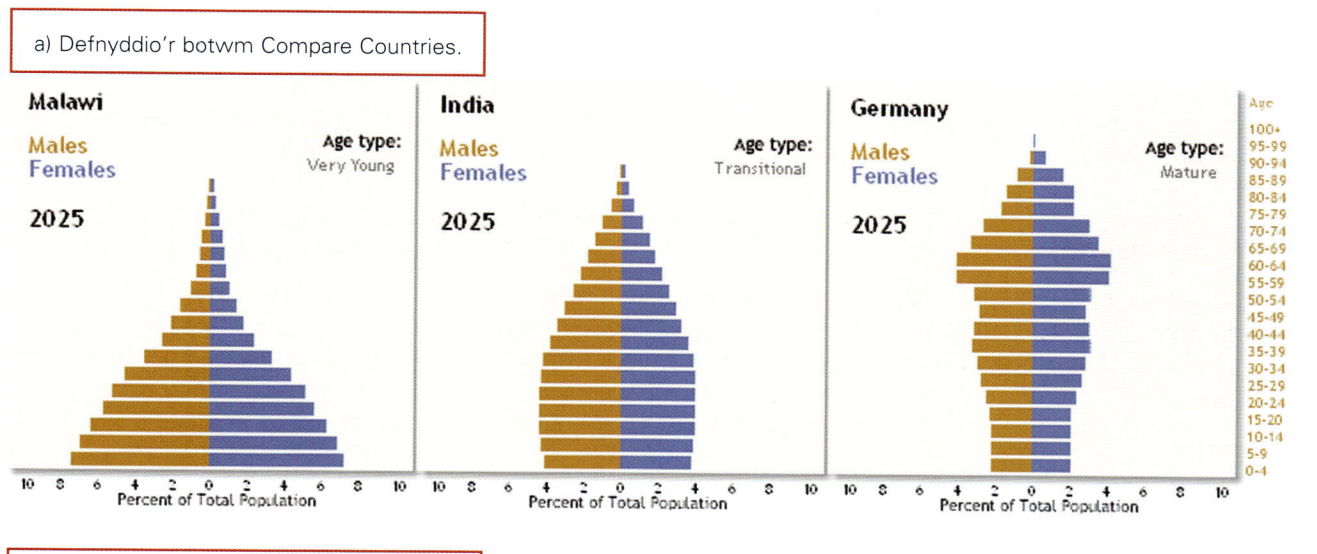

b) Defnyddio'r botwm Country Age Profiles.

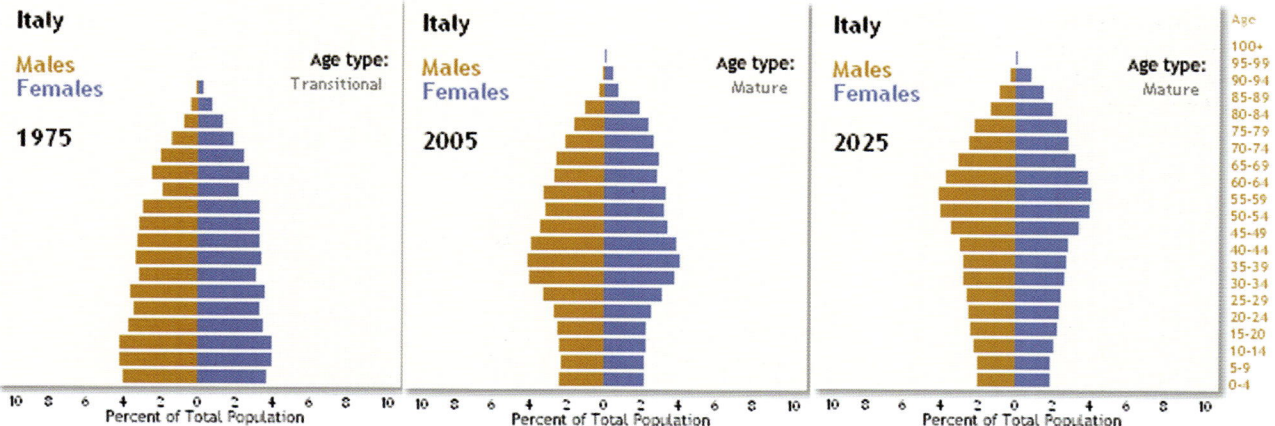

Ffigur 34 Sgrinluniau sy'n dangos y pyramidiau poblogaeth sydd ar gael ar gronfa ddata ryngweithiol Population Action

Gweithgaredd

1. **a)** Pa ranbarth o'r byd sydd â'r nifer mwyaf o wledydd â phoblogaeth ifanc iawn ar y ddau fap?
   b) Pa wlac sydd â phoblogaeth oedrannus (*aged*)?
   c) Cymharwch y ddau fap yn Ffigur 33. Canolbwyntiwch ar y nodweddion sy'n debyg ac yn wahanol rhwng y gwledydd sydd â:
      i) phoblogaethau ifanc iawn
      ii) poblogaethau trawsnewidiol.

2. Defnyddiwch Ffigur 34 a).
   a) Disgrifiwch ac eglurwch y gwahaniaethau rhwng y tair gwlad yn Ffigur 34 a).
   b) Disgrifiwch ac eglurwch sut y mae strwythur poblogaeth yr Eidal yn newid yn Ffigur 34 b).
   c) Awgrymwch sut y gall strwythur poblogaeth yr Eidal achosi problemau i'r wlad yn y dyfodol.

3. **a)** Defnyddiwch wefan Population Action i ymchwilio i sut y bydd strwythur poblogaeth pob un o'r gwledydd canlynol yn newid yn y dyfodol.
      i) Rwsia **ii)** Malawi **iii)** India.
   b) Eglurwch beth fydd yr her fwyaf i bob un o'r gwledydd hyn o safbwynt poblogaeth yn y dyfodol yn eich barn chi.

87

Thema 4: Poblogaethau Newidiol

Daearyddiaeth i'r dyfodol

Sut y bydd poblogaethau yn newid yn y dyfodol?

Rydym wedi gweld bod ffrwythlondeb yn disgyn yn y rhan fwyaf o wledydd a bod pobl yn byw yn hirach nag erioed o'r blaen diolch i welliannau mewn gofal iechyd cychwynnol. Mae hyn yn golygu mai poblogaeth sy'n heneiddio fydd yr her nesaf i sawl llywodraeth. Mae byw yn hirach yn arwain at sawl her i gymdeithas. Mae hyn yn arbennig o wir yng ngwledydd Ewrop lle y mae nifer yr henoed yn cynyddu'n gyflym.

- Pwy ddylai ofalu am bobl sydd wedi ymddeol ac am yr henoed mewn cymdeithas? A ddylai teuluoedd gymryd y cyfrifoldeb neu a ddylai'r llywodraeth ofalu amdanom ni pan fyddwn yn rhy hen i wneud hynny ein hunain? A fydd ein cynilion a'n pensiwn yn ddigon i'n cynnal yn ystod y bwlch cynyddol hir rhwng ymddeol a marw?
- A fydd digon o oedolion ifancach i wneud y gwaith sydd ei angen i gynnal yr economi? Mewn economi cyfoethog a llwyddiannus fel economi'r Deyrnas Unedig, yr Eidal neu'r Almaen, pwy fydd yn gwneud y swyddi budr, anodd a pheryglus sy'n talu'n wael ac nad oes neb eu heisiau?
- Beth fydd yr effaith ar y gwasanaeth iechyd wrth fod mwy o bobl angen triniaethau drutach?

	Gwledydd dethol	Nifer y bobl 60 oed neu drosodd (000) 2006	2050	Canran y bobl 60 oed neu drosodd 2006	2050
Affrica Is-Sahara	Malawi	615	1,734	5	6
	Mali	581	2,630	4	6
	Ghana	1,302	5,555	6	14
	Kenya	1,440	8,223	4	10
	De Affrica	3,327	6,352	7	13
Ewrop	Rwsia	24,282	34,755	17	31
	Yr Eidal	15,109	21,051	26	41
	Yr Almaen	20,864	27,572	25	35
	Y DU	12,837	19,741	21	29
	Gwlad yr Iâ	641	1,859	15	32
De Asia	Bangladesh	8,264	40,672	6	17
	Pakistan	9,445	46,745	6	15
	India	89,992	329,683	8	21
	Sri Lanka	2,284	6,919	11	29
	Bhutan	156	646	7	15

Ffigur 35 Y boblogaeth sy'n heneiddio

Gweithgaredd

1. Astudiwch Ffigur 35.
   a) Pa ranbarth fydd â'r canran isaf o'i boblogaeth dros 60 oed yn 2050?
   b) Pa wlad:
      i) fydd â'r canran mwyaf o bobl dros 60 oed yn 2050?
      ii) fydd â'r cynnydd mwyaf yng nghanran y rhai dros 60 oed rhwng 2006 a 2050?

Thema 5
Globaleiddio

Beth yw globaleiddio?

Sut y mae newidiadau mewn busnes a thechnoleg wedi caniatáu cynnydd mewn cyd-ddibyniaeth?

Mae'r thema hon yn ymwneud â'r economi byd-eang. Mae llifoedd o bobl, syniadau, arian a nwyddau yn creu gwe fyd-eang fwyfwy cymhleth o gyd-ddibyniaeth sy'n cysylltu pobl a lleoedd o gyfandiroedd pell â'i gilydd. Yr enw ar y broses hon yw **globaleiddio**.

Ffigur 1 Y ffactorau sy'n gyrru globaleiddio

Enghraifft: bydd afocados a dyfwyd ym México yn cael eu hedfan i archfarchnad yn y Deyrnas Unedig. Mae hyn yn gwella'r dewis i'r cwsmer ond mae milltiroedd awyr bwyd yn effeithio ar allyriadau carbon.

Enghraifft: pobl leol yn gwrthdystio yn erbyn gostyngiad yn y lefelau dŵr yn eu ffynhonnau ar ôl i gwmni diodydd meddal agor ffatri botelu yn Kerala, India.

Masnach: Mae technoleg well a thanwydd hedfan rhatach yn golygu y gellir hedfan bwydydd ffres o leoedd pell i'n harchfarchnadoedd.

Cwmnïau amlwladol: Mae cwmnïau mawr yn agor canghennau mewn sawl gwlad ym mhedwar ban byd.

Y ffactorau sy'n gyrru globaleiddio

Syniadau a chyfathrebu: Mae twf technoleg cyfathrebu fel y rhyngrwyd, ffonau symudol a theledu lloeren wedi gwella cyd-ddibyniaeth fyd-eang yn aruthrol.

Diwylliant: Mae rhai mathau o gerddoriaeth, teledu a ffilmiau yn cael eu dangos ar draws y byd bellach.

Enghraifft: ffilmiau a wnaed yn Hollywood, UDA, yn cael eu hysbysebu ar stryd yn Asia. Ond a fydd cerddoriaeth ac adloniant lleol traddodiadol yn goroesi?

Enghraifft: Mae gwledydd Affrica sydd ag ychydig iawn o linellau tir wedi defnyddio technoleg ffonau symudol i ddatrys y broblem.

89

Thema 5: Globaleiddio

Ymchwilio i swyddogaeth cwmnïau amlwladol yn y byd busnes byd-eang

Mae'r byd yn mynd yn fwyfwy cyd-ddibynnol: mae mwy a mwy o leoedd yn cael eu cysylltu â'i gilydd gan lifoedd arian, syniadau a nwyddau. Mae cwmnïau amlwladol, neu gwmnïau trawswladol, wedi gwneud cyfraniad hollbwysig i'r broses globaleiddio.

Mae apêl a marchnad fyd-eang gan gynhyrchion fel diodydd meddal, bwydydd cyflym, ffonau symudol a dillad. Nifer cymharol fach o gynhyrchwyr, a elwir yn gwmnïau amlwladol, sy'n cynhyrchu a gwerthu'r nwyddau traul hyn. Er mwyn i gwmni gael ei ddiffinio fel cwmni amlwladol mae'n rhaid bod ganddo ganghennau mewn mwy nag un wlad. Mae canghennau cwmni amlwladol yn cynnwys swyddfeydd, ffatrïoedd a labordai ymchwil a datblygu. Pam y mae gan gwmnïau amlwladol ganghennau mewn gwahanol wledydd?

Ffigur 2 Ffôn symudol: cynnyrch amlwladol

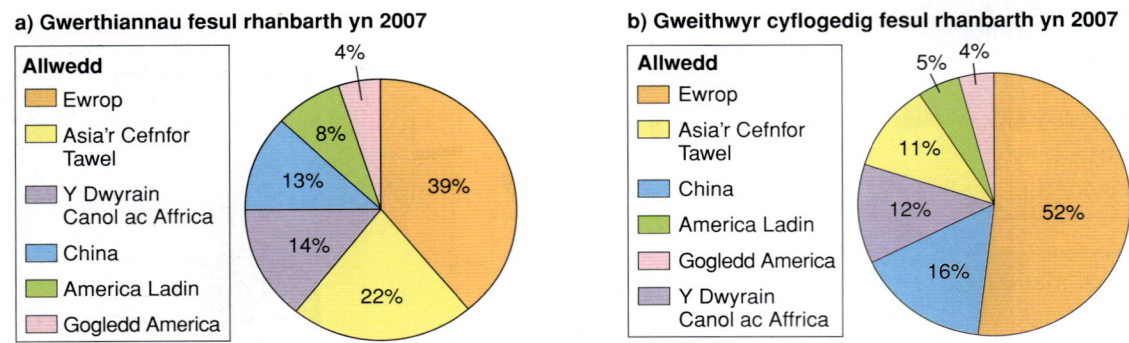

Ffigur 3 (a) Gwerthiannau a (b) gweithwyr cyflogedig Nokia yn ôl rhanbarth, Rhagfyr 2007

Gweithgaredd

1. Astudiwch Ffigurau 3 a 4 a chwblhewch y disgrifiad canlynol:
   Mae 52 y cant o weithwyr cyflogedig Nokia yn gweithio yng nghyfandir …….. Mae cyfanswm o ….y cant o weithwyr cyflogedig y cwmni yn gweithio yn China a rhanbarth Asia'r Cefnfor Tawel. Mae llawer o'r rhain yn gweithio mewn diwydiannau ……… yn gwneud eitemau fel….. a ……. Mae'r rhan fwyaf o werthiannau Nokia yn …….. Yn ail mae rhanbarth Asia'r Cefnfor Tawel gyda ….y cant o werthiannau.

Thema 5: Globaleiddio

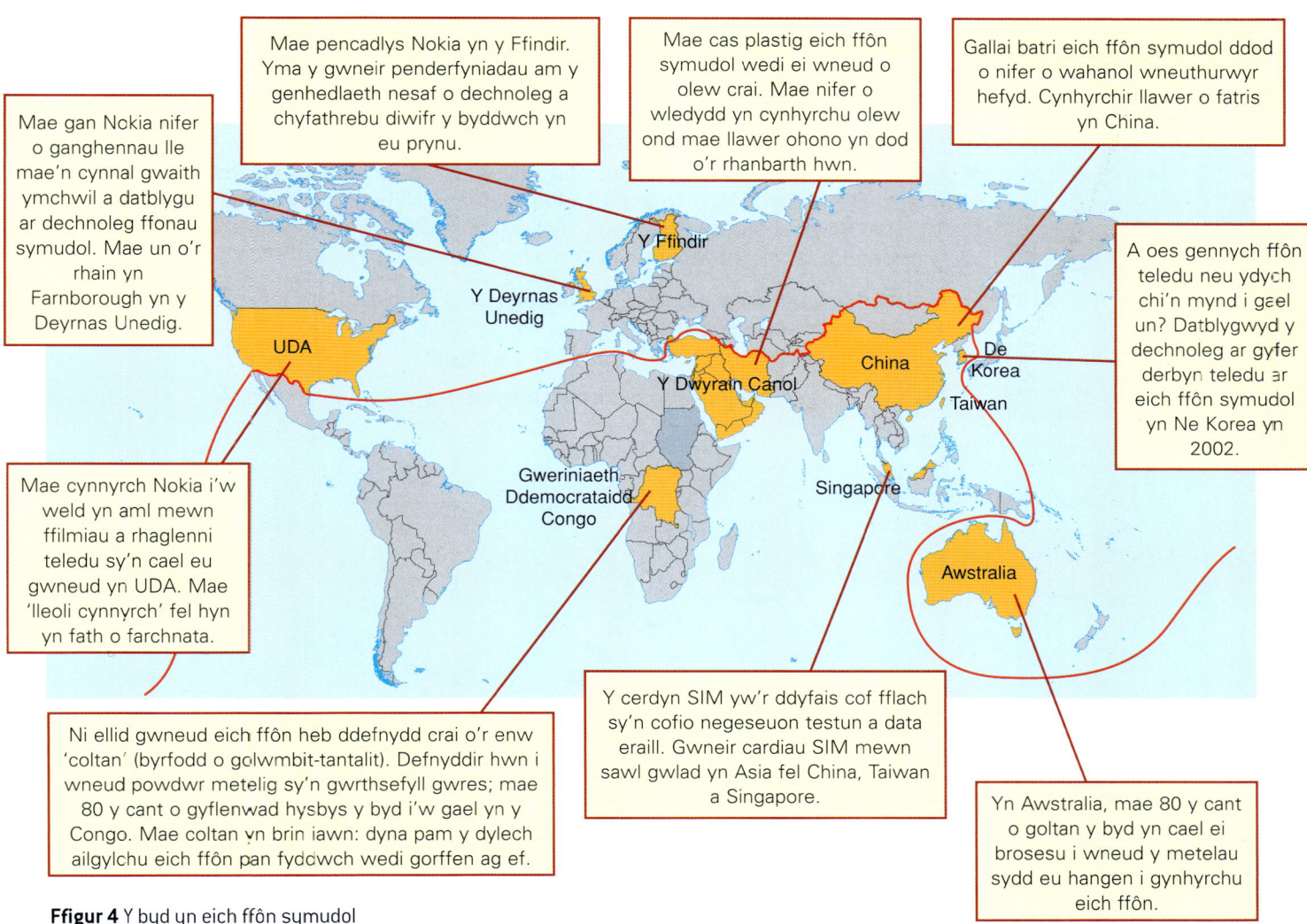

Ffigur 4 Y byd yn eich ffôn symudol

Gweithgaredd

2 Astudiwch Ffigur 4 a defnyddiwch ef i gwblhau tabl fel yr un isod

Math o gyflogaeth	Enghraifft	Lle	Gwledydd MEDd neu LIEDd
Cynradd	1 Drilio am olew 2……..		
Eilaidd	1 Prosesu coltan 2	China	LIEDd
Trydyddol	1 2		

3 Gweithiwch mewn parau i lunio ymholiad globaleiddio.
   a) Dewiswch un o'r teitlau hyn: 'Y byd yn eich ystafell fyw' neu 'Y byd yn eich cwpwrdd dillad'.
   b) Trafodwch yr holl wahanol leoedd y gallwch weld gwybodaeth 'Gwnaed yn….. Made in……'
   c) Dyluniwch daflen casglu data y gallech ei defnyddio i gofnodi canlyniadau gan eich cyd-ddisgyblion.
   ch) Casglwch ddata gan o leiaf pump o'ch cyd-ddisgyblion a phlotiwch y data ar fap amlinellol o'r byd, neu gwnewch boster mawr gyda lluniau rydych wedi eu casglu o gylchgronau neu'r rhyngrwyd.

4 Awgrymwch pam y mae cwmni Nokia yn rhoi cardiau SIM a batris wedi eu gwneud gan nifer o wahanol weithgynhyrchwyr yn Asia yn ei ffonau symudol.

Thema 5: Globaleiddio

Nokia

Astudiaeth achos o gwmni amlwladol

Nokia yw'r gwneuthurwr ffonau symudol a dyfeisiau symudol eraill mwyaf yn y byd. Mae hefyd yn darparu gwasanaethau rhwydwaith a chyfathrebu i fusnesau eraill, gan wella cyfathrebu. Cwmni amlwladol o'r Ffindir yw Nokia. Mae ei bencadlys yn Helsinki, y Ffindir, ond mae ganddo swyddfeydd a ffatrïoedd ym mhedwar ban byd. Mae Nokia a Nokia Siemens Networks yn cyflogi mwy na 112,000 o bobl ym mhob cwr o'r byd. Mae gan Nokia safleoedd (swyddfeydd, ffatrïoedd a labordai) mewn llawer o wledydd:

- labordai ymchwil a datblygu mewn deg gwlad yn cyflogi 30,415 o bobl
- ffatrïoedd mewn deg gwlad
- swyddfeydd gwerthu mewn dros 150 o wledydd

Pam y mae gan Nokia safleoedd mewn cynifer o wahanol wledydd?

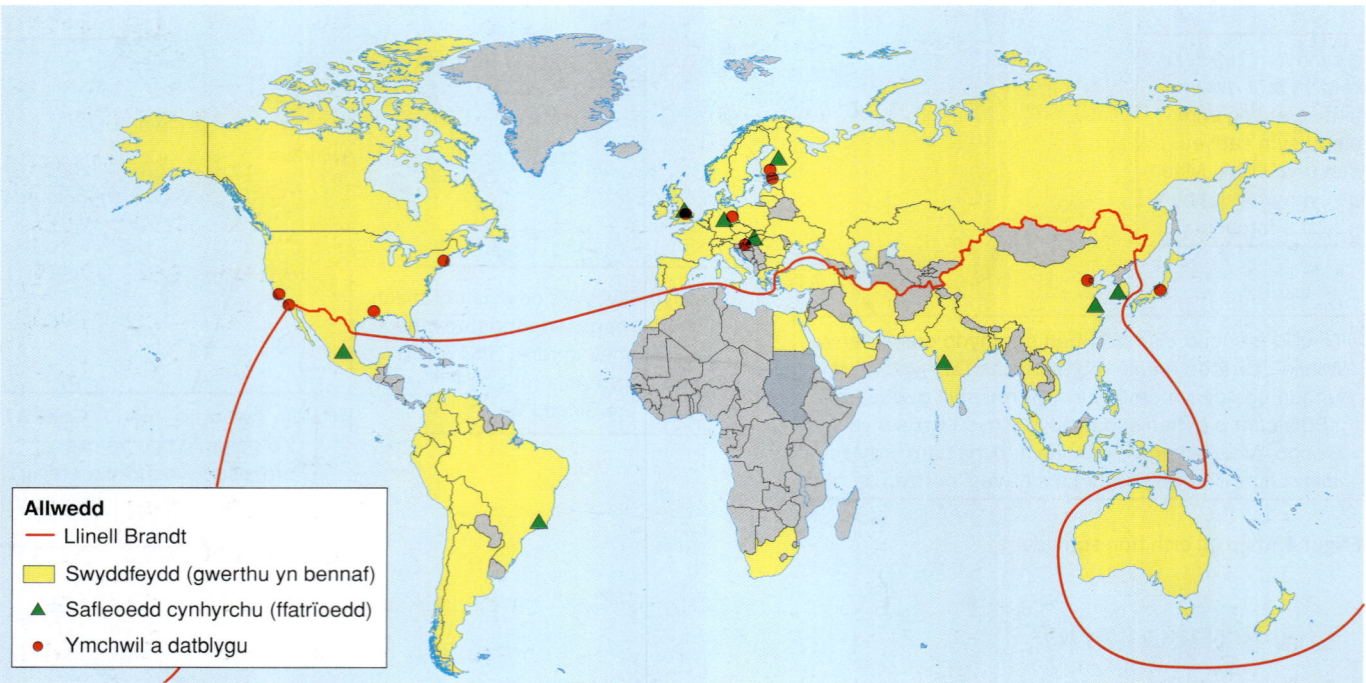

Ffigur 5 Dosbarthiad byd-eang ffatrïoedd, labordai a swyddfeydd Nokia

Gweithgaredd

1. Astudiwch Ffigur 5.
   a) Disgrifiwch ddosbarthiad y gwledydd lle y mae gan Nokia safleoedd cynhyrchu.
   b) Disgrifiwch ddosbarthiad y gwledydd lle y mae gan Nokia labordai ymchwil a datblygu.

Ffigur 6 Hysbysebion ar gyfer Nokia a Pepsi (cwmni amlwladol arall) ym Moscow, Rwsia

Thema 5: Globaleiddio

Lleoli busnes i gadw'r costau mor isel â phosibl

Mae gan gwmnïau amlwladol fel Nokia ganghennau mewn sawl gwlad er mwyn lleihau costau. Gyda chostau is, mae eu helw yn uwch. Mae cwmnïau amlwladol fel Nokia yn cadw eu costau i lawr trwy agor ffatrïoedd a swyddfeydd mewn rhanbarthau o'r byd lle y mae:

- costau llafur ise
- tir neu gostau adeiladu rhad
- trethi busnes isel (y dreth y mae cwmni yn ei thalu)

Lleoli busnes yn agos at y cwsmer

Rheswm arall pam y mae Nokia yn cynyddu'r nifer o ffatrïoedd a swyddfeydd sydd ganddo drwy'r amser yw er mwyn bod yn agos at ei gwsmeriaid, sydd wedi eu gwasgaru ar draws y byd. Mae apêl cynhyrchion Nokia yn anferth. Roedd Nokia yn amcangyfrif bod gan y farchnad ar gyfer ffonau symudol tua 2.2 biliwn o bobl yn 2005, ac y byddai hynny'n codi i 4 biliwn yn 2009. Mae twf yn y nifer sy'n berchen ar ffôn symudol ac sy'n tanysgrifio wedi bod yn hynod gryf mewn gwledydd Llai Economaidd Ddatblygedig (LlEDd). Wrth i ddefnyddwyr mewn gwledydd LlEDd ddod yn fwy cyfoethog, mae Nokia wedi ehangu ei fusnes i Asia, Affrica a De America. Felly, mae wedi agor swyddfeydd gwerthu mewn sawl GLlEDd i fod yn agosach at ei gwsmeriaid newydd.

		2003	2004	2005	2006	2007
Gwledydd MEDd	Y Ffindir	22,274	23,069	23,485	23,894	23,015
	Y DU	1,947	1,903	1,956	2,317	2,618
	UDA	6,636	6,706	5,883	5,127	5,269
	Hwngari	2,571	3,778	4,186	4,947	6,601
	Yr Almaen	3,486	3,522	3,610	3,887	13,926
	Yr Eidal	0	0	0	493	2,129
Gwledydd LlEDd	Brasil	1,497	2,640	2,184	1,960	8,527
	China	4,595	4,788	5,860	7,191	12,856
	México	1,290	1,160	1,901	2,764	3,056
	India	184	591	1,609	6,494	11,491

Ffigur 7 Gweithwyr cyflogedig Nokia, 2003–7, yn y deg gwlad fwyaf sydd â'r nifer uchaf o weithwyr cyflogedig. Ffynhonnell: Nokia

		2003	2004	2005	2006	2007
Gwledydd MEDd	UDA	4,488	3,430	2,743	2,815	2,124
	Y DU	2,711	2,269	2,405	2,425	2,574
	Yr Almaen	2,297	1,730	1,982	2,060	2,641
	Rwsia	569	946	1,410	1,518	2,012
	Yr Eidal	1,003	884	1,160	1,394	1,792
	Sbaen	748	768	923	1,139	1,830
Gwledydd LlEDd	China	2,023	2,678	3,403	4,913	5,898
	India	1,064	1,369	2,022	2,713	3,684
	Indonesia	n.d.	n.d.	727	1,069	1,754
	Brasil	n.d.	n.d.	614	1,044	1,257

Ffigur 8 Gwerthiannau Nokia, 2003–7 (miliynau o Ewros), yn y deg gwlad sydd â'r gwerthiannau mwyaf. Ffynhonnell: Nokia

Gweithgaredd

2 Dewiswch ddwy wlad, un o bob un o'r rhestri canlynol:
Gwledydd MEDd: Yr Almaen, Y DU, UDA
Gwledydd LlEDd: China, India
a) Dewiswch dechneg addas i lunio graff o'r data sydd yn Ffigurau 7 a 8 ar gyfer y gwledydd o'ch dewis.
b) Disgrifiwch y duedd a welir ar y ddau graff.

3 Astudiwch Ffigurau 7 ac 8. Awgrymwch ddau reswm arall dros:
a) y cynnydd mewn gwerthiannau mewn gwledydd LlEDd
b) y cynnydd mewn ffigurau cyflogaeth mewn gwledydd LlEDd
c) y gostyngiad mewn ffigurau cyflogaeth mewn rhai gwledydd MEDd.

4 Astudiwch ddosbarthiad canghennau Nokia yn Ffigur 5 eto. Os yw swyddi ym maes ymchwil a datblygu yn fwy arbenigol gyda chyflog uwch, awgrymwch sut y mae'r dosbarthiad hwn:
a) o fantais i weithwyr mewn gwledydd MEDd
b) o anfantais i weithwyr mewn gwledydd LlEDd.

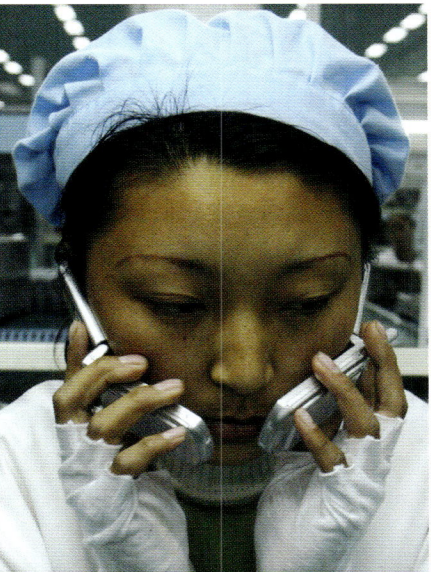

Ffigur 9 Gweithiwr yn China yn profi ffonau symudol mewn safle cynhyrchu yn Ningbo, China

Thema 5: Globaleiddio

Beth yw manteision globaleiddio?

Pan fydd cwmni amlwladol (CA) fel Nokia yn agor ffatri neu swyddfa newydd gall gael effaith gadarnhaol ar bobl leol a'r economi lleol. Mae rhai swyddi'n cael eu creu gan y cwmni ei hun: mae Nokia yn cyflogi 2,000 o bobl yn y DU mewn tri safle. Mae hyn yn un o fanteision uniongyrchol buddsoddiad Nokia yn y DU. Gall y swyddi newydd hyn helpu i greu gwaith ychwanegol i fusnesau lleol eraill. Mae'r gwaith ychwanegol hwn yn un o fanteision anuniongyrchol buddsoddiad gan gwmni amlwladol. Yr enw ar y manteision hyn i'r economi lleol yw lluosydd cadarnhaol.

Gwahanol swyddi mewn gwahanol leoliadau

Mae Nokia yn cyflogi amrywiaeth eang o staff. Mae rhai, e.e. rheolwyr busnes neu staff ymchwil a datblygu, yn fedrus iawn neu â chymwysterau uchel. Nid oes angen cymwysterau uchel neu gymaint o hyfforddiant ar staff eraill, e.e. rhai gweithwyr cydosod neu staff gwerthu. Felly, fel cymaint o gwmnïau amlwladol eraill, mae Nokia wedi dewis lleoli'r gwaith o gydosod cynhyrchion sylfaenol mewn gwledydd LlEDd lle y mae cyflogau yn is.

Fodd bynnag, mae'r staff ymchwil a datblygu mwyaf cymwysedig yn tueddu i weithio mewn gwledydd MEDd. Yma, mae Nokia yn datblygu cynhyrchion newydd, fel dyfeisiau llaw sy'n gallu ffilmio fideo, chwarae gemau a chrwydro'r we. Mae'r dyfeisiau hyn yn defnyddio'r dechnoleg ddiweddaraf, ac felly mae angen staff sydd wedi cael mwy o hyfforddiant i'w datblygu a'u cynhyrchu. Mae'r cynhyrchion uwch-dechnoleg hyn wedi eu bwriadu ar gyfer cwsmeriaid mwy cyfoethog, mewn gwledydd MEDd fel arfer, felly mae'n gwneud synnwyr eu cynhyrchu yn Ewrop.

Gweithgaredd

1 Eglurwch y gwahaniaeth rhwng manteision uniongyrchol a manteision anuniongyrchol buddsoddiad cwmni amlwladol mewn ffatri neu swyddfa newydd.

2 Gwnewch grynodeb o fanteision y lluosydd cadarnhaol dan y penawdau hyn:
   a) Swyddi
   b) Enillion
   c) Gwario
   ch) Delwedd y rhanbarth.

3 Eglurwch pam y mae Nokia yn parhau i ehangu yn Affrica.

4 Gwnewch grynodeb o'r manteision a gaiff Nokia trwy agor canghennau newydd mewn gwledydd LlEDd.

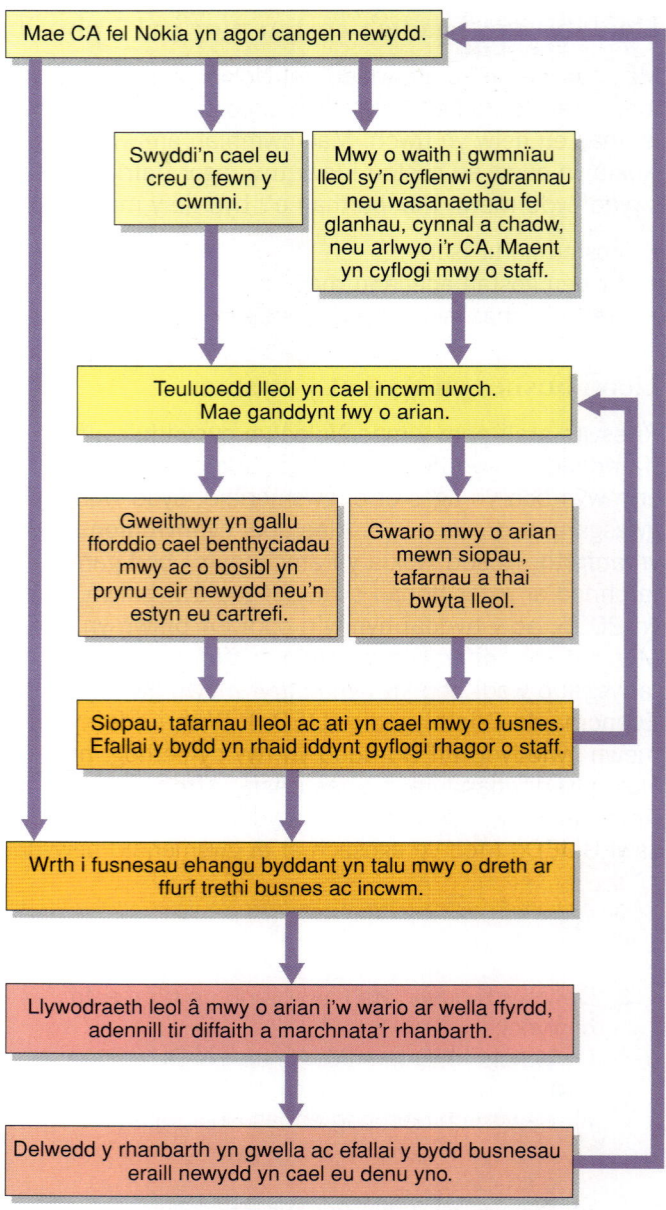

Ffigur 10 Y lluosydd cadarnhaol

Manteision technoleg newydd i Affrica

Mae twf technoleg symudol a chwmnïau amlwladol fel Vodacom sy'n darparu rhwydweithiau symudol wedi helpu i wella cyfathrebu mewn rhai gwledydd yn Affrica. Ychydig iawn o linellau tir sydd mewn nifer mawr o wledydd Affrica, felly mae ardaloedd gwledig yn ynysig yn aml. Yn hytrach na buddsoddi mewn llinellau tir, mae gwledydd fel Tanzania wedi defnyddio technoleg symudol i ddatrys y broblem. Yn 2001, Affrica oedd y rhanbarth cyntaf yn y byd lle roedd mwy o bobl yn defnyddio ffonau symudol na llinellau tir.

Thema 5: Globaleiddio

Gweithgaredd SGD: Undeb Telathrebu Rhyngwladol

Ffigur 11 Tanysgrifwyr ffonau symudol yn Affrica. Mae'r sgrinlun hwn o atlas SGD (neu ddigidol) wedi ei ddiweddaru gan yr Undeb Telathrebu Rhyngwladol. Gallwch ddefnyddio'r blwch dialog (haenau map) ar ochr dde'r sgrin i ddewis data ar gyfer gwahanol flynyddoedd. Mae'r atlas wedyn yn ail-luniadu'r map i ddangos y dyddiad rydych wedi ei ddewis.

www.itu/ITU-D/connect/gblview/index.html
Mae'r gwe-gyswllt hwn yn mynd â chi i ITU Global View, sef atlas ar-lein a ffynhonnell y sgrinlun yn Ffigur 11.

Gweithgaredd

1. Defnyddiwch Ffigur 11 i ddisgrifio dosbarthiad gwledydd Affrica lle y mae nifer y tanysgrifwyr ffonau symudol
   a) yn llai na 20.4 ym mhob cant
   b) yn fwy na 38.6 ym mhob cant.

2. Defnyddiwch y gwe-gyswllt i edrych ar atlas ITU Global View o Affrica. Defnyddiwch yr offer haenau map i ddewis '% mobile coverage' a 'broadband subscribers'.
   a) Disgrifiwch y patrymau ar bob map.
   b) Yn eich barn chi, pa mor bwysig yw ehangu'r mynediad at rwydweithiau ffonau symudol a'r rhyngrwyd ar gyfer datblygiad Affrica? Eglurwch sut y gallai'r technolegau hyn helpu:
      i) busnesau Affrica
      ii) pobl yn eu harddegau yn Affrica.

Thema 5: Globaleiddio

Pam y mae rhai'n ystyried globaleiddio yn fygythiad?

Un o brif effeithiau cyd-ddibyniaeth yw fod pobl yn mudo rhwng gwledydd i weithio neu astudio. Mae llawer o fanteision i'r mudwyr, eu teulu a'r gwledydd dan sylw. Mae llawer o fudwyr yn gwneud swyddi budr, peryglus, cyflog isel o'r math nad yw pobl leol eisiau eu gwneud. Mae eraill yn weithwyr medrus iawn sy'n llenwi swyddi lle y mae yna brinder sgiliau, er enghraifft meddygon a nyrsys. Mae Gwasanaeth Iechyd Gwladol y DU yn cyflogi miloedd o weithwyr iechyd o India a gwledydd LIEDd eraill. Mewn gwirionedd, mae dros 11 y cant o'r holl weithwyr iechyd sy'n hyfforddi yn Ne Asia yn gweithio yn y DU yn y pen draw.

Draen doniau: ymchwilio i fater moesegol

Bob blwyddyn rhwng 2000 a 2005, daeth rhwng 10,000 a 15,000 o nyrsys a oedd newydd hyfforddi mewn ysgolion meddygol mewn gwledydd LIEDd i ymuno â Gwasanaeth Iechyd Gwladol (GIG) y Deyrnas Unedig. Mae Sefydliad Iechyd y Byd (*WHO*) yn amcangyfrif bod o leiaf 12 y cant o'r meddygon a gafodd eu hyfforddi yn India yn byw a gweithio yn y DU erbyn hyn. Mae hyn yn beth da i'r GIG, a oedd wedi cael trafferth mawr yn ystod y cyfnod hwn i recriwtio digon o staff o'r DU. Fodd bynnag, nid yw'n beth cystal i'r gwasanaeth iechyd yn India a gwledydd LIEDd eraill, sy'n colli niferoedd mawr o staff medrus.

Mae Banc y Byd yn amcangyfrif bod cymaint â 70,000 o weithwyr mwyaf cymwysedig Affrica yn ymfudo bob blwyddyn. Gall hyn fod yn costio US$4 biliwn y flwyddyn i Affrica. Mae amcangyfrif arall yn awgrymu mai dim ond traean o raddedigion meddygol sy'n aros yn Ghana bob blwyddyn: mae'r gweddill yn gadael y wlad i ddod o hyd i waith sy'n talu'n well dramor.

Ffigur 12 Aelodau newydd o'r gofrestr nyrsio yn 2004–5 a oedd wedi cymhwyso dramor

Thema 5: Globaleiddio

Costau a manteision y draen doniau o wasanaethau iechyd gwledydd LIEDd:

- Gall staff ennill llawer mwy nag y byddent yn ei wneud yn gweithio mewn ysbytai yn eu gwlad eu hunain.
- Mae staff yn manteisio ar hyfforddiant yn y technegau a'r triniaethau diweddaraf.
- Gall gwybodaeth am driniaethau a thechnegau meddygol newydd fod o fantais i'r wlad LIEDd os bydd staff yn dychwelyd yno yn y pen draw.
- Byddai gan y GIG brinder anferth o feddygon a nyrsys pe na fyddai'n recriwtio o dramor.
- Mae amserau aros yn llai ac mae cleifion yn cael triniaeth yn gynt am fod lefelau staffio yn cael eu cadw'n uchel.
- Mae ysbytai yn Affrica yn hynod brin o staff wedi eu hyfforddi. Mae morâl yn isel ymysg staff sy'n parhau i weithio oriau hir am gyflog isel.
- Mae'r draen doniau yn golygu nad yw arian sy'n cael ei wario mewn gwledydd LIEDd ar addysg brifysgol yn cael ei drawsnewid yn weithwyr medrus sy'n talu treth ac sydd felly'n cynorthwyo i dalu am addysg pobl eraill.

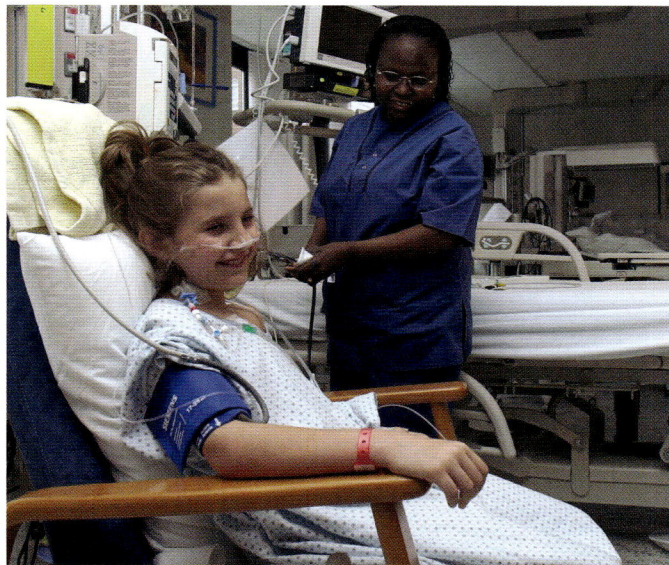

Ffigur 13 Mae'r GIG yn amcangyfrif i 43 y cant o nyrsys a 31 y cant o feddygon sy'n dechrau gweithio yn y GIG gael eu hyfforddi y tu allan i'r Deyrnas Unedig [ffigurau 2005]

Ffigur 14 Cyflogau blynyddol cyfartalog gweithwyr iechyd Indiaidd yn India (2008)

	Rupees	£
Meddyg Teulu	190,000	2,369
Nyrs	100,000	1,247
Meddyg ymgynghorol ysbyty	549,377	6,849
Gweinyddwr ysbyty	206,957	2,580

Gweithgaredd

1. Defnyddiwch Ffigur 12. Disgrifiwch ddosbarthiad y gwledydd a wnaeth gyflenwi mwy na 100 o nyrsys i'r GIG. Faint o'r gwledydd hyn sy'n wledydd LIEDd?

2. Defnyddiwch y rhyngrwyd i ymchwilio i gyflogau cyfartalog staff iechyd yn y DU. Defnyddiwch graff i gymharu eich canfyddiadau â'r data yn Ffigur 14.

3. Astudiwch y pwyntiau bwled sy'n rhestru'r costau a'r manteision uchod.
    a) Rhowch y pwyntiau bwled mewn tabl gan ddefnyddio'r penawdau hyn:

	Costau	Manteision
I'r GIG ym Mhrydain		
I'r gwasanaeth iechyd mewn gwledydd LIEDd		
I unigolion sy'n ymfudo o wledydd LIEDd i'r DU		

    b) Ysgrifennwch erthygl 200 o eiriau naill ai'n cefnogi'n gryf neu'n gwrthwynebu'n gryf y ffaith bod gweithwyr iechyd yn mudo o wledydd LIEDd.

4. Trafodwch y cysyniad o globaleiddio sydd i'w weld ar dudalen 89.
    a) Gan gydweithio â phartner, gwnewch restr o unrhyw gynhyrchion, enwau brand, cwmnïau, ffilmiau a cherddoriaeth rydych yn eu cysylltu â'r lleoedd canlynol:
        i) UDA   ii) Awstralia   iii) Japan
        iv) India   v) Affrica
    b) Nawr, cyfunwch eich rhestr â rhestri dau o'ch cyd-ddisgyblion. Trafodwch eich rhestri.
    c) A ydych chi o'r farn bod economi'r DU yn dibynnu mwy ar wledydd MEDd eraill neu ar wledydd LIEDd? Beth yw manteision ac anfanteision y math hwn o gyd-ddibyniaeth i'r DU?

5. Defnyddiwch dudalennau 89–97 i grynhoi pum effaith gadarnhaol a thair effaith negyddol sy'n gysylltiedig â mwy o gyd-ddibyniaeth.

Thema 5: Globaleiddio

Beth yw effeithiau globaleiddio ar wledydd sydd ar wahanol lefelau o ddatblygiad?

Beth yw effeithiau cymdeithasol ac economaidd ehangu'r UE?

Mae'r Undeb Ewropeaidd (UE) yn enghraifft o **floc masnach**. Mae pob gwlad yn y bloc wedi cytuno i fasnachu'n rhydd gyda'r aelodau eraill ac i ganiatáu i bobl symud rhwng eu gwledydd. Yn 2004, cafodd yr UE ei ehangu i gynnwys gwledydd o ganolbarth Ewrop fel Gwlad Pwyl. Roedd diweithdra mewn rhai o'r aelod-wladwriaethau newydd, fel Gwlad Pwyl, yn uchel. Rhybuddiodd rhai pobl y byddai torfeydd o fudwyr yn symud i'r DU, Sbaen, yr Almaen a'r Eidal i ddod o hyd i waith. Os felly, a fyddai'n beth da neu'n beth gwael i'r DU ac aelodau mwy cyfoethog eraill o'r UE?

Gweithgaredd

1. a) Defnyddiwch Ffigur 16 i gopïo a chwblhau'r canlynol:
   Y rheswm mwyaf cyffredin a roddwyd gan yr holl fudwyr 16–54 oed oedd .... ond y rheswm mwyaf cyffredin a roddwyd gan fudwyr 55+ oed oedd ....
   b) Awgrymwch sut y byddai'r ffactorau gwthio a thynnu sy'n achosi i bobl fudo i Sbaen yn wahanol yn yr enghreifftiau canlynol:
      i) gŵr busnes cyfoethog sydd newydd ymddeol yn y DU
      ii) dyn ifanc, sengl o România heb lawer o gymwysterau.

2. Defnyddiwch Ffigur 17 i egluro manteision mudo i aelodau mwy cyfoethog yr UE.

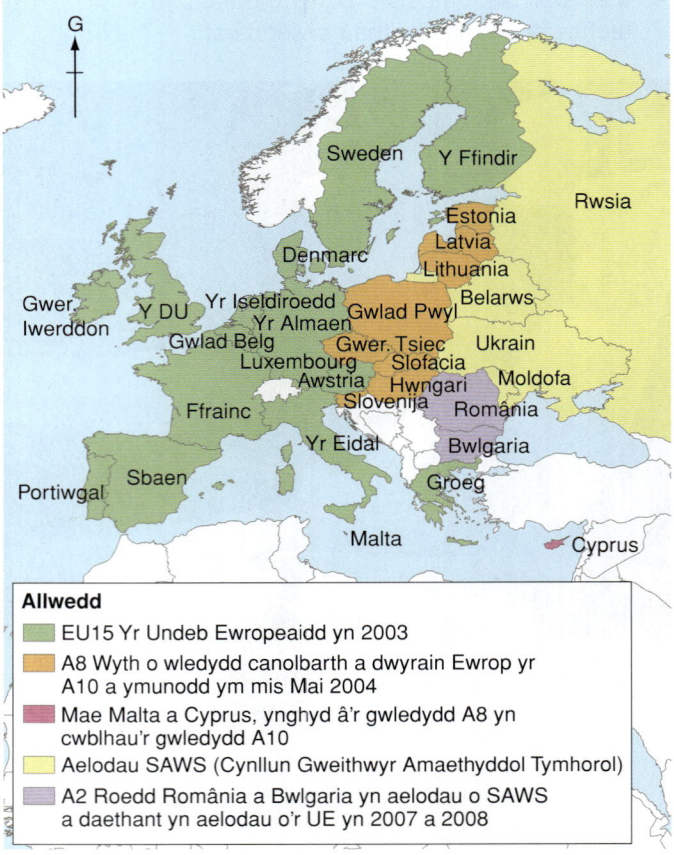

Ffigur 15 Gwledydd sy'n perthyn i'r Undeb Ewropeaidd

Rhesymau	Cyfanswm	16–54 oed	55 oed +
Ymddeol	3.6	0.3	23.3
Diweithdra	23.3	25.8	8.8
Chwilio am well swydd	39.0	42.9	15.9
Hyfforddiant neu resymau addysgol	8.4	9.2	3.6
Ansawdd bywyd	40.0	39.9	40.6
Rhesymau teuluol (ail-grwpio)	32.1	32.4	30.3
Costau byw	14.3	13.5	19.0
Hinsawdd	11.4	7.7	33.0

Ffigur 16 Rhesymau dros symud a roddwyd gan fewnfudwyr i Sbaen

Yn gyntaf, mae gweithwyr lleol mewn gwledydd diwydiannol yn cynyddol gefnu ar swyddi budr, anodd a pheryglus. Yn ail, mae amrywiaeth eang o swyddi gwasanaeth – gofal plant, glanhau tai, dosbarthu pizza, ac ati – yn cynnal ffordd o fyw llawer o bobl Ewrop ar hyn o bryd. Pobl dramor sy'n gwneud y swyddi hyn a byddai'n anodd cael pobl leol i'w gwneud yn eu lle.

Mae categori arall o swyddi sy'n cael eu llenwi gan fudwyr yn draddodiadol hefyd, mewn sectorau fel ffermio, trwsio ffyrdd ac adeiladu, gwestai, tai bwyta a gwasanaethau eraill sy'n gysylltiedig â thwristiaeth. Er nad yw gweithwyr lleol wedi cefnu'n llwyr arnynt, maent yn aml yn dioddef o brinderau llafur tymhorol.

Yn olaf, mae yna lawer o ddiwydiannau medrus sydd angen llawer o sgiliau a gwybodaeth, yn benodol yn y sector technoleg gwybodaeth sy'n cyflym newid. Nid oes digon o fudwyr medrus yn y rhan fwyaf o wledydd diwydiannol. Mae yna alw mawr am sgiliau ychwanegol er mwyn datblygu technolegau newydd, gwella'r gallu i gystadlu a chreu swyddi newydd.

Ffigur 17 Darn o un o gyhoeddiadau'r International Migration Organisation. *World Migration 2005: Costs and Benefits of International Migration*

Thema 5: Globaleiddio

Gweithgaredd SGD: Eurostat

Defnyddio Eurostat i ymchwilio i batrymau daearyddol yn yr Undeb Ewropeaidd

http://epp.eurostat.ec.europa.eu

Eurostat yw'r wefan swyddogol ar gyfer ystadegau sy'n ymwneud ag aelodau'r UE. Defnyddiwch y gwe-gyswllt hwn i fynd i'r hafan. Gofalwch eich bod wedi dewis EN (am Saesneg). Yna, ar ochr dde'r sgrin, cliciwch ar Country Profiles (sydd â map bawd o'r UE) i fynd i'r SGD. Mae Ffigur 18 yn enghraifft o'r math o fap y gallwch ei gynhyrchu.

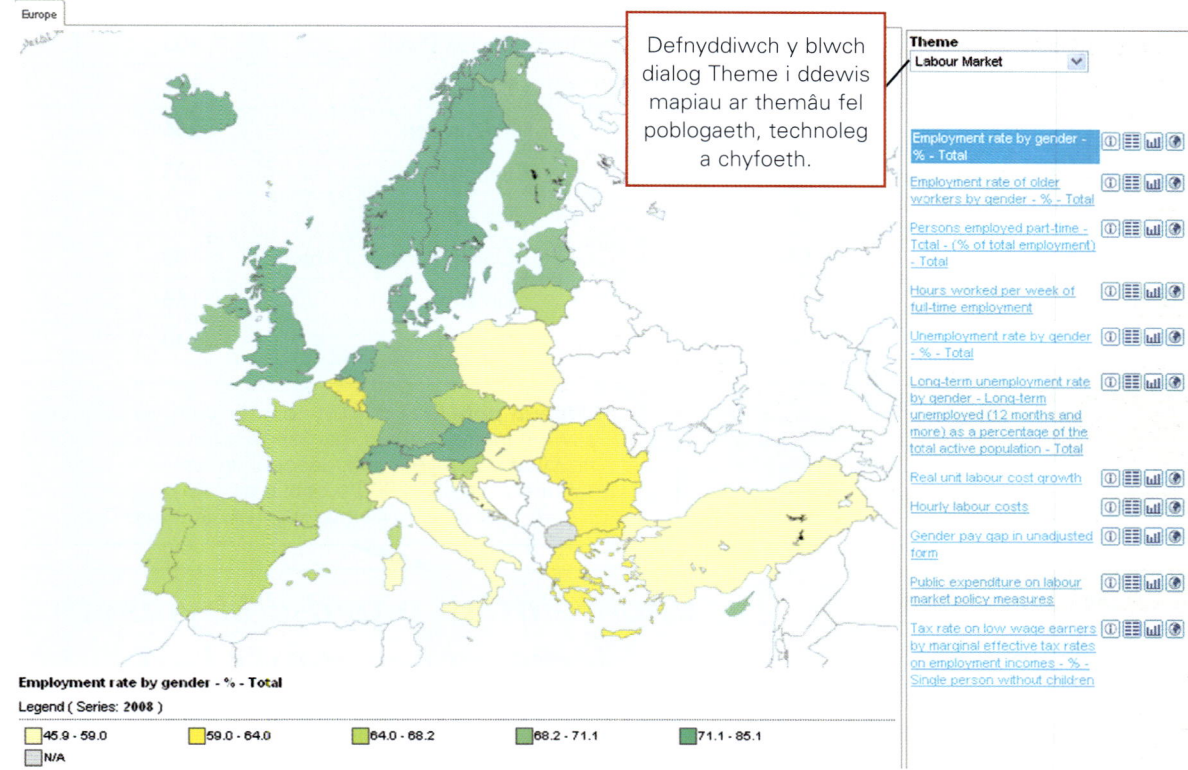

Ffigur 18 Gwefan Eurostat

Gweithgaredd

1. Defnyddiwch Ffigur 18.
   a) Disgrifiwch ddosbarthiad y gwledydd lle y mae dros 71 y cant o'r boblogaeth (16–64 oed) yn gweithio.
   b) Cymharwch y map hwn yn Ffigur 18 â Ffigur 15.
   i) Rhestrwch y gwledydd sydd â llai na 64.2 y cant yn gweithio.
   ii) Defnyddiwch y map hwn i egluro pam y gwnaeth llawer iawn o bobl fudo o wledydd fel Gwlad Pwyl a România ar ôl ehangu'r UE.

2. Defnyddiwch y wefan i archwilio'r rhagdybiaeth ganlynol:
   a) mae mwy o bobl yn gallu defnyddio'r rhyngrwyd yng ngwledydd mwy cyfoethog yr UE
   b) Mae'r EU15 yn elwa mwy ar fasnach rhyng-UE (masnach rhwng aelodau'r UE) na'r aelodau mwy newydd.

Thema 5: Globaleiddio

India — Sut y mae gwledydd newydd eu diwydianeiddio megis India a China wedi elwa o globaleiddio?

Mae gwledydd newydd eu diwydianeiddio fel India a China wedi elwa ar globaleiddio a chael twf economaidd, a hynny oherwydd cyd-ddibyniaeth yn yr economi byd-eang. Mae eu heconomïau wedi elwa ar newidiadau technolegol diweddar ac ar y gyd-ddibyniaeth y mae llifoedd o bobl, syniadau a buddsoddiadau yn ei chreu.

Safle	Rhestr Forbes 2000 (2008)	Nifer y cwmnïau
1	UDA	598
2	Japan	259
3	Y Deyrnas Unedig	123
4	China (gan gynnwys Hong Kong)	109
5	Ffrainc	67
6	Canada	59
7	Yr Almaen	59
8	De Korea	52
9	Awstralia	51
10	India	48

Safle	Gwlad geni poblogaeth breswyl y DU	Poblogaeth mewn miloedd
1	India	613
2	Gweriniaeth Iwerddon	420
3	Gwlad Pwyl	405
4	Pakistan	377
5	Yr Almaen	266
6	Bangladesh	205
7	De Affrica	201
8	Unol Daleithiau America	188
9	Jamaica	166
10	Nigeria	140

Buddsoddiadau tramor Mae cwmnïau amlwladol o eiddo pobl yn India, fel Tata, yn llwyddiannus iawn yn economi'r byd. Yn 2008 rhoddwyd India yn y 10fed safle ar restr Forbes 2000, sy'n rhestru lleoliad 2000 cwmni mwyaf y byd.

Llifoedd pobl Mae mudwyr o India yn gweithio mewn sawl rhan arall o'r byd, gan ennill arian a dysgu sgiliau newydd y gellir eu hailfuddsoddi yn economi India. Er enghraifft, mae 613,000 o bobl a gafodd eu geni yn India yn byw ac yn gweithio yn y DU ar hyn o bryd.

Gwell technolegau cyfathrebu Mae gan India brifysgolion rhagorol a rhwydweithiau cyfathrebu da. Mae'n cynhyrchu miloedd o raddedigion TG a meddalwedd bob blwyddyn. Un enghraifft o alw cynyddol India am nwyddau traul yw twf cyflym yn y nifer sy'n berchen ar ffôn symudol.

Enghreifftiau o gyd-ddibyniaeth India ag economi'r byd

Llifoedd syniadau a diwylliant Cynhyrchodd y diwydiant ffilmiau Hindi yn Mumbai (sef Bollywood) 267 o ffilmiau yn 2007. Mae'r ffilmiau hyn yn hynod boblogaidd yn Ne Asia a, diolch i dwf teledu lloeren, gellir eu gwylio bellach mewn rhannau eraill o'r byd. Arweiniodd eu poblogrwydd cynyddol at y sioe lwyfan, *The Merchants of Bollywood*, a gafodd daith lwyddiannus yn Ewrop ac Awstralia.

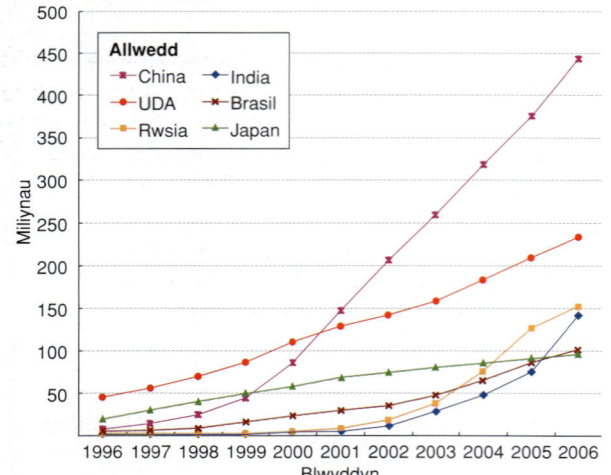
Cwsmeriaid ffonau symudol yn y chwe marchnad fwyaf ar gyfer ffonau symudol

Ashwini Iyer yn ymarfer ei dawns ar gyfer y cynhyrchiad o *The Merchants of Bollywood* yn Maharastra cyn i'r sioe symud i Ewrop

Ffigur 18 Enghreifftiau o gyd-ddibyniaeth India ag economi'r byd

Thema 5: Globaleiddio

Sut y mae cyd-ddibyniaeth gynyddol wedi effeithio ar India?

India yw ail wlad fwyaf y byd ar ôl China. Mae ei phoblogaeth o 1,132 miliwn o bobl yn cyfrif am 17 y cant (neu un o bob chwech) o boblogaeth y byd. Mae economi India wedi tyfu'n gyflym yn y blynyddoedd diwethaf. Wrth i bobl y wlad ddod yn fwy cyfoethog maent yn creu galw newydd am gynhyrchion. Un rheswm dros dwf economaidd India yw ei chyd-ddibyniaeth yn y gymuned fyd-eang. Mae ei heconomi wedi elwa ar newidiadau technolegol diweddar ac ar y gyd-ddibyniaeth y mae llifoedd o bobl, syniadau a buddsoddiadau yn ei chreu.

Astudiaeth achos Tata

Cwmni amlwladol o India yw Tata a enillodd US$62.5 biliwn yn 2007–8, gyda 61 y cant ohono o'i fusnes y tu allan i India. Mae Tata yn cyflogi 350,000 o bobl ym mhedwar ban byd. Mae'n berchen ar nifer o fusnesau, sy'n cynnwys gwneuthurwyr dur, gwneuthurwyr ceir, cemegion, egni a chadwyn o westai. Mae Tata yn berchen ar 38 cwmni yn y DU sydd rhyngddynt yn cyflogi 47,000 o bobl. Ymhlith yr enwau brand mwyaf enwog sy'n cyflogi gweithwyr y DU y mae Jaguar, Land Rover a Tetley Tea.

Ddechrau 2008 cyhoeddodd Tata ei fod yn gwneud y car masgynnyrch rhataf yn y byd. Disgwylir i'r car hwn, y Tata Nano, werthu am ddim ond 120,000 rupees (tua £1,400). Mae incymau yn India lawer yn llai nag yn y DU. Er enghraifft, mae athro uwchradd gyda llai na 10 mlynedd o brofiad yn ennill 128,900 rupees (£1,670) y flwyddyn ar gyfartaledd. Felly arweiniodd y cyhoeddiad am gar fforddiadwy at gyffro yn India lle nad oes llawer o bobl yn berchen ar gar.

Mae Tata yn bwriadu cadw costau cynhyrchu'r Nano mor isel â phosibl trwy gael y cydrannau o India lle y mae llafur yn rhad iawn. Bydd cymaint â 97 y cant o'r cydrannau a ddefnyddir yn y car yn cael eu darparu gan gwmnïau amlwladol Ewropeaidd sydd â ffatrïoedd yn India. Yn 2008, cynhyrchwyd tua 2 filiwn o geir yn India ond nid oes yr un mor rhad â'r Nano.

Gweithgaredd

1. Amlinellwch sut y mae India yn elwa ar fwy o gyd-ddibyniaeth.

2. Defnyddiwch Ffigur 19.
   a) Cymharwch y cynnydd yn y nifer sy'n berchen ar ffôn symudol yn India a China.
   b) Cymharwch y nifer sydd â ffonau symudol yn India a Japan.
   c) Dim ond ychydig yn fwy na phoblogaeth India yw poblogaeth China. Dim ond 127 miliwn o bobl sy'n byw yn Japan. Ceisiwch ragweld sut y gallai'r farchnad ffonau symudol newid yn y dyfodol yn y tair gwlad hyn.

3. Gan ddefnyddio Ffigur 19 i gael syniadau, lluniwch arddangosfa i'ch ystafell ddosbarth sy'n dangos sut y mae India wedi ei chysylltu â gweddill y byd. Dylech gynnwys o leiaf un map neu graff. Gallech hefyd ddefnyddio peiriant chwilio i ddod o hyd i luniau o gynhyrchion ac enwau brand o India.

Ffigur 20 Bydd y Tata Nano newydd yn gwerthu am tua £1,400

Thema 5: Globaleiddio

Beth yw manteision ac anfanteision twf Tata?

Mae rhai grwpiau yn India yn gwrthwynebu twf cwmnïau byd-eang fel Tata ac wedi protestio yn erbyn y Nano a chynlluniau i adeiladu ffatri newydd. Roedd y Nano yn mynd i gael ei adeiladu yn Singur, Gorllewin Bengal. Roedd ugain o'r cwmnïau sy'n cyflenwi cydrannau ar gyfer y ceir yn mynd i adeiladu ffatrïoedd newydd yno hefyd. Rhyngddynt byddent wedi creu cannoedd o swyddi medrus a lled-fedrus yn y rhanbarth tlawd hwn. Roedd y llywodraeth leol yn cefnogi'r datblygiad newydd, ond ar ôl gwrthwynebiad treisgar yn haf 2008, penderfynodd Tata roi'r gorau i'r bwriad. Mae'r car bellach yn debygol o gael ei adeiladu yn nhalaith Maharastra yng ngorllewin India.

Ratan Tata, Cadeirydd Tata Motors

Fe benderfynais adeiladu'r Tata Nano rai blynyddoedd yn ôl pan welais i deuluoedd cyfan yn teithio ar gerbydau dwy olwyn, y tad ar gefn sgwter, ei blentyn ifanc o'i flaen a'i wraig yn eistedd y tu ôl iddo yn dal baban. Mae'n rhaid bod y teuluoedd hyn yn haeddu cludiant diogel a fforddiadwy sy'n addas ar gyfer pob tywydd. Cerbyd a allai fod yn fforddiadwy ac yn ddigon rhad i fod o fewn cyrraedd pawb. Cerbyd sydd wedi ei adeiladu i fodloni'r holl safonau diogelwch, sy'n defnyddio tanwydd yn effeithlon iawn ac nad yw'n cynhyrchu llawer o lygredd.

Mae dinasoedd India eisoes yn llawn ceir, bysys a ricsios awtomatig. Bydd car rhad yn boblogaidd iawn a bydd yn ychwanegu at y tagfeydd yn sylweddol. Bydd allyriadau gwacáu'n lleihau ansawdd yr aer ac yn arwain at fwy fyth o broblemau iechyd i'r bobl dlawd yn ein dinasoedd.

Amgylcheddwr o India

Gweithiwr fferm yng Ngorllewin Bengal

Fe fues i'n protestio yng nghwmni dros 15,000 o bobl eraill yn erbyn y penderfyniad i adeiladu ffatri Tata yma. Mae tri chwarter y bobl leol yn ffermwyr: does gennym ni ddim profiad o weithio mewn ffatrïoedd. Ein dadl oedd y byddai colli ein tir yn arwain at newyn a diffyg maeth. Cynigiodd llywodraeth y wlad rywfaint o iawndal ond dim digon. Menywod fel fi fyddai wedi ei chael hi waethaf. Does gen i ddim papurau cyfreithiol ar gyfer fy nhyddyn felly fyddwn i ddim wedi cael unrhyw iawndal o gwbl.

Bydd Tata yn cynhyrchu tua 250,000 o geir Nano y flwyddyn yn y lle cyntaf. Bydd y galw am y Nano gan wledydd datblygol eraill yn anferth, felly mae Tata yn disgwyl y bydd y cynhyrchiant yn ehangu i 1 filiwn o geir y flwyddyn. Bydd y rhain yn cael eu hadeiladu yn India ac mewn gwledydd LIEDd eraill. Mae'r cwmnïau Ewropeaidd sy'n darparu cydrannau yn awyddus iawn i weld eu busnes yn ehangu i fwy o farchnadoedd ceir mewn gwledydd LIEDd.

Cadeirydd Bosch

Ffigur 21 Manteision ac anfanteision twf Tata

Gweithgaredd

1. Sut y gallai'r Tata Nano fod o fantais i deuluoedd incwm is?

2. Awgrymwch effaith bosibl y Tata Nano ar:
   a) strydoedd dinasoedd India
   b) lefelau llygredd yn ninasoedd India.

3. a) Defnyddiwch Ffigur 21 i egluro pam y mae rhai pobl yng Ngorllewin Bengal yn gwrthwynebu ffatri Tata Nano.

   b) Defnyddiwch astudiaeth achos Tata i gwblhau'r tabl canlynol.

	Manteision llwyddiant Tata i India	Problemau llwyddiant Tata i India
Economaidd		
Amgylcheddol		
Cymdeithasol		

Thema 5: Globaleiddio

Cyngor arholxr

Gwella eich ysgrifennu estynedig

Mae atebion estynedig yn cael eu marcio gan ddefnyddio cynllun marcio lefelau. Mae'r rhain yn gweithio mewn ffordd wahanol iawn i gynllun marcio pwyntiau ac mae gofyn mynd ati i ateb y cwestiwn mewn ffordd wahanol. Mae angen i chi wneud yn siŵr bod eich ateb yn ymdrin â phob agwedd ar y pwnc, ond mae angen dyfnder mewn ateb da hefyd trwy gynnwys gwybodaeth benodol a/neu ddeunydd astudiaeth achos. Dyma lle mae eich nodiadau adolygu yn hanfodol er mwyn llwyddo. Bydd eich ateb i gwestiwn ysgrifennu estynedig yn aml yn penderfynu a ydych yn ennill y graddau A/A* uchaf.

Cynllun Marcio

Lefel Un – Ateb sy'n dangos dealltwriaeth arwynebol o'r cysyniad o globaleiddio. Efallai y bydd yr ymgeisydd yn gwneud datganiadau syml yn nodi swyddi a gwell safon o fyw fel manteision.

Lefel Dau – Ateb sy'n dangos dealltwriaeth o'r cysyniad o globaleiddio. Efallai y bydd yr ateb yn dechrau disgrifio gwelliannau mewn safonau byw ac yn amlinellu effaith luosydd lle y defnyddir y cyfoeth ychwanegol a grëwyd i wella gwasanaethau fel ysgolion.

Lefel Tri – Ateb sy'n dangos dealltwriaeth glir o'r cysyniad o globaleiddio. Efallai y bydd yr ateb yn disgrifio effaith luosydd lle y defnyddir y cyfoeth a grëwyd i wella gwasanaethau fel ysgolion ac isadeiledd y wlad. Dylai'r ateb gynnwys enghreifftiau a gwybodaeth benodol.

Cwestiwn enghreifftiol

Eglurwch sut y mae globaleiddio (mwy o gyd-ddibyniaeth) wedi bod o fantais i bobl sy'n byw yn India. [6]

Ateb myfyriwr Ymgeisydd A

Bydd gan y bobl fwy o gyfleoedd swyddi wrth i gwmnïau o'r Gorllewin ddod i India. Mae hyn yn rhoi mwy o arian i'r bobl a'r llywodraeth, sy'n eu gwneud yn fwy cyfoethog. Mae hyn yn golygu y gall y llywodraeth adeiladu cyfleusterau newydd fel ysgolion ac ysbytai. Bydd hyn yn gwella ffordd o fyw pobl India. Mae globaleiddio wedi gwneud India yn fwy cyfarwydd wrth i fwy o wledydd ddibynnu ar India am bethau fel masnach a gwybodaeth.

Sylwadau'r arholwr!

Ansawdd yr ateb fydd yn ennill marciau yn y cwestiwn hwn nid nifer y pwyntiau a wnewch chi. Yn yr ateb hwn mae'r ymgeisydd yn dangos dealltwriaeth amlwg o'r cysyniad o globaleiddio. Fodd bynnag, nid oes yma wybodaeth benodol ac nid oes dyfnder i'r ateb. Mae'n ateb lefel dau da gwerth 4 marc.

Ateb myfyriwr Ymgeisydd B

Bu llawer iawn o fuddsoddiad tramor yn India yn y blynyddoedd diwethaf. Mae llawer o gwmnïau amlwladol wedi dod i India a chreu llawer o swyddi, e.e. mae Coca Cola yn unig yn cyflogi 24,000 o bobl yn India. Mae'r farchnad fyd-eang hefyd wedi golygu bod gan India ei gwmnïau amlwladol ei hun fel Tata sy'n cynhyrchu amrywiaeth o gynhyrchion o delathrebu i ddillad. Felly, bu cynnydd mewn cyfoeth a safonau byw sydd wedi arwain at welliannau enfawr yn ansawdd y ffyrdd, porthladdoedd a meysydd awyr am fod angen i'r cwmnïau amlwladol gludo eu nwyddau i bob rhan o'r byd. Mae'r cynnydd mewn cyfoeth hefyd wedi arwain at welliannau ym maes addysg a'r system iechyd sy'n golygu bod gan India ddyfodol disglair.

Sylwadau'r arholwr!

Dyma ateb da sy'n dangos dealltwriaeth glir ac yn cynnwys gwybodaeth ac enghreifftiau penodol. Dyma ateb lefel tri gwerth o leiaf 5 a mwy na thebyg 6 marc.

Ymarfer arholiad

1. Disgrifiwch sut y mae globaleiddio wedi bod o fantais i'r bobl sy'n byw yn y Deyrnas Unedig. [6]
2. Eglurwch pam y mae'r byd yn fwy cyd-ddibynnol heddiw nag yn y gorffennol. [6]
3. Eglurwch pam y gwelwyd twf yn nifer a maint y cwmnïau amlwladol yn y blynyddoedd diwethaf. [6]

103

Thema 5: Globaleiddio

India

Buddsoddiad tramor yn India

Agorodd Coca-Cola ei ffatri botelu gyntaf yn India yn 1993. Buddsoddodd Coca-Cola US$1,000 miliwn yn ei fusnes yn India rhwng 1993 a 2003. Yn 2008 roedd y cwmni'n cyflogi 6,000 o bobl yn India. Maent yn hawlio bod 125,000 o bobl eraill wedi elwa'n anuniongyrchol ar swyddi fel dosbarthu (h.y. gyrwyr lorïau sy'n cyflenwi'r poteli).

Coca-Cola yw un o'r nifer o gwmnïau amlwladol tramor sydd wedi buddsoddi yn India yn y blynyddoedd diwethaf. Mae'r buddsoddiadau hyn yn enghreifftiau pellach o gyd-ddibyniaeth, oherwydd mae arian sy'n cael ei wario gan gwmni o America yn yr achos hwn yn creu swyddi mewn rhan arall o'r byd. Fodd bynnag, mae rhai grwpiau protest yn India yn anhapus am y ffordd y mae busnesau mawr yn gweithredu. Maent yn hawlio bod busnesau mawr yn anwybyddu anghenion cymunedau mwy tlawd a grwpiau dan anfantais (fel y ffermwyr yng Ngorllewin Bengal a fyddai wedi colli eu swyddi pe bai Tata wedi adeiladu ei ffatri newydd). Yn achos Coca-Cola, cafwyd llawer o brotestiadau yn erbyn y cwmni diodydd meddal. Pobl leol sydd wedi protestio fwyaf. Maent yn hawlio bod eu ffynhonnau'n sych am fod y cwmni diodydd yn tynnu dŵr o'r ddaear er mwyn cynhyrchu'r cola. Mae rhai wedi cwyno hefyd am lygredd o'r ffatrïoedd. Mae Coca-Cola yn gwadu ei fod wedi achosi problemau o'r fath ac yn gwneud ei orau i gael cefnogaeth y bobl leol trwy gymryd rhan mewn projectau cymorth cymunedau lleol.

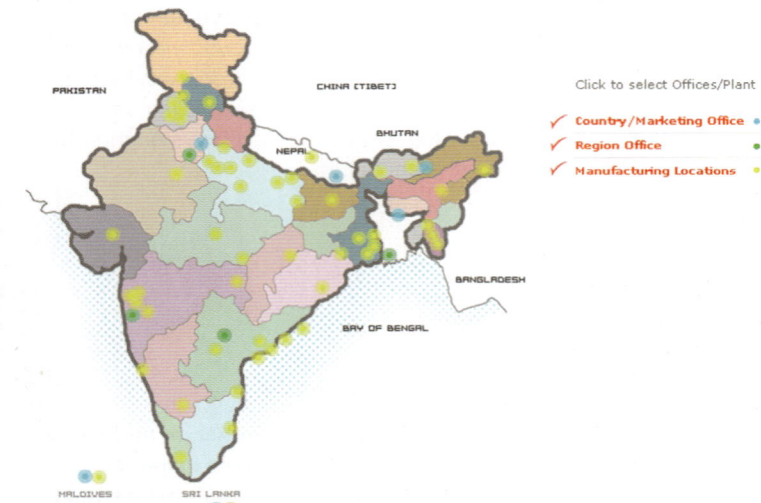

Ffigur 22 Map o safleoedd Coca-Cola yn Ne Asia

Ffigur 23 Pobl leol yn protestio am ostyngiad yn y lefelau dŵr yn eu ffynhonnau ar ôl i Coca-Cola agor ffatri botelu yn Kerala, India

Thema 5: Globaleiddio

www.coca-colaindia.com
Dyma wefan Coca-Cola India. Mae'r wefan yn cynnwys gwybodaeth am sut y mae'r cwmni'n rheoli dŵr. Darllenwch y ddwy ochr i'r stori a phenderfynwch ar eich safbwynt.

Ymgyrch i Ddal Coca-Cola yn Atebol
Argyfwng Coca-Cola yn India

Mae cymunedau ym mhob rhan o India o dan ymosodiad gan arferion Coca-Cola yn y wlad. Mae patrwm wedi ymddangos o ganlyniad i weithgareddau potelu Coca-Cola yn India.

- Ledled India mae cymunedau sy'n byw o gwmpas ffatrïoedd potelu Coca-Cola yn wynebu prinder dŵr difrifol, yn ganlyniad uniongyrchol i arfer Coca-Cola o dynnu symiau enfawr o ddŵr o'r adnodd dŵr daear gyffredin. Mae'r ffynhonnau wedi sychu ac nid yw pympiau dŵr llaw yn gweithio bellach. Mae astudiaethau, gan gynnwys un gan y Bwrdd Dŵr Daear Canolog, wedi cadarnhau bod y lefel trwythiad wedi gostwng yn sylweddol.

- Pan fo dŵr yn cael ei echdynnu o adnodd dŵr daear cyffredin trwy gloddio'n ddyfnach, mae'r dŵr yn arogli ac yn blasu'n rhyfedd. Mae Coca-Cola wedi bod yn arllwys ei ddŵr gwastraff i gaeau o gwmpas y ffatri ac weithiau i afonydd, gan gynnwys Afon Ganga (Ganges), yn yr ardal. O ganlyniad, mae'r dŵr daear wedi ei lygru yn ogystal â'r pridd. Mae awdurdodau iechyd y cyhoedd wedi codi arwyddion o gwmpas y ffynhonnau a'r pympiau llaw yn dweud wrth y gymuned nad yw'r dŵr yn addas i'w yfed gan bobl.

- Mewn dwy gymuned, Plachimada a Mehdiganj, roedd Coca-Cola yn dosbarthu ei wastraff solet i ffermydd yn yr ardal fel 'gwrtaith'. Dangosodd profion a gynhaliwyd gan y BBC fod cadmiwm a phlwm yn y gwastraff, a oedd yn gwneud y gwastraff yn wenwynig. Ni wnaeth Coca-Cola roi'r gorau i'r arfer o ddosbarthu ei wastraff gwenwynig nes i'r cwmni gael gorchymyn i wneud hynny gan lywodraeth y wladwriaeth.

- Gwnaeth profion a gynhaliwyd gan sawl asiantaeth, gan gynnwys llywodraeth India, gadarnhau bod cynhyrchion Coca-Cola yn cynnwys lefelau uchel o blaleiddiaid, ac o ganlyniad, mae Senedd India wedi gwahardd Coca-Cola rhag cael ei werthu yn ei ffreutur. Fodd bynnag, mae Coca-Cola yn parhau i werthu diodydd sy'n cynnwys gwenwynau yn India (na fyddai'n cael eu gwerthu yn yr UD a'r UE ar unrhyw gyfrif), ac mae hefyd yn cyflwyno cynhyrchion newydd ym marchnad India. Ac os nad oedd gwerthu diodydd yn cynnwys DDT a phlaleiddiaid eraill i bobl India yn ddigon, mae un o gyfleusterau potelu diweddaraf Coca-Cola i agor yn India, yn Ballia, wedi ei leoli mewn ardal lle mae dŵr daear wedi ei halogi'n ddifrifol ag arsenig.

Ffigur 24 Detholiad o wefan India Resource Centre – sefydliad sy'n ymgyrchu ar ran cymunedau lleol yn erbyn cwmnïau mawr

Activity

1. Disgrifiwch ddosbarthiad lleoliadau gweithgynhyrchu Coca-Cola yn India.

2. Awgrymwch pa fanteision sy'n cael eu creu wrth i gwmnïau amlwladol tramor leoli yn India ar gyfer:
   a) pobl leol
   b) y cwmni amlwladol.

3. Amlinellwch dri gwahanol wrthwynebiad i'r ffatrïoedd potelu gan gymunedau yn India.

4. O'r hyn rydych wedi ei ddysgu am Tata a Coca-Cola, gwnewch grynodeb o fanteision ac anfanteision cyd-ddibyniaeth i India.

Thema 5: Globaleiddio

> Cyn i chi orffen bwyta eich brecwast heddiw, rydych wedi dibynnu ar dros hanner y byd.

Ffigur 25 Martin Luther King, yr ymgyrchydd Americanaidd du dros hawliau sifil

Sut y mae patrymau masnach wedi atal cynnydd economaidd yn y gwledydd lleiaf datblygedig?

Yn siarad yn yr 1960au, mae Martin Luther King (Ffigur 25) yn ein hatgoffa bod gwledydd yn dibynnu ar ei gilydd i gael y nwyddau a'r gwasanaethau sydd eu hangen arnom yn ein bywyd bob dydd. Ers hynny, mae awyrennau cyflymach, llongau mwy, a defnyddio cynwysyddion maint safonol i symud nwyddau o amgylch y byd wedi cyfrannu at ein gwneud yn fwyfwy dibynnol ar fasnach gyda gwledydd eraill ar gyfer ein hanghenion pob dydd.

Allforion yw'r nwyddau sy'n cael eu cynhyrchu mewn un wlad ac yna'n cael eu gwerthu dramor. **Mewnforion** yw'r nwyddau y mae gwlad yn eu prynu o dramor. Mae gwledydd yn prynu a gwerthu gwasanaethau hefyd.

Cymharu masnach y DU a Ghana

Ewch i siopa yn eich archfarchnad leol a gallwch brynu bar o siocled wedi ei wneud o ffa coco sy'n cael eu tyfu yn Ghana. Nid yw Ghana yn gwneud llawer o siocled, ond mae'n allforio llawer o ffa a'r cwsmer mwyaf yw'r Undeb Ewropeaidd. Ar yr un pryd, gall pobl sy'n siopa yn archfarchnadoedd Accra, prifddinas Ghana, brynu tomatos tun neu gyw iâr wedi rhewi o'r Undeb Ewropeaidd. Mae Ghana a'r Undeb Ewropeaidd yn masnachu â'i gilydd ond, wrth gwrs, maent yn masnachu gyda llawer o wledydd eraill hefyd.

Mae Ghana yn mewnforio llawer o weithgynhyrchion ond yn allforio llawer o ddefnyddiau crai sydd heb eu prosesu – fel ffa coco. Mae'r DU, ar y llaw arall, yn allforio amrywiaeth enfawr o wahanol weithgynhyrchion a nwyddau sydd wedi eu prosesu.

Gweithgaredd

1. Trafodwch Ffigur 25 gyda phartner. Beth yn eich barn chi roedd Martin Luther King yn ei feddwl?
   a) Rhestrwch yr holl bethau rydych wedi eu defnyddio erbyn amser brecwast.
   b) Awgrymwch pa wledydd allai allforio'r eitemau hyn i'r DU.
   c) Gan ddefnyddio'r rhyngrwyd, ymchwiliwch i brif allforwyr eitemau brecwast fel coffi, te a sudd oren ffres.

2. Defnyddiwch Ffigur 26. Cymharwch fasnach Ghana â masnach y DU. Nodwch y prif nodweddion tebyg a gwahanol gan ddefnyddio'r geiriau cyswllt:
   tra bod   yn yr un modd   ar y llaw arall

3. Defnyddiwch y dystiolaeth yn Ffigur 27 i egluro manteision cwotas a chymorthdaliadau:
   a) i ddefnyddwyr yn Ewrop
   b) i ffermwyr a busnesau yn Ewrop

4. Eglurwch effaith debygol:
   a) cwota esgidiau'r UE ar weithwyr yn Viet Nam.
   b) mewnforio bwydydd rhad ar ffermwyr yn Ghana.

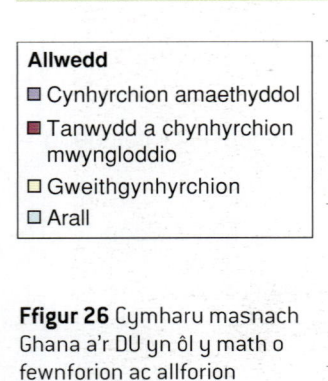
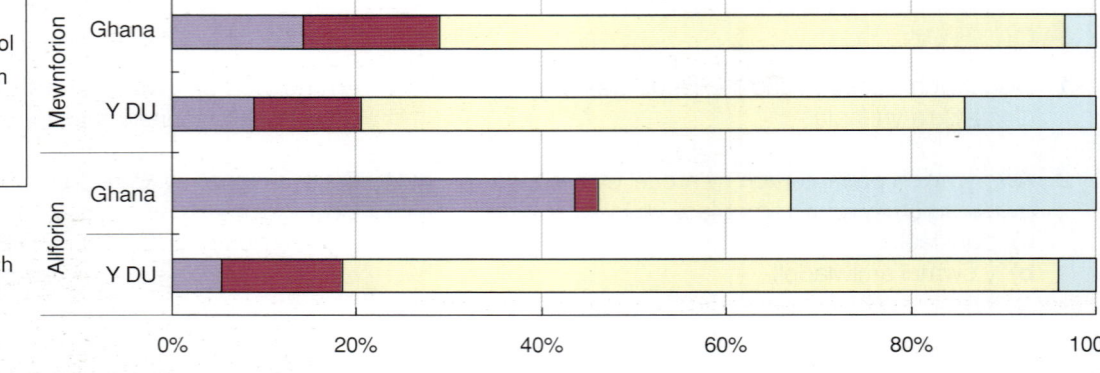

Ffigur 26 Cymharu masnach Ghana a'r DU yn ôl y math o fewnforion ac allforion (canrannau)

Thema 5: Globaleiddio

A ddylai masnach fod yn rhydd a heb reolaeth?

Nod llawer o wledydd yw sicrhau masnach rydd, neu fasnach sy'n digwydd heb unrhyw gyfyngiadau neu reolaeth. Mantais masnach rydd yw y gall gwlad allforio cymaint o nwyddau ag y mynna i'w phartneriaid masnach. Mae hyn yn dda o beth i ffermwyr a busnesau sy'n cynhyrchu'r nwyddau ac i'r gwasanaethau sy'n cael eu hallforio. Anfantais masnach rydd yw y gall gwlad fod mewn sefyllfa lle y mae ganddi ormod o fewnforion rhad a wnaed mewn gwledydd sydd â chostau llafur is. Mae'r mewnforion rhad hyn yn dda i ddefnyddwyr, ond gallant achosi i swyddi gael eu colli mewn diwydiannau tebyg yn y wlad sy'n mewnforio.

Er mwyn osgoi'r broblem hon mae rhai gwledydd yn amddiffyn eu hunain rhag cynhyrchion rhad. Gallant wneud hyn mewn un o dair ffordd:

- Gosod cwotas sy'n cyfyngu ar faint o'r nwyddau hyn sy'n cael eu mewnforio bob blwyddyn.
- Rhoi toll neu dreth fewnforio ar y mewnforion i'w gwneud yn ddrutach.
- Talu cymhorthdal i'w ffermwyr a'u busnesau eu hunain fel y gall eu nwyddau gael eu gwerthu am bris is i ddefnyddwyr.

Mae'r patrwm rhyngwladol cyfredol o fasnachu yn gymysgedd o fasnach rydd a masnach wedi ei diogelu. Mae hyn yn achosi problemau i wledydd Mwy Economaidd Ddatblygedig (MEDd) a Llai Economaidd Ddatblygedig (LlEDd). Mae Ffigur 27 yn rhoi crynodeb o dair o'r problemau hyn.

Mae ffermwyr yn yr UE yn cael cymhorthdal i gadw costau cynhyrchu yn isel fel bod bwyd yn rhad i ddefnyddwyr yn Ewrop. Mae peth o'r bwyd hwn yn cael ei allforio wedyn i Affrica.

Mae ffermwyr lleol yn ei chael hi'n anodd gwerthu eu tomatos eu hunain yn y farchnad hon yn Accra, Ghana. Mae mewnforion cyw iâr wedi rhewi, reis a thomatos tun (sy'n cael cymhorthdal yn yr UE) yn rhatach na bwydydd lleol.

Mae'r UE yn mewnforio biliynau o barau o esgidiau o China a Viet Nam. Mae hanner y 2.5 miliwn pâr o esgidiau sy'n cael eu gwerthu yn yr UE wedi eu gwneud yn China.

Yn 2006, gosododd yr UE gwota i gyfyngu ar nifer yr esgidiau a oedd yn cael eu mewnforio o Asia i Ewrop. Pwrpas hyn oedd amddiffyn swyddi 850,000 o bobl sy'n gweithio ym maes gweithgynhyrchu esgidiau yn yr Eidal ac mewn mannau eraill yn yr UE. Fodd bynnag, gallai'r effaith ar weithwyr cyflog isel yn China a Viet Nam fod yn drychinebus.

Ail ffynhonnell bwysicaf Ghana o gyfnewid tramor yw allforio ffa coco. Mae'r rhan fwyaf yn cael eu gwerthu i wneuthurwyr siocled yn Ewrop ac UDA.

Mae prisiau am nwyddau cynradd fel coco yn amrywio i fyny ac i lawr, gan ei gwneud hi'n anodd i ffermwyr coco gynllunio twf eu busnesau neu hyd yn oed ennill cyflog derbyniol. Dim ond £160 y flwyddyn yw cyfartaledd cyflog ffermwr coco yn Ghana.

Ffigur 27 Y problemau y mae'r patrwm masnach rhyngwladol yn eu creu

Thema 5: Globaleiddio

Blociau masnach

Mae masnachu'n haws lle y mae gwledydd wedi cytuno i fod yn bartneriaid. Blociau masnach yw'r enw ar y partneriaethau hyn. Mae'r Undeb Ewropeaidd (UE) yn un enghraifft o sawl bloc masnach sy'n bodoli yn y byd. Mae Ffigur 28 yn dangos dau arall. Mae gan bob gwlad yn y blociau gytundeb masnach rydd â gwledydd eraill yn y bloc, neu maent yn gweithio at gytundeb masnach rydd. Er enghraifft, mae gan China gytundebau masnach rydd ag aelodau o'r Asia–Pacific Economic Co-operation (APEC) ac mae'n gweithio tuag at bartneriaethau tebyg gydag aelodau gwledydd LlEDd eraill y grŵp erbyn 2010. Fodd bynnag, nid oes ganddi bartneriaeth masnach rydd gyda'r DU na'r UE. Dyna pam y mae'r DU yn gallu gosod cwota ar fewnforion esgidiau o China fel y mae Ffigur 27 yn ei ddisgrifio.

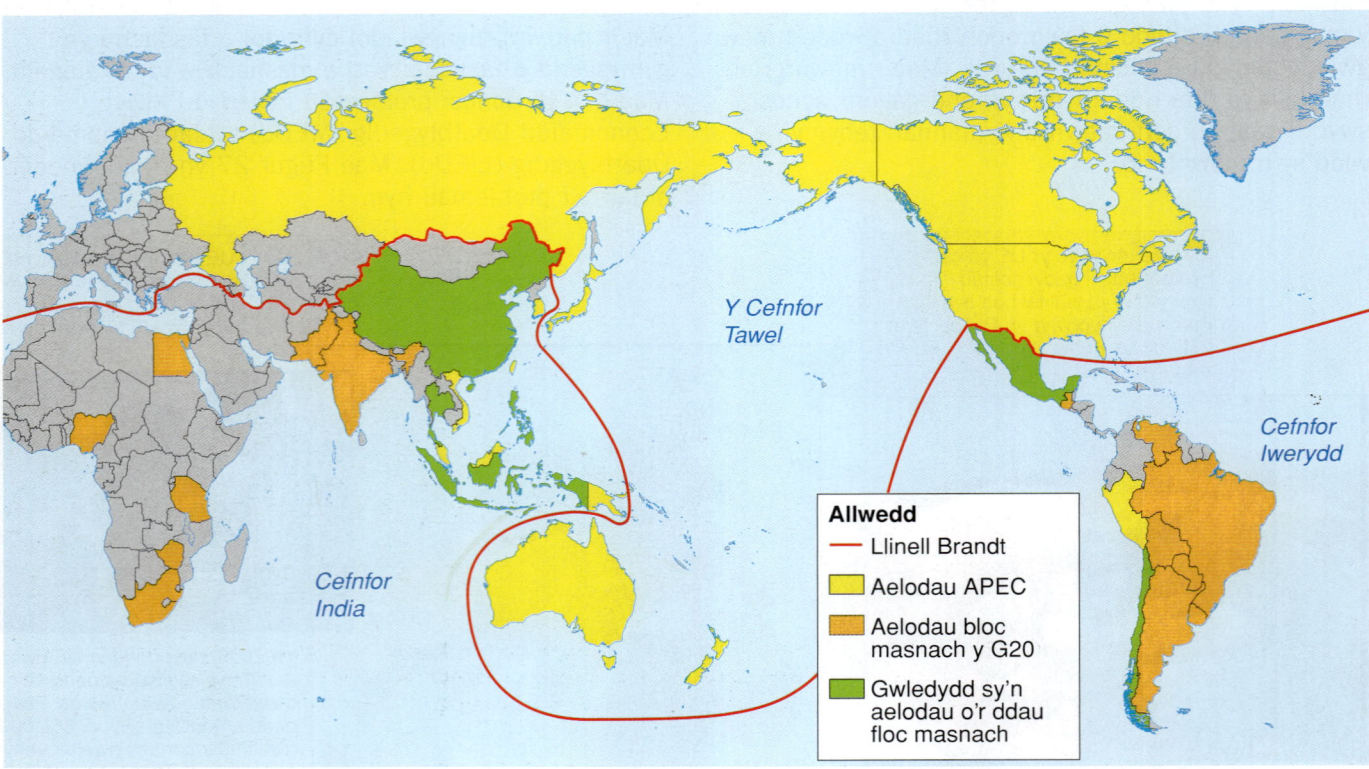

Ffigur 28 Blociau masnach: APEC a'r G20

Gweithgaredd

1 Defnyddiwch Ffigur 28.
   a) Disgrifiwch ddosbarthiad gwledydd APEC.
   b) Cymharwch ddosbarthiad gwledydd APEC â dosbarthiad gwledydd y G20.

2 Eglurwch fantais masnach rydd i wledydd LlEDd ym mloc masnach y G20.

Thema 5: Globaleiddio

Ghana — Astudiaeth achos o Ghana a'i masnach

Ffigur 29 Mae Joyce Oppong Kyekyeku a'i merch Doris yn gwneud bywoliaeth o fridio cywion ieir, ond maent yn cystadlu yn erbyn cywion ieir rhatach sy'n cael eu mewnforio o Ewrop. Gosododd llywodraeth Ghana dollau ar fewnforion ond fe'i gorfodwyd i'w gostwng gan y Gronfa Ariannol Ryngwladol (*IMF*).

Prif allforion Ghana yw aur, coco a choed. Mae'r rhain yn **nwyddau cynradd** – defnyddiau crai sydd heb eu prosesu. Mae mewnforion Ghana yn cynnwys olew (nwydd cynradd arall) yn ogystal â pheiriannau, offer, cerbydau a chyfarpar meddygol – **gweithgynhyrchion** i gyd. Mae Ghana hefyd yn ennill arian o dramor trwy ddenu twristiaid tramor; dyma ffordd arall y mae Ghana yn ennill **arian cyfnewid tramor**.

Fel pob gwlad, mae angen i Ghana fasnachu'n llwyddiannus er mwyn creu cyfoeth a swyddi. Fodd bynnag, mae Ghana yn wynebu nifer o broblemau oherwydd y patrwm masnach rhyngwladol.

Nid yw Ghana yn aelod o unrhyw un o'r blociau masnach mawr. Oherwydd hyn, ni all ddibynnu ar fasnach rydd â gwledydd eraill. Un o'i phrif allforion yw ffa coco. Ers blynyddoedd, toll gymharol fach sydd ar y cynnyrch hwn pan ddaw i mewn i'r UE: mae prynwyr wedi talu treth o 3 y cant. Fodd bynnag, mae toll yr UE ar fewnforion cynhyrchion coco proses yn uwch o lawer. Er enghraifft, mae prynwyr saim coco wedi bod yn talu treth mewnforio o 7.7 y cant. Gosodwyd y doll hon i amddiffyn gweithgynhyrchwyr siocled yn yr UE rhag effeithiau mewnforion cynhyrchion coco rhad. Roedd hyn yn ei gwneud hi'n anodd iawn i gynhyrchwyr yn Ghana werthu cynhyrchion coco yn Ewrop, ac felly'n rhwystro twf gweithgynhyrchu.

Fodd bynnag, o'r diwedd mae pethau'n dechrau gwella i Ghana. Yn 2007 llofnododd Ghana gytundeb partneriaeth economaidd (*Economic Partnership Agreement*: *EPA*) gyda'r UE. Mae'r cytundeb hwn yn sicrhau tollau is neu ddim tollau ar y rhan fwyaf o'r allforion i'r UE tan 2022. Nid oes tollau ar ffa coco a saim coco. Felly, gall ffermwyr coco a gweithgynhyrchwyr siocled Ghana brofi masnach rydd.

Thema 5: Globaleiddio

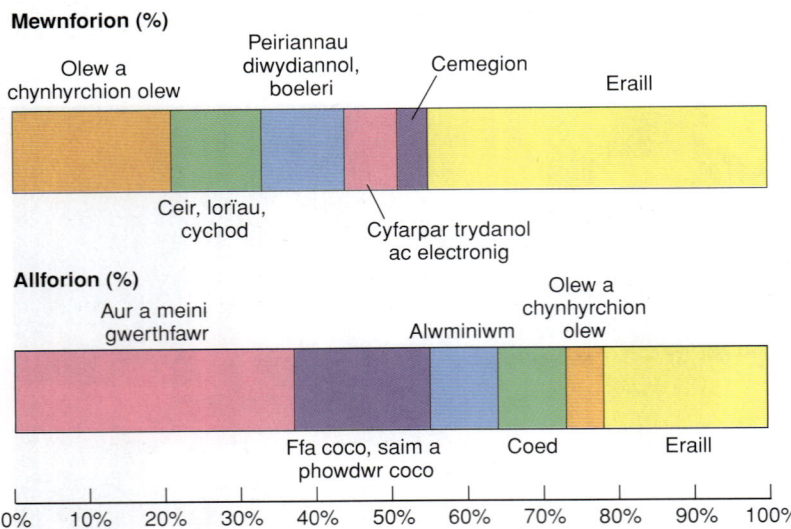

Ffigur 30 Prif fewnforion ac allforion Ghana

Ffigur 31 Lansiodd Oxfam logo Make Trade Fair yn 2002. Mae Oxfam yn Sefydliad Anllywodraethol (NGO) sy'n tynnu sylw at ddympio cynhyrchion sydd wedi cael cymhorthdal mewn gwledydd LlEDd

> www.oxfam.org/en/campaigns/trade
> Dyma hafan Ymgyrch Fasnach Oxfam. Cewch yno esboniadau pam y mae'r patrwm cyfredol o fasnach ryngwladol yn annheg i wledydd LlEDd.

Problem arall sy'n wynebu masnach Ghana yw fod bwyd sydd wedi ei fewnforio o'r UE yn cael ei werthu mor rhad fel ei fod yn rhatach na bwyd sy'n cael ei dyfu'n lleol. Mae mewnforion reis, cyw iâr a thomatos tun yn arbennig o resymol am fod yr UE wedi rhoi cymhorthdal i'r ffermwyr sy'n cynhyrchu'r nwyddau hyn. Bydd unrhyw nwyddau sydd heb eu gwerthu yn Ewrop wedyn yn cael eu gwerthu'n rhad yn Affrica. Dympio yw'r enw ar hyn. Ceisiodd Ghana osod tollau mewnforio ar yr eitemau hyn, ond fe'i gorfodwyd i'w gostwng fel amod o'i benthyciad gan Fanc y Byd.

Ffigur 31 Llaeth yn cael ei arllwys dros Michael Stipe o'r band REM i dynnu sylw at yr ymgyrch Make Trade Fair. Mae cymorthdaliadau llaeth yr UE yn golygu bod buchod Ewrop yn 'ennill' US$2 y dydd, sy'n fwy nag incwm dyddiol ffermwr yn Ghana

Gweithgaredd

1. Defnyddiwch Ffigur 30 i gwblhau'r disgrifiad canlynol o batrwm masnach Ghana:
   Allforyn mwyaf Ghana yw …… sef 37 y cant, gyda ffa coco yn cyfrif am …. y cant o allforion Ghana. Olew yw'r mewnforyn mwyaf sy'n cyfrif am ….. y cant o'r holl fewnforion.

2. Pa rai o fewnforion/allforion Ghana sy'n:
   a) nwyddau cynradd
   b) gweithgynhyrchion neu nwyddau proses?

3. Eglurwch pam y byddai Ghana yn cael budd o ymuno â bloc masnach fel y G20.

4. Awgrymwch sut y gallai Ghana gael budd o'r ymgyrch Make Trade Fair

5. Lluniwch boster neu daflen yn cynnwys gwybodaeth am Ghana gyda'r pennawd 'Masnach Deg i Ghana'.

Thema 6
Datblygiad

Sut y mae patrymau datblygiad byd-eang yn cael eu hadnabod?

Beth yw ystyr datblygiad?

Un farn gyffredin am ddatblygiad yw fod modd ei fesur yn economaidd: bod cynyddu cyfoeth neu leihau lefelau tlodi yn dangos datblygiad. Fe ddechreuwn trwy ystyried a yw hyn o gymorth ai peidio.

Datblygiad yw....
- lleihau lefelau tlodi
- cynyddu lefelau cyfoeth
- lleihau'r bwlch rhwng aelodau cyfoethocaf ac aelodau tlotaf cymdeithas
- creu statws cyfartal i ddynion a menywod
- creu cyfiawnder, rhyddid lleferydd a chyfranogiad gwleidyddol i bawb
- sicrhau bod pawb yn ddiogel rhag gwrthdaro a therfysgaeth
- sicrhau bod pawb yn diwallu eu hanghenion sylfaenol: bwyd, dŵr a lloches
- sicrhau bod pob plentyn yn cael addysg o safon da.

Ffigur 1 Gwahanol ffyrdd o weld datblygiad

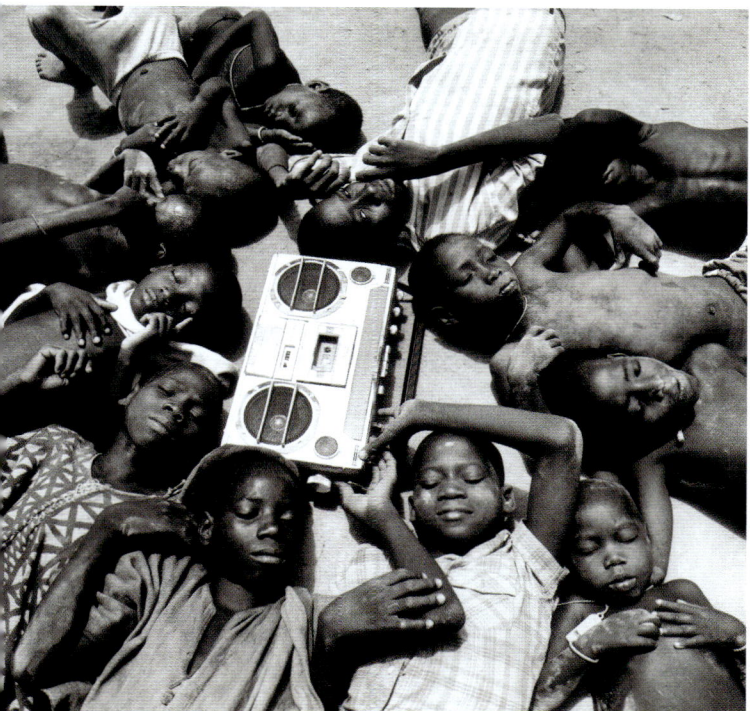

Ffigur 2 Datblygiad yw ...

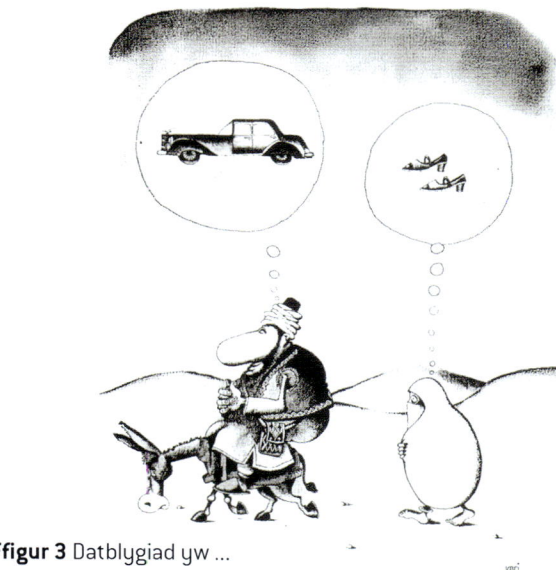

Ffigur 3 Datblygiad yw ...

Gweithgaredd

1. Astudiwch Ffigur 1. Gweithiwch mewn parau i drafod y rhestr hon.
   a) Beth yw manteision ac anfanteision pob un o'r datganiadau fel diffiniad o ddatblygiad?
   b) Dewiswch y pum datganiad sy'n rhoi'r diffiniad gorau o ddatblygiad yn eich barn chi. Ymunwch â phâr arall a chyfiawnhewch eich dewis.
   c) Gan weithio mewn tîm o bedwar, lluniwch ddatganiad ar y cyd sy'n diffinio datblygiad. Rhaid i bob aelod o'r tîm gyfrannu a chytuno ar y datganiad.

2. Gan weithio ar eich pen eich hun, eglurwch pa agweddau ar ddatblygiad pobl sy'n cael eu dangos yn Ffigurau 2 a 3. Ysgrifennwch gapsiwn ar gyfer pob ffigur.

111

Thema 6: Datblygiad

Defnyddio cyfoeth gwlad fel mesur o ddatblygiad

Mae cyfoeth gwlad yn cael ei fesur yn ôl ei Chynnyrch Gwladol Crynswth (CGC) y pen fel arfer. Cyfrifir CGC y pen fel hyn:

Cam 1 Adio cyfanswm gwerth nwyddau a gwasanaethau a gynhyrchir gan bobl sy'n byw yn y wlad a chan bobl dramor sy'n parhau i fod yn ddinasyddion y wlad.

Cam 2 Rhannu'r ffigur hwn gan gyfanswm dinasyddion y wlad.

Mae hyn yn rhoi ffigur y gellir ei ystyried yn incwm blynyddol cyfartalog dinesydd yn y wlad honno. Yn ddefnyddiol iawn, mae Banc y Byd a'r Cenhedloedd Unedig (CU) bellach yn cyfeirio at y CGC fel Incwm Gwladol Crynswth (IGC) y pen. Er enghraifft, yr incwm blynyddol cyfartalog yn Mali, Affrica yw $350UDA (neu tua $1UDA y dydd). Cofiwch mai cyfartaledd yw hwn, felly mae rhai pobl yn ennill mwy na hyn ac eraill yn ennill llai. Mewn gwirionedd, mae 73 y cant o bobl Mali yn ennill llai na $1UDA y dydd.

Mae Ffigur 4 yn dangos Llinell Brandt 1980 sy'n rhannu'r gwledydd yn un o ddau gategori: gwledydd Mwy Economaidd Ddatblygedig (MEDd) i'r Gogledd a gwledydd Llai Economaidd Ddatblygedig (LIEDd) i'r De. Mae hefyd wedi ei liwio i ddangos CGC. Mae Banc y Byd yn rhannu'r gwledydd yn bedwar categori sydd wedi eu diffinio gan CGC. Mae'n disgrifio'r rhain fel gwledydd incwm uchel, incwm canol uwch, incwm canol is, ac incwm isel. I gael manylion y dosbarthiad hwn edrychwch ar y manylion sydd yn yr allwedd i Ffigurau 4 a 5.

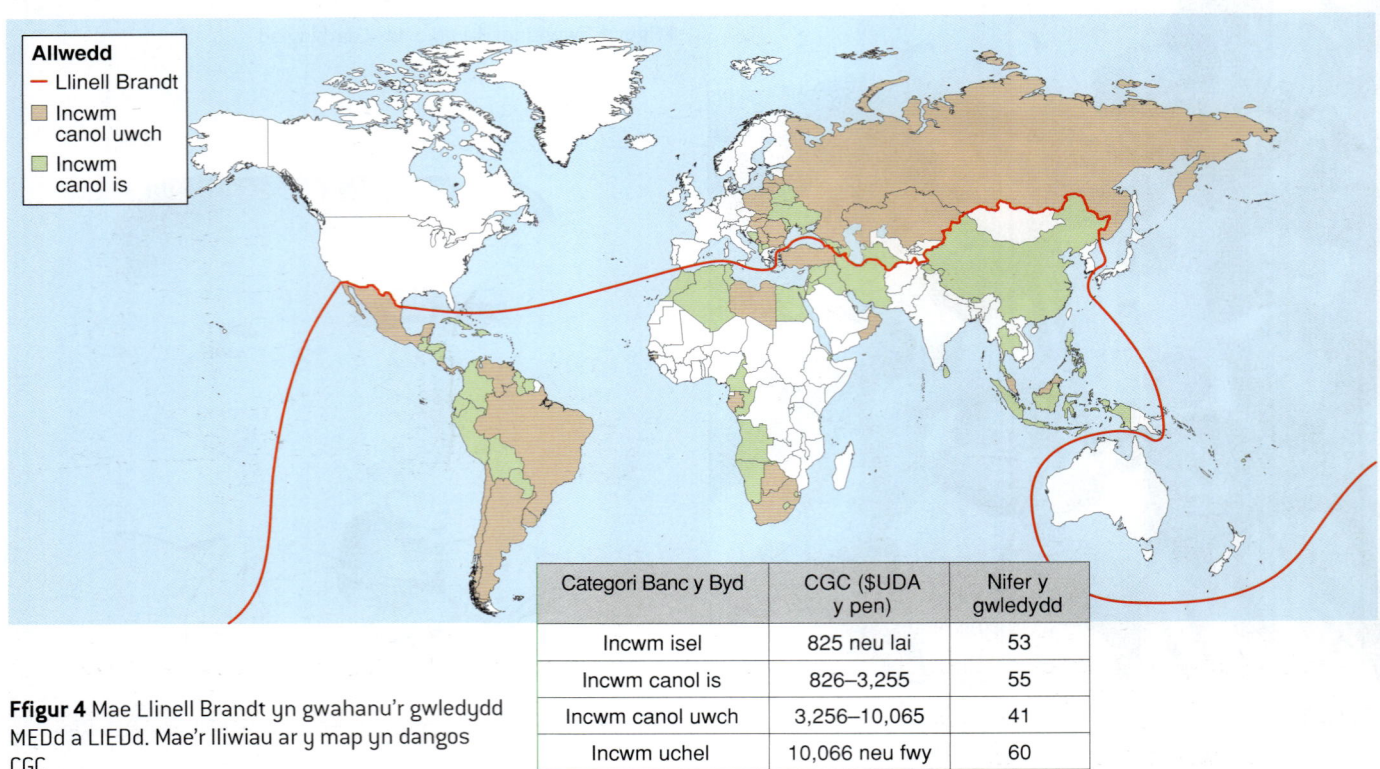

Categori Banc y Byd	CGC ($UDA y pen)	Nifer y gwledydd
Incwm isel	825 neu lai	53
Incwm canol is	826–3,255	55
Incwm canol uwch	3,256–10,065	41
Incwm uchel	10,066 neu fwy	60

Ffigur 4 Mae Llinell Brandt yn gwahanu'r gwledydd MEDd a LIEDd. Mae'r lliwiau ar y map yn dangos CGC

Llinell Brandt

Nid yw ymwybyddiaeth y cyhoedd o'r bwlch datblygiad yn newydd. Daeth i benawdau'r newyddion gyntaf yn Adroddiad Brandt yn 1980. Roedd yr adroddiad hwn, gan Willy Brandt, gwleidydd o'r Almaen, yn tynnu llinell ar y map a oedd yn gwahanu'r gwledydd mwy cyfoethog oddi wrth y rhai tlotach. Datblygwyd y map hwn i wahanu'r gwledydd Mwy Economaidd Ddatblygedig (MEDd) a'r gwledydd Llai Economaidd Ddatblygedig (LIEDd). Fel y mae Ffigur 5 yn dangos, mae'r gwledydd MEDd yn hemisffer y gogledd yn bennaf. Mae'r gwledydd LIEDd yn y trofannau a hemisffer y de yn bennaf. Mae'r llinell yn mynd o amgylch Awstralia a Seland Newydd i'w cynnwys yn hanner mwy cyfoethog y map. Mae'r map enwog hwn yn tynnu sylw at y bwlch rhwng y Gogledd mwy cyfoethog a'r De mwy tlawd ac yn dal i gael ei ddefnyddio heddiw. Ond a yw'n berthnasol ac yn gywir o hyd?

Thema 6: Datblygiad

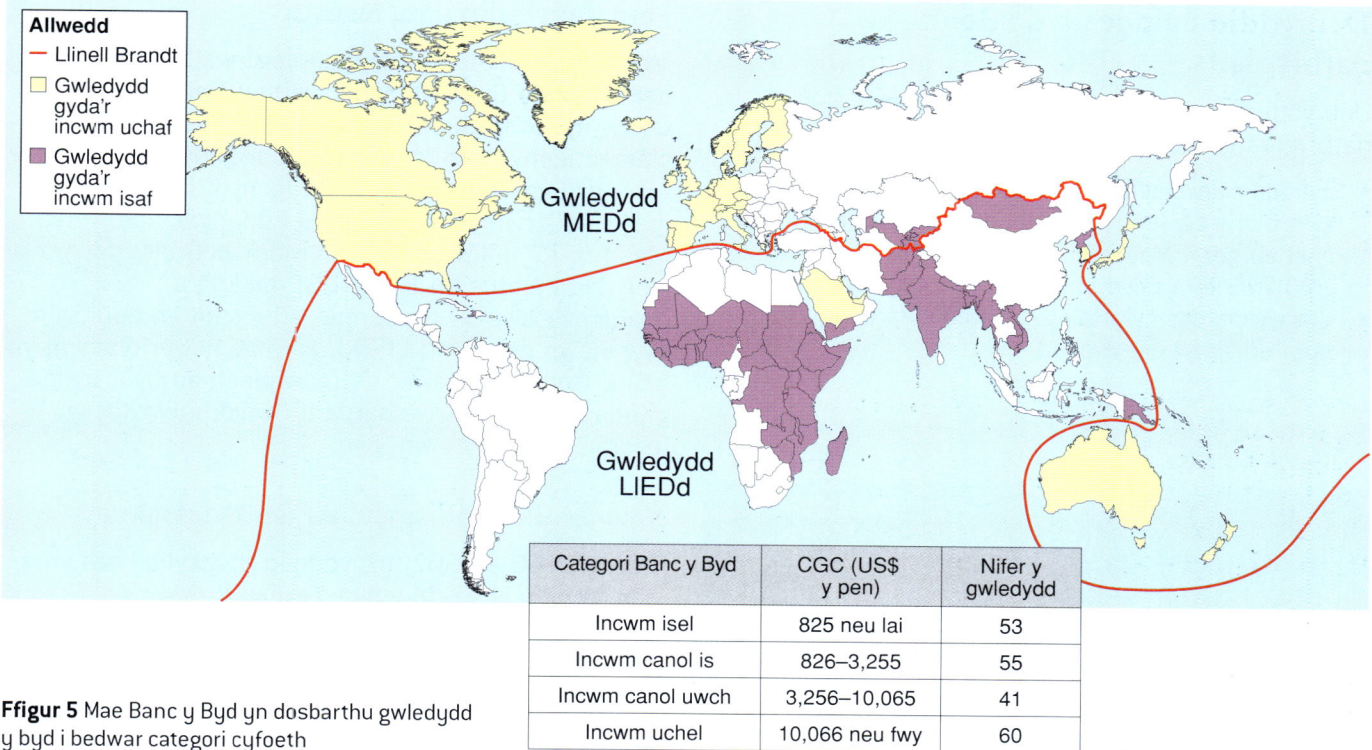

Ffigur 5 Mae Banc y Byd yn dosbarthu gwledydd y byd i bedwar categori cyfoeth

Categori Banc y Byd	CGC (US$ y pen)	Nifer y gwledydd
Incwm isel	825 neu lai	53
Incwm canol is	826–3,255	55
Incwm canol uwch	3,256–10,065	41
Incwm uchel	10,066 neu fwy	60

Ffigur 6 Sut ydych chi'n gweld y byd?

Gweithgaredd

1. Trafodwch y cartŵn, Ffigur 6.
   a) Disgrifiwch y ddau gymeriad: beth maent yn ei wisgo a beth maent yn ei wneud?
   b) Pwy sy'n cael eu cynrychioli gan y ddau ffigwr?
   c) Eglurwch beth mae'r cymeriad mwyaf yn ei wneud.

2. Defnyddiwch Ffigur 5.
   a) Disgrifiwch ddosbarthiad y gwledydd incwm uwch.
   b) Disgrifiwch ddosbarthiad y gwledydd incwm isaf.

3. Astudiwch Ffigur 4.
   a) Disgrifiwch ddosbarthiad:
      (i) gwledydd incwm canol is
      (ii) gwledydd incwm canol uwch.
   b) Nodwch y gwledydd sydd ag:
      (i) incwm canol uchaf ond sydd i'r de o Linell Brandt
      (ii) incwm canol isaf ond sydd i'r gogledd o Linell Brandt.

4. Astudiwch Ffigurau 4 a 5.
   Pa un yn eich barn chi sydd fwyaf defnyddiol: dau gategori Llinell Brandt neu'r pedwar categori a ddiffinnir gan Fanc y Byd?
   a) Awgrymwch fanteision ac anfanteision pob system.
   b) Yn eich barn chi a oes dadl o blaid ail-lunio Llinell Brandt? Os felly, ble y dylid rhoi'r llinell?

Thema 6: Datblygiad

Defnyddio data iechyd i ddangos datblygiad

Defnyddir data iechyd yn aml i ddisgrifio lefel datblygiad gwlad hefyd. Dau ddangosydd cyffredin yw:

- **cyfradd marwolaethau babanod (CMB)** – nifer y plant sy'n marw cyn eu bod yn un oed am bob 1,000 sy'n cael eu geni. Mae'r ffigur hwn yn amrywio'n fawr, o 270 yn Sierra Leone i ddim ond tri yn Sweden.
- **disgwyliad oes cyfartalog** – yr oed cyfartalog y gall pobl ddisgwyl ei gyrraedd.

Pam defnyddio data iechyd?

Mae nifer o ffactorau'n cyfrannu at wella disgwyliad oes a lleihau Cyfradd Marwolaethau Babanod (CMB). Os yw llywodraeth yn gwario mwy ar ofal iechyd, dŵr glân ac iechydaeth (cael gwared ar garthion), bydd hyn i gyd yn effeithio ar ddata iechyd. Dyna pam y mae'r data hyn yn ddefnyddiol i ddangos datblygiad. Mae tua 17 miliwn o bobl yn marw bob blwyddyn o glefydau heintus fel HIV/AIDS, malaria a thwbercwlosis. O'r rhain mae 90 y cant yn bobl sy'n byw mewn gwledydd LIEDd, ac mae llawer ohonynt yn blant. Gellir atal llawer o'r marwolaethau hyn: byddai gwella ansawdd dŵr a darparu rhwydi mosgitos yn fesurau rhad i gyflawni hyn.

	Cyfradd marwolaethau dan 5 oed		Cyfradd marwolaethau babanod (dan 1 oed)	
	1960	2006	1960	2006
Affrica Is-Sahara	278	160	165	95
Y Dwyrain Canol a Gogledd Affrica	249	46	157	36
De Asia	244	83	148	62
Dwyrain Asia a'r Cefnfor Tawel	208	29	137	23
America Ladin a'r Caribî	153	27	102	24
Rwsia a gwledydd dwyrain Ewrop	112	27	83	24

Ffigur 7 Mae gwell gofal iechyd wedi gostwng marwolaethau babanod

Gweithgaredd

1. Astudiwch Ffigur 7.
   a) Copïwch y datganiad canlynol:
      Roedd y gyfradd marwolaethau babanod (CMB) isaf yn 2006 yn …. Yn y rhanbarth hwn roedd y CMB wedi gwella o … y 1,000 yn 1960 i … 1,000 yn 2006. Roedd y CMB uchaf yn 2006 yn rhanbarth …
   b) Lluniwch graff i ddangos y gwelliannau a wnaeth unrhyw un o ranbarthau'r tabl.

2. Gwnewch gopi o Ffigur 8. Gan weithio gyda phartner, awgrymwch sut y gallech gwblhau'r blychau gwag yn y tabl.

Newidiadau i ddisgwyliad oes cyfartalog

Rhwng 1960 a 2007, cynyddodd disgwyliad oes yn y rhan fwyaf o wledydd y byd. Gwelwyd rhai o'r

	Gall disgwyliad oes uchel a CMB isel ddangos bod ..	Gall disgwyliad oes isel a CMB uchel ddangos bod …
Llywodraeth yn gwario ar ysbytai a chlinigau	llywodraeth gyfoethog yn gallu blaenoriaethu gwariant iechyd	
Llywodraeth yn gwario ar feddyginiaeth ataliol (e.e. imiwneiddio)		diffyg cyfleusterau hyfforddiant o bosibl yn arwain at brinder staff meddygol
Deiet		
Gallu cael dŵr yfed diogel	y rhan fwyaf o bobl yn gallu cael dŵr glân yn eu cartrefi	
Cyflwr iechydaeth		llawer o bobl yn byw mewn tai sianti heb system garthffosiaeth briodol
Safonau addysg bersonol a chymdeithasol mewn ysgolion		

Ffigur 8 Dyma'r hyn y gall data iechyd ei ddweud wrthym am ddatblygiad gwlad

gwelliannau mwyaf mewn gwledydd LIEDd. Er enghraifft, neidiodd y disgwyliad oes cyfartalog yn Ne Asia o 48 i 64 oed. Fodd bynnag, oherwydd HIV/AIDS gostyngodd y disgwyliad oes cyfartalog mewn 21 o wledydd yn ystod yr 1990au. Roedd pob un heblaw un o'r rhain yn wledydd yn Affrica. Yn Zimbabwe, gostyngodd y disgwyliad oes cyfartalog o 22 flynedd, o 55 i 33 oed – gostyngiad syfrdanol.

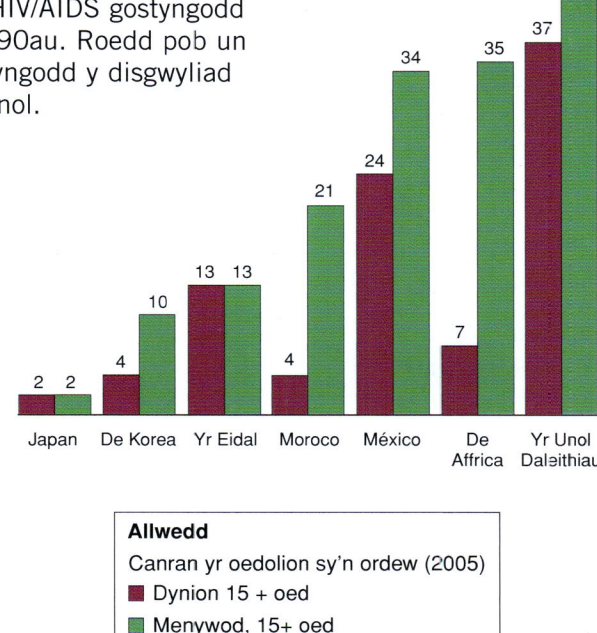

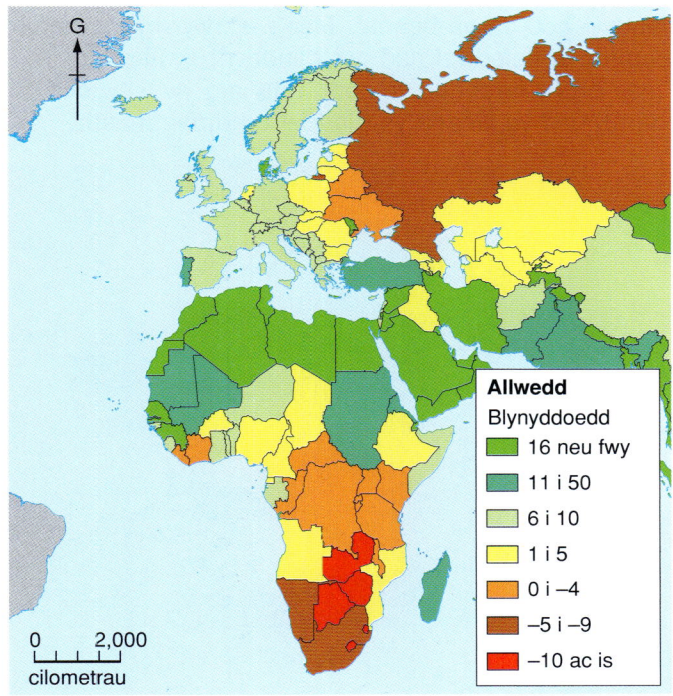

Ffigur 9 Canran yr oedolion sy'n ordew mewn detholiad o wledydd

Ffigur 10 Cynnydd a lleihad mewn disgwyliad oes, 1960 i 2003

Sut y bydd poblogaeth sy'n heneiddio yn effeithio ar ein hiechyd?

Mewn gwledydd MEDd mae gofal iechyd yn dda iawn ar y cyfan, ac mae gan bobl ddisgwyliad oes hir. Fodd bynnag, mae dewisiadau ffordd o fyw pobl yn aml yn dylanwadu ar achos marwolaeth. Yn aml, gall gorfwyta, diffyg ymarfer corff a dibyniaeth ar alcohol/cyffuriau gyfrannu at achos marwolaeth. Er enghraifft, gall deiet gwael a diffyg ymarfer corff arwain at ennill pwysau ac yna gordewdra. Mae gordewdra yn cynyddu'r perygl o nifer o broblemau iechyd tymor hir (neu gronig). Mae'n cynyddu'r perygl o strôc, clefyd y galon a gall arwain at ddiabetes Math 2. Mae adroddiad diweddar yn y DU yn rhagweld erbyn 2050 y bydd:

- 60 y cant o oedolion sy'n ddynion yn y DU yn ordew
- 50 y cant o oedolion sy'n fenywod yn ordew
- 25 y cant o blant dan 16 oed yn ordew
- cost trin pobl sy'n sâl oherwydd eu bod dros eu pwysau yn dyblu o £5 biliwn i £10 biliwn y flwyddyn i'r GIG
- y gost i gymdeithas a busnesau (trwy er enghraifft, dyddiau sy'n cael eu colli o'r gwaith oherwydd salwch) yn codi i 49.9 biliwn erbyn 2050.

Gweithgaredd

3 Astudiwch Ffigur 9. Disgrifiwch ddosbarthiad y gwledydd sydd wedi gweld y gwelliant mwyaf o ran disgwyliad oes.

4 Awgrymwch pam y mae disgwyliad oes wedi codi mewn rhai gwledydd yn fwy nag eraill.

5 a) Eglurwch pam nad oes gan bobl mewn gwledydd MEDd ddeiet iach bob amser.
  b) Eglurwch pa effaith y gall y deietau hyn ei chael ar ddata iechyd.

6 a) Gwnewch ymchwil i brif achosion marwolaeth mewn gwledydd MEDd a LIEDd.
  b) Dewiswch un prif achos marwolaeth y gellir ei atal yn hawdd mewn gwledydd LIEDd ac eglurwch sut y gellid datrys y mater hwn.

7 Lluniwch boster neu gyflwyniad PowerPoint i ddangos:
  a) sut y mae penderfyniadau ffordd o fyw yn gallu effeithio ar ein hiechyd; neu
  b) sut y mae achos marwolaeth yn amrywio o un wlad i'r llall; neu
  c) sut y bydd lefelau cynyddol o ordewdra yn cael effaith negyddol ar ddyfodol y DU.

Thema 6: Datblygiad

Ghana

Beth yw patrymau datblygiad rhanbarthol yn Ghana?

Gwlad yng Ngorllewin Affrica Is-Sahara yw Ghana. Mae tlodi a newyn yn broblemau yn Ghana. Mae'r Incwm Gwladol Crynswth yn $520 y pen, ac mae 45 y cant o'r boblogaeth yn byw ar lai na $1 y dydd (ffigur diweddaraf y Cenhedloedd Unedig ar gyfer 2005). Mae tua 55 y cant o'r boblogaeth weithiol yn gweithio ar ffermydd, fel tyddynwyr neu labrwyr heb dir yn bennaf. Mae'r labrwyr hyn yn rhai o weithwyr tlotaf Ghana ac yn ennill cyn lleied fel nad oes ganddynt gynilion fel arfer. Pan fydd bwyd yn brin mae pris y farchnad yn codi, felly nid yw'n syndod efallai fod 19 y cant o blant dan 5 oed yn Ghana yn dioddef o ddiffyg maeth.

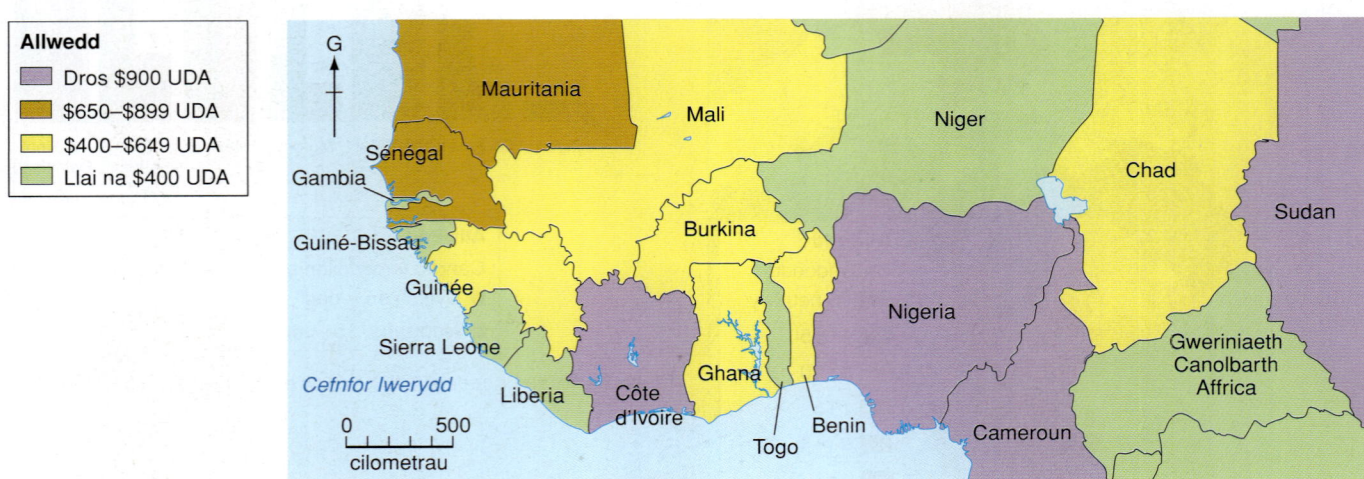

Ffigur 11 Incwm Gwladol Crynswth (IGC) y pen 2008 ar gyfer gwledydd Gorllewin Affrica

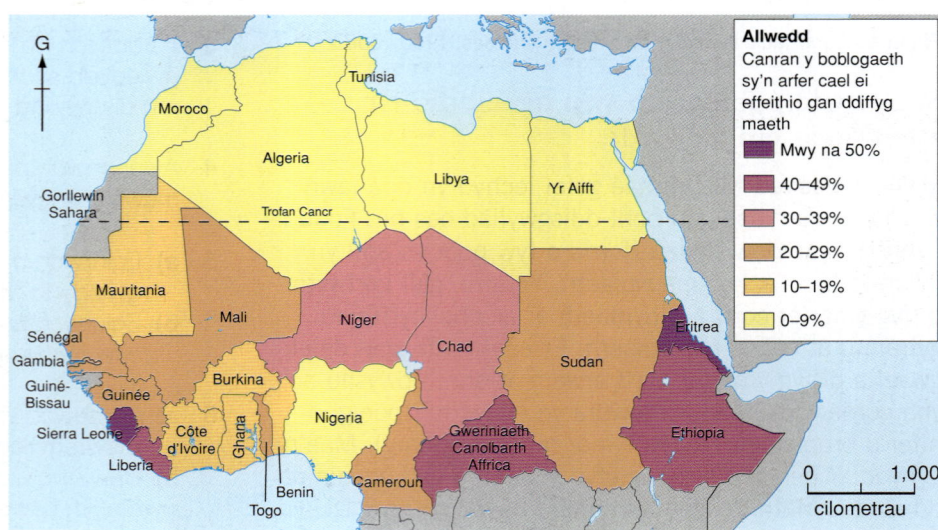

Ffigur 12 Canran y boblogaeth sy'n arfer cael ei effeithio gan ddiffyg maeth

Gweithgaredd

1. Defnyddiwch Ffigur 11 i ddisgrifio dosbarthiad y gwledydd mwyaf tlawd yn y rhanbarth hwn.
2. a) Cymharwch Ffigurau 11 a 12. Pa dystiolaeth sydd yna i ddangos mai'r gwledydd mwyaf tlawd yw hefyd y rhai sydd â'r canran mwyaf o'r boblogaeth yn dioddef diffyg maeth?
   b) Eglurwch pam y mae plant labrwr heb dir yn Ghana yn fwy tebygol o ddioddef diffyg maeth na phlant rhywun sydd â chyflog rheolaidd sy'n gweithio mewn swyddfa.

Mae gan Ghana hinsawdd drofannol. Yn rhanbarthau de'r wlad, mae'r tymor gwlyb hir yn golygu y gall ffermwyr dyfu cnydau bwyd fel sorghwm, neu gnydau gwerthu (*cash crops*) fel coco. Mae bron i 90 y cant o gnydau Ghana yn cael eu gwerthu ar ffermydd bach iawn gan 2.5 miliwn o dyddynwyr. Fodd bynnag, dim ond tua £160 y flwyddyn y mae ffermwr coco cyffredin yn ei ennill. Mae pris coco yn codi a disgyn ar sail marchnad y byd. Mae'n anodd gwneud elw a i fuddsoddi yn y fferm. Ymhellach i'r gogledd mae'r glawiad blynyddol lawer yn llai a gall fod yn annibynadwy. Mae hyn yn golygu bod yn rhaid defnyddio'r tir yn llai dwys, ac mae'r ffermwyr yma yn tyfu llai o gnydau bwyd. Yn hytrach maent yn cadw ychydig o eifr.

Ffigur 13 Ffermwr coco yn taenu'r ffa coco ar fyrddau anferth wedi eu gwneud o fatiau brwyn i sychu yn haul tanbaid Ghana. Ar ôl chwe diwrnod byddant wedi datblygu blas cryf

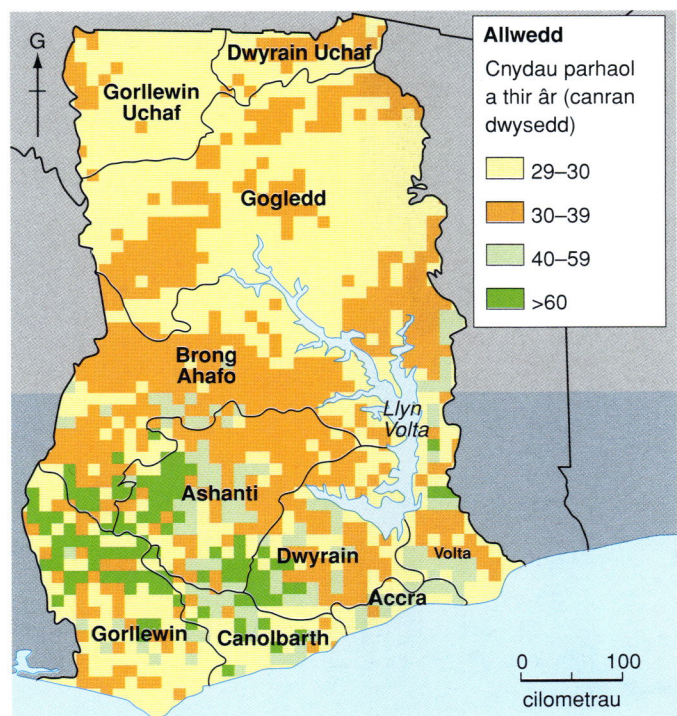

Ffigur 14 Mannau tyfu cnydau yn Ghana

Gweithgaredd

3 Defnyddiwch Ffigur 14.
   a) Rhestrwch y pedwar rhanbarth yn Ghana sydd â'r cyfanswm mwyaf o dir dan gnydau parhao
   b) Pa ranbarthau sydd â'r lleiaf o dir cnydau?
   c) Awgrymwch sut y gall y map hwn helpu i egluro patrymau rhanbarthol o dlodi a newyn.

4 Defnyddiwch atlas (neu'r rhyngrwyd) i ymchwilio i batrymau glawiad yn Ghana. Defnyddiwch yr wybodaeth hon i egluro patrwm y tir cnydau parhaol yn Ffigur 14.

5 Defnyddiwch y rhyngrwyd i ymchwilio i fasnach deg ar gyfer ffermwyr coco. Lluniwch boster yn egluro sut y mae masnach deg yn cynorthwyo ffermwyr a'u cymunedau ehangach.

Thema 6: Datblygiad

Rhaniad gogledd–de

Yn Ghana mae rhaniad amlwg rhwng y gogledd a'r de. Mae gogledd Ghana yn wledig iawn ac mae de'r wlad yn fwy trefol. Yn rhanbarthau mwy trefol y de y mae incwm 2.4 gwaith yn uwch nag yn y gogledd gwledig. Mae'r rhesymau am hyn yn cynnwys:

- mae gan y de well cludiant, felly mae diwydiant wedi tyfu yn gynt yno
- mae'r de yn fwy hygyrch i dwristiaid ac wedi elwa ar dwf twristiaeth yn ystod yr 1990au
- mae gan y gogledd batrymau glawiad annibynadwy sy'n gwneud ffermio yn fwy anodd nag yn y de.

Gweithgaredd

1 Disgrifiwch ddosbarthiad rhanbarthau yn Ghana lle yr oedd incymau cyfartalog:
   a) yn fwy na $200 yn 2000
   b) yn llai na $200 yn 2000.

2 Gan ddefnyddio tystiolaeth o Ffigurau 14 a 15 disgrifiwch ac eglurwch pa rannau o Ghana sy'n debygol o fod â'r cyfraddau uchaf o ddiffyg maeth.

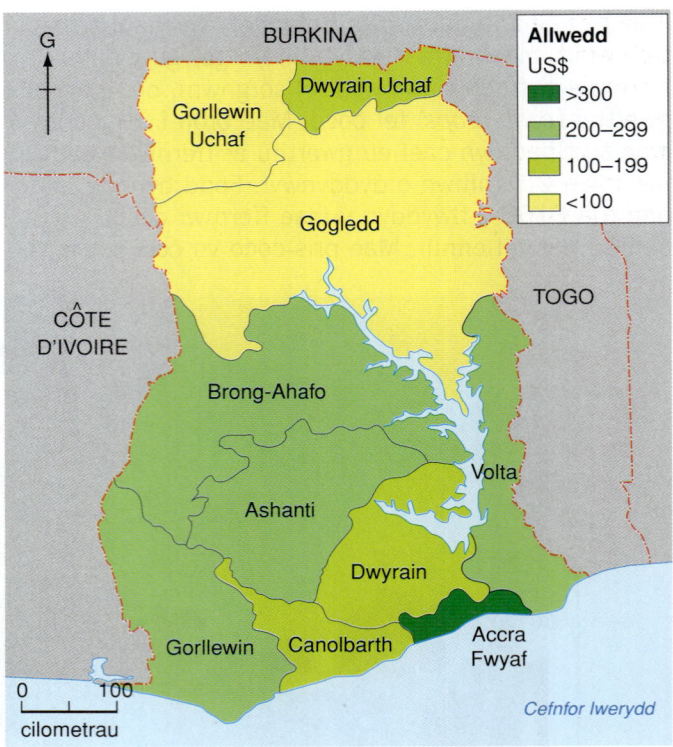

Ffigur 15 Patrwm rhanbarthol incwm yn Ghana (arolwg 2000)

Ffigur 16 Bywyd mewn pentref yng nghefn gwlad Ghana

Thema 6: Datblygiad

Mae rhanbarthau gogleddol Ghana yn wynebu problemau difrifol fel tlodi, diffyg cyfleoedd swyddi (yn enwedig i fenywod) a diffyg dŵr yfed diogel. Mae hinsawdd y rhanbarth yn anodd ac mae ffermio yn ffordd annibynadwy o ennill bywoliaeth. Mae'r diffyg ffyrdd da a chludiant cyhoeddus yn ei gwneud hi'n anodd i deuluoedd gwledig gyrraedd trefi lleol i ymweld â ffrindiau, i siopa neu gael sylw meddygol.

Mae prinder difrifol o athrawon yn rhanbarthau gogleddol Ghana. Yn ardaloedd gwledig gogledd Ghana, mae'r Gyfradd Marwolaethau Babanod ddwywaith cymaint âg mewn ardaloedd gwledig y de. Malaria, heintiau resbiradol llym, dolur rhydd, diffyg maeth a'r frech goch yw'r pum prif achos o farwolaethau mewn plant bach o hyd.

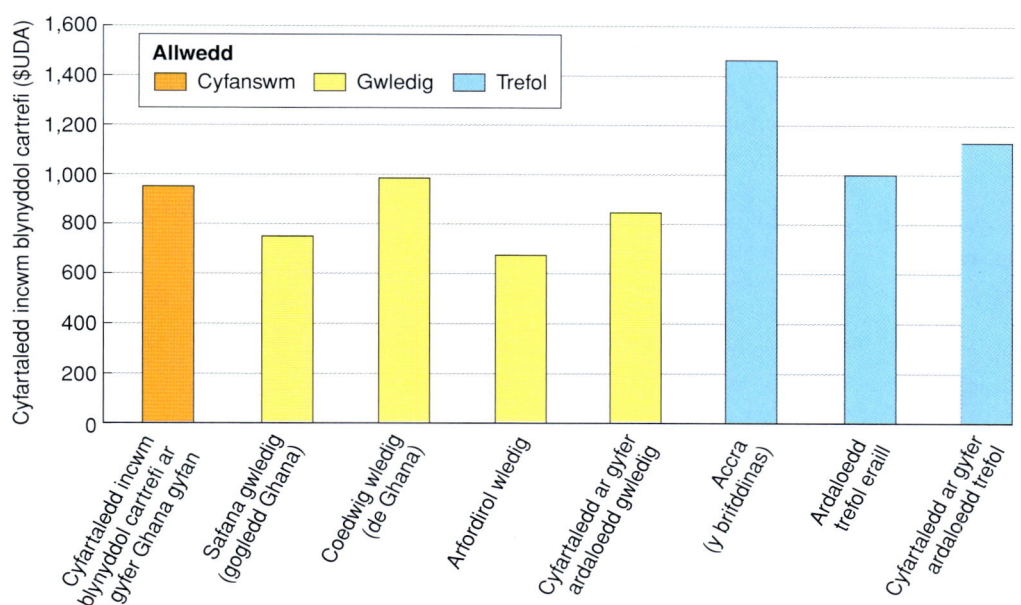

Ffigur 17 Cyfartaledd incwm cartrefi mewn rhannau trefol a gwledig o Ghana (arolwg 2000)

Rhanbarth	Canran sy'n gallu cael gwasanaethau iechyd	Canran y plant sy'n dioddef diffyg maeth 1998	2003
Gorllewin	46.9	24.4	36.9
Canolbarth	67.2	22.9	31.5
Accra Fwyaf	80.9	9.1	40.4
Volta	49.5	22.2	30.1
Dwyrain	60.1	24.7	32.9
Ashanti	69	25.9	46.6
Brong Ahafo	53.8	22.2	26.1
Gogledd	35	48.6	33.9
Dwyrain Uchaf	26.7	54.1	32.6
Gorllewin Uchaf	30.4	44.4	24.8
Cyfartaledd cenedlaethol	57.6	26	35.8

Ffigur 18 Patrymau rhanbarthol datblygiad dynol yn Ghana

Gweithgaredd

3 Defnyddiwch Ffigur 17 i gymharu cyfartaledd incwm cartrefi yn Accra:
   a) â'r incwm mewn ardaloedd trefol eraill
   b) â'r incwm mewn ardaloedd gwledig yn y gogledd.

4 Awgrymwch sut y mae pob un o'r ffactorau canlynol yn cyfrannu at y cyfraddau marwolaethau babanod uchel yng ngogledd Ghana:
   a) rhwydweithiau cludiant gwael
   b) incwm isel teuluoedd.

5 Defnyddiwch y data yn Ffigurau 15, 17 a 18 i wneud cyflwyniad byr neu boster am batrymau rhanbarthol datblygiad yn Ghana. Dylai eich cyflwyniad gynnwys:
   a) disgrifiad o'r rhanbarthau lle y mae datblygiad ar ei isaf ac ar ei uchaf
   b) map neu graff anodedig.
   c) awgrymiadau ar gyfer asiantaeth gymorth: amlinellwch y prif heriau datblygiad sy'n wynebu un rhanbarth tlawd o Ghana.

Thema 6: Datblygiad

Pa gynnydd sy'n cael ei wneud tuag at gyflawni Cyrchnodau Datblygiad y Mileniwm?

Sefydliad rhyngwladol yw'r Cenhedloedd Unedig (CU) sy'n cael cefnogaeth gan 192 o wahanol wledydd. Un o amcanion y CU yw annog a chynorthwyo datblygiad pobl. Yn 2000, penderfynodd y CU ar wyth o dargedau datblygiad, sef **Cyrchnodau Datblygiad y Mileniwm**. Mae'r cyrchnodau'n defnyddio data i fesur datblygiad pob gwlad ers 1990. Yr her yw bodloni'r holl gyrchnodau erbyn 2015. Mae Ffigur 19 yn disgrifio'r cyrchnodau.

1. Rhoi diwedd ar dlodi a newyn eithaf
   - Haneru nifer y bobl sy'n byw ar lai na doler y dydd.
   - Haneru'r nifer sy'n dioddef o newyn.
2. Sicrhau addysg gynradd i bawb
   - Sicrhau bod pob bachgen a merch yn cwblhau addysg gynradd lawn.
3. Hyrwyddo cydraddoldeb rhwng y ddau ryw:
   - Ei gwneud hi'n haws i ferched yn ogystal â bechgyn gael addysg gynradd ac uwchradd.
4. Lleihau marwolaethau plant:
   - Sicrhau lleihad o ddwy ran o dair yn nifer y plant sy'n marw cyn eu pen-blwydd yn 5 oed.
5. Gwella iechyd mamau
   - Sicrhau lleihad o dri chwarter yn nifer y menywod sy'n marw wrth roi genedigaeth.
6. Brwydro yn erbyn AIDS, malaria a chlefydau eraill:
   - Atal a dechrau gwrthdroi lledaeniad y clefydau marwol hyn.
7. Sicrhau cynaliadwyedd amgylcheddol:
   - Amddiffyn yr amgylchedd, fel y gall cenedlaethau'r dyfodol barhau i elwa arno.
   - Haneru nifer y bobl sydd yn methu â chael dŵr glân.
   - Gwella bywyd 100 miliwn o bobl sy'n byw mewn tai sianti erbyn 2020.
8. Datblygu partneriaethau byd-eang ar gyfer datblygiad.
   - Gwella cymorth.
   - Rhoi hwb i ryddid, cyfiawnder a democratiaeth.
   - Ei gwneud hi'n haws i'r bobl fwyaf tlawd gael meddyginiaethau.
   - Canslo rhai dyledion a lleihau eraill.
   - Gwneud masnach y byd yn fwy teg.

Ffigur 19 Wyth Cyrchnod Datblygiad y Mileniwm

Gweithgaredd

1. Defnyddiwch Ffigur 20.
   a) Beth oedd y gyfradd marwolaethau i blant dan 5 oed yn Affrica Is-Sahara yn:
      i) 1990?
      ii) 2006?
      iii) Beth yw'r targed?
   b) Beth oedd y gymhareb merched i fechgyn mewn addysg uwchradd yn Ne Asia yn:
      i) 1990?
      ii) 2006?
      iii) Beth yw'r targed?
   c) Pa ranbarthau sy'n fwyaf tebygol o:
      i) cyrraedd y ddau gyrchnod?
      ii) methu â chyrraedd y ddau gyrchnod?
      iii) cyrraedd un cyrchnod yn unig?

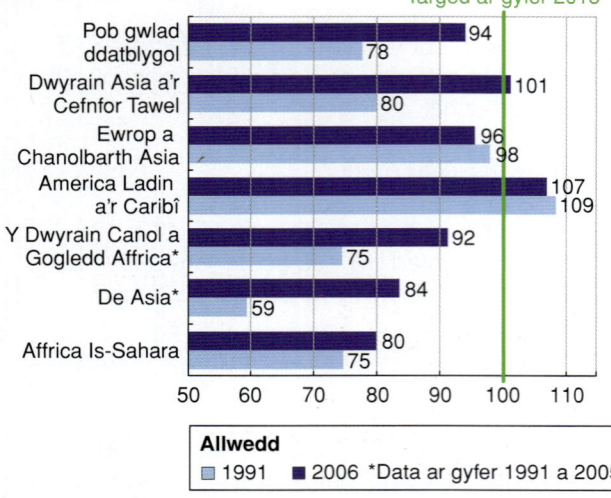

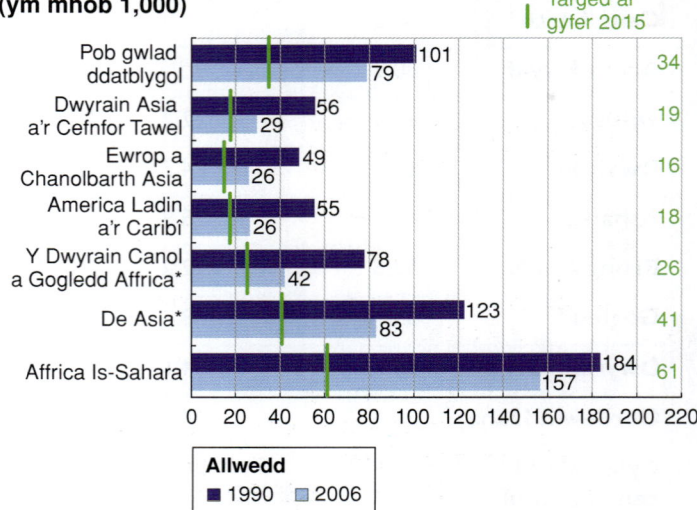

Ffigur 20 Cynnydd tuag at gyrchnodau 3 a 4, Cyrchnodau Datblygiad y Mileniwm

Thema 6: Datblygiad

Gweithgaredd SGD: Banc y Byd

http://devdata.worldbank.org/atlas-mdg/

Mae'r map rhyngweithiol hwn yn dangos cynnydd rhanbarthau neu wledydd tuag at Gyrchnodau Datblygiad y Mileniwm.

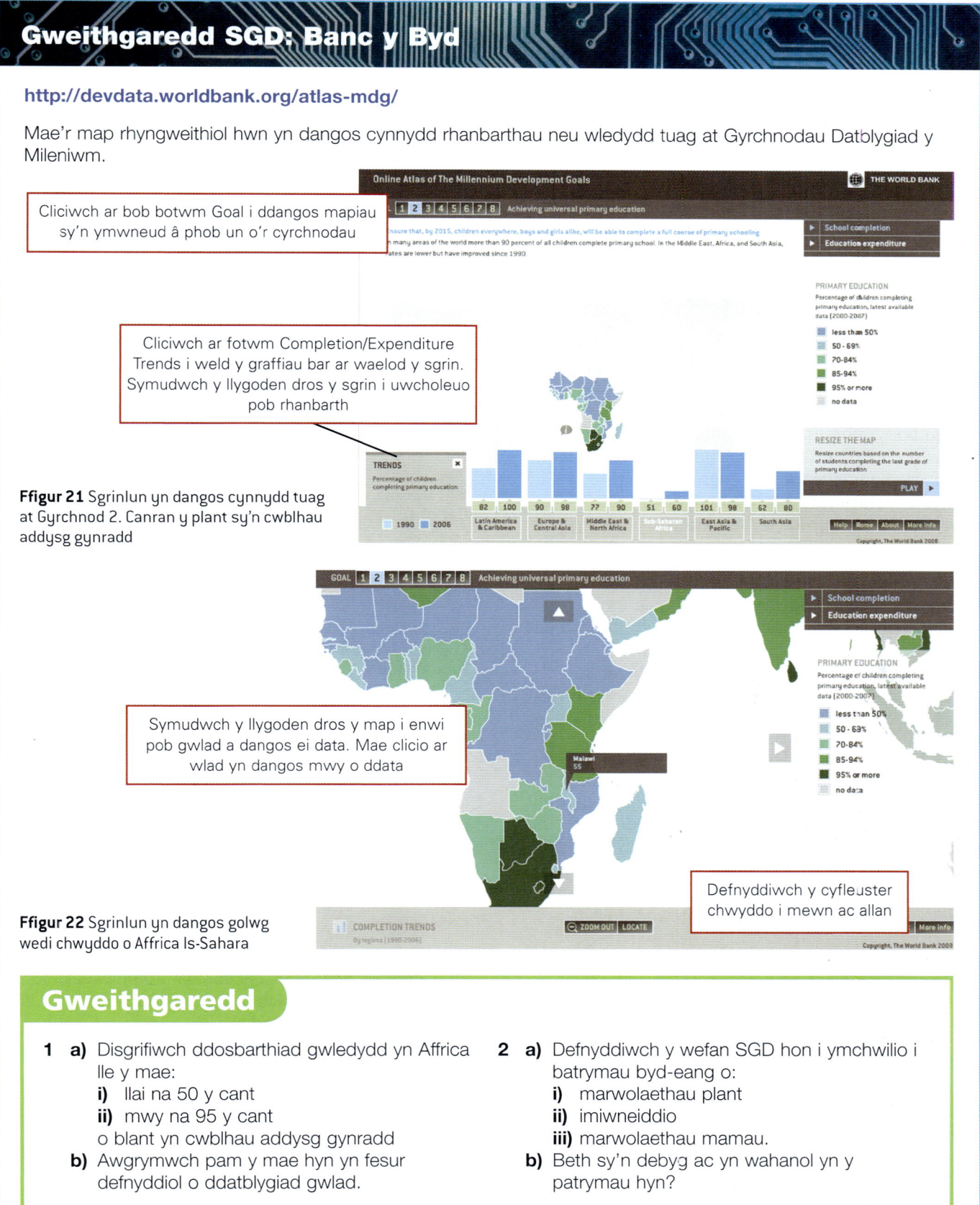

Cliciwch ar bob botwm Goal i ddangos mapiau sy'n ymwneud â phob un o'r cyrchnodau

Cliciwch ar fotwm Completion/Expenditure Trends i weld y graffiau bar ar waelod y sgrin. Symudwch y llygoden dros y sgrin i uwcholeuo pob rhanbarth

Ffigur 21 Sgrinlun yn dangos cynnydd tuag at Gyrchnod 2. Canran y plant sy'n cwblhau addysg gynradd

Symudwch y llygoden dros y map i enwi pob gwlad a dangos ei data. Mae clicio ar wlad yn dangos mwy o ddata

Defnyddiwch y cyfleuster chwyddo i mewn ac allan

Ffigur 22 Sgrinlun yn dangos golwg wedi chwyddo o Affrica Is-Sahara

Gweithgaredd

1. a) Disgrifiwch ddosbarthiad gwledydd yn Affrica lle y mae:
   i) llai na 50 y cant
   ii) mwy na 95 y cant
   o blant yn cwblhau addysg gynradd
   b) Awgrymwch pam y mae hyn yn fesur defnyddiol o ddatblygiad gwlad.

2. a) Defnyddiwch y wefan SGD hon i ymchwilio i batrymau byd-eang o:
   i) marwolaethau plant
   ii) imiwneiddio
   iii) marwolaethau mamau.
   b) Beth sy'n debyg ac yn wahanol yn y patrymau hyn?

Thema 6: Datblygiad

Cynnydd tuag at Gyrchnodau 2 a 3

Mewn gwledydd MEDd mae'r rhan fwyaf o blant yn mynd i'r ysgol, a gall y rhan fwyaf o oedolion ddarllen ac ysgrifennu. Yn y rhan fwyaf o wledydd yr UE, mae 100 y cant yn cofrestru mewn ysgol gynradd a 100 y cant o oedolion yn llythrennog. Fodd bynnag, nid yw pob plentyn mewn gwledydd LIEDd yn gallu mynd i'r ysgol gynradd. Amcangyfrifir nad oedd 115 miliwn o blant o oed ysgol gynradd yn mynd i'r ysgol yn 2002 ac roedd y cyfan bron o'r rhain mewn gwledydd LIEDd. Mae pethau'n gwella'n raddol. Erbyn 2006 roedd y nifer wedi gostwng i 93 miliwn, ac erbyn 2008 roedd wedi gostwng eto i 75 miliwn. Tlodi yw'r rheswm pam y mae cymaint o blant yn dal i golli ysgol. Nid yw teuluoedd tlawd yn gallu fforddio anfon pob un o'u plant i'r ysgol – nid yw'r addysg am ddim o reidrwydd. Disgwylir i'r plant helpu i gynorthwyo'r teulu trwy wneud swydd anffurfiol ac ennill arian. Mae merched yn cael eu cadw o'r ysgol weithiau i helpu i ofalu am frodyr a chwiorydd ifancach neu wneud tasgau yn y cartref fel nôl dŵr neu goed tân. O'r 75 miliwn o blant a gollodd yr ysgol yn 2008, roedd ymhell dros eu hanner yn ferched.

Pam y mae hi'n arbennig o bwysig gwella addysg i ferched?

Mae'r ffaith fod llawer o ferched yn colli ysgol yn golygu bod llythrennedd oedolion mewn llawer o wledydd LIEDd yn is ymhlith menywod na dynion. Mae'r gwahaniaeth hwn yn enghraifft o **anghydraddoldeb rhwng y ddau ryw** ac mae'r canlyniadau'n ddifrifol. Er enghraifft:

- mae plentyn mam sydd heb gael addysg ddwywaith yn fwy tebygol o farw cyn ei fod yn un oed na phlentyn mam sydd wedi cael addysg lawn
- mae menywod sydd wedi cael addysg dda yn tueddu i briodi yn hwyrach a chael llai o blant
- mae addysg (yn enwedig ar lefel uwchradd a phrifysgol) yn rhoi grym i fenywod, h.y. mae'n rhoi statws uwch a gwell cyfleoedd mewn bywyd iddynt.

Mae'r CU wedi gosod Cyrchnodau Datblygiad y Mileniwm i wella addysg gynradd a lleihau anghydraddoldeb rhwng y ddau ryw. Byddai sicrhau addysg gynradd i bawb yn golygu y byddai gan bob plentyn gyfle i gofrestru a chwblhau addysg ysgol gynradd. Mae hyrwyddo cydraddoldeb rhwng y ddau ryw a rhoi grym i fenywod yn golygu cynyddu nifer y merched yn eu harddegau sydd mewn addysg.

	1990 Gwrywod	Menywod	2004 Gwrywod	Menywod
Affrica Is-Sahara	60	40	69	53
Y Dwyrain Canol a Gogledd Affrica	66	39	74	52
De Asia	59	34	66	42
Dwyrain Asia a'r Cefnfor Tawel	88	72	93	81
America Ladin a'r Caribî	87	83	90	88
Rwsia a gwledydd Dwyrain Ewrop	98	94	98	95

Ffigur 23 Gwelliannau yng nghyfradd llythrennedd oedolion o 1990 i 2004 (%)

Gweithgaredd

1. Eglurwch pam nad yw rhai rhieni tlawd yn anfon pob un o'u plant i'r ysgol gynradd.
2. Eglurwch pam nad yw llythrennedd oedolion yn ddefnyddiol wrth ddisgrifio gwahaniaethau rhwng gwledydd yr UE.
3. Astudiwch Ffigur 23.
   a) Copïwch a chwblhewch y datganiad canlynol:
   Roedd y gyfradd llythrennedd oedolion isaf yn 2003 yn .... Yn y rhanbarth hwn roedd gwelliant yn llythrennedd menywod o .... y cant yn 1990 i .... y cant yn 2004. Gwellodd llythrennedd dynion o .... y cant i .... y cant yn yr un cyfnod.
   b) Lluniwch graff i ddangos y gwelliannau a wnaeth un o'r rhanbarthau yn Ffigur 23.
4. Defnyddiwch Ffigur 23 i nodi'r rhanbarthau hynny sydd:
   a) wedi gwneud y datblygiadau mwyaf mewn addysg
   b) yn wynebu'r heriau mwyaf o ran anghydraddoldeb rhwng y ddau ryw.

Thema 6: Datblygiad

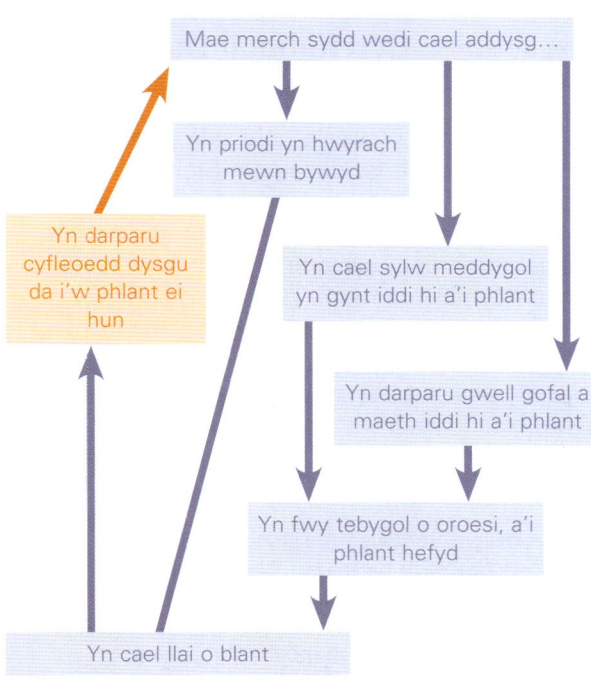

Ffigur 24 Manteision addysg well i ferched

Ffigur 25 Merched ysgol yn cymryd rhan mewn rhaglen radio ieuenctid yn Botswana

Gweithgaredd

5 Defnyddiwch Ffigur 24 i estyn yr eglurhad am bob un o'r datganiadau canlynol.
   Mae mam sydd wedi cael addysg...
   - yn gweld arwyddion cynnar salwch yn ei phlentyn, felly ...
   - yn deall pwysigrwydd deiet cytbwys, felly ...
   - yn cydnabod pwysigrwydd addysg lawn i'w merch, felly ...

Cyngor Arholwr

Deall geiriau gorchymyn

Mae *eglurwch* yn orchymyn cyffredin yn yr arholiad daearyddiaeth TGAU. Mae'r arholwr yn chwilio am dystiolaeth eich bod yn deall cymhlethdod y mater. Dim ond un marc a gewch chi am ddatganiad syml. I gael gwell marc bydd angen i chi fanylu yn eich eglurhad. Felly, i gael marc da bydd angen i chi ofyn cwestiwn 'Felly ...?' i chi eich hun. Mae'r cwestiynau a'r atebion isod yn dangos sut y mae hyn yn gweithio.

Cwestiwn enghreifftiol

Astudiwch Ffigur 24. Eglurwch sut y gall merch sydd wedi cael addysg wella safon byw ei theulu yn nes ymlaen mewn bywyd. [4]

Ateb myfyriwr Ymgeisydd A

Mae addysg yn dda i fenywod ifainc am fod hynny'n golygu y byddant yn cael rhai cymwysterau. ✓ Hefyd byddant yn fwy tebygol o roi deiet iach i'w plant. ✓

Sylwadau'r arholwr!

Mae hwn yn ateb rhesymol ond mae'n werth 2 farc yn unig. Mae'r myfyriwr wedi gwneud dau ddatganiad syml ond heb fanylu. Ar ôl y frawddeg gyntaf dylai'r myfyriwr fod wedi gofyn 'Felly ... ?' Gallai fod wedi mynd ymlaen i ddweud y byddai 'cymwysterau yn golygu y gallai'r fenyw gael swydd sy'n talu'n well fel na fyddai'n byw mewn tlodi bellach ac yn dibynnu ar ei phlant i gynnal y teulu. Mae hyn yn golygu y byddai'n dewis cael llai o blant na phe bai'n dlawd.' Byddai manylu fel hyn ar y frawddeg gyntaf yn cael 2 farc arall i'r myfyriwr.

Ateb myfyriwr Ymgeisydd B

Bydd merch sydd wedi cael addysg eisiau cael swydd dda a gyrfa, felly bydd yn priodi'n hwyrach ✓ a chael llai o blant. ✓ Mae hyn yn golygu na fydd angen iddi ddibynnu ar ei phlant i gefnogi incwm y teulu ✓ felly bydd ei phlant yn cwblhau eu haddysg eu hunain.✓ Mantais arall addysg yw fod mam ifanc sydd wedi cael addysg yn gwybod sut i roi deiet iach i'w phlant ✓ fel eu bod yn tyfu i fyny'n iach ac yn llawer llai tebygol o ddioddef diffyg maeth. ✓

Sylwadau'r arholwr!

Dyma ateb rhagorol gwerth 4 allan o 4. Mae'r myfyriwr yn rhoi dau reswm, ac mae'n manylu ar bob un yn llawn.

Thema 6: Datblygiad

Mali

Pwy sy'n helpu gwledydd i gyrraedd eu Cyrchnodau Datblygiad y Mileniwm?

Mae gweithio tuag at y Cyrchnodau yn bwysig iawn i lawer o bobl sy'n gweithio yn y llywodraeth ac yn y sector gwirfoddol. Mae trychineb fel daeargryn Sichuan (tudalen 54) yn cael ei adrodd ym mhob rhan o'r byd ar unwaith ar y rhyngrwyd a thrwy loeren. Mae hyn yn creu cydymdeimlad enfawr ymhlith y cyhoedd, ac mae pobl o wledydd cyfoethog a thlawd yn rhoi'n hael i ddarparu **cymorth brys**. Fodd bynnag, mae cymorth brys yn rhan fach yn unig o'r cymorth a roddir gan lywodraethau a Sefydliadau Anllywodraethol (SA) fel OXFAM, ActionAid neu Gymorth Cristnogol. Mewn gwirionedd, mae'r rhan fwyaf o'r cymorth yn cael ei chynllunio dros gyfnodau hir o amser i fynd i'r afael â thlodi a gwella ansawdd bywyd. **Cymorth datblygu** neu gymorth tymor hir yw'r enw ar hyn. Y projectau tymor hir hyn, gyda chymorth llywodraethau a Sefydliadau Anllywodraethol, sy'n mynd i'r afael â'r Cyrchnodau.

Oxfam yw un o sawl Sefydliad Anllywodraethol sy'n darparu cymorth datblygu tymor hir i Niger a Mali. Yn un o'i brojectau mae'n gweithio gyda ADESAH, Sefydliad Anllywodraethol lleol, i gynorthwyo ysgolion cynradd i blant **ffermwyr bugeiliol** sy'n byw yn ardal y ffin rhwng gorllewin Niger a gogledd Mali. Mae'r gymuned nomadig hon o fugeiliaid gwartheg a geifr yn dlawd iawn. Mae llawer o deuluoedd yn teimlo na allant fforddio anfon eu plant i'r ysgol, yn enwedig merched. Mae'r project yn cynorthwyo 48 o ysgolion cynradd. Mae ei lwyddiannau'n cynnwys:

- 4,053 o ddisgyblion wedi cofrestru mewn ysgolion (2004), gan gynnwys 1,818 o ferched (44.85 y cant)
- menywod yn gwneud cyfraniad mawr at reoli'r ysgolion hyn ac yn cymryd rhan yn ymarferol ac yn ariannol o ran talu ffioedd ysgol eu plant ac yn y ffreutur
- mae'r gymhareb disgyblion/llyfrau wedi gwella o un llyfr i bum disgybl i ddau lyfr i dri disgybl.

Ffigur 26 Dosbarth yn ysgol Taboye, Mali, sydd wedi cael cymorth gan Oxfam a'r Sefydliad Anllywodraethol lleol ADESAH. Y Cyrchnod yw sicrhau bod pob bachgen a merch yn y byd yn cwblhau eu haddysg gynradd

Cyrchnod Datblygiad y Mileniwm 2: Cymorth y *DFID* ar gyfer addysg

Ar draws y byd mae tua 75 miliwn o blant oed ysgol gynradd sydd heb gofrestru mewn ysgol – mae 55 y cant (41 miliwn) yn ferched (*UNESCO Institute of Statistics* (*UIS*), 2008). Mae'r diffyg addysg sylfaenol hwn yn amddifadu pobl ifainc o ddewisiadau a chyfleoedd, ac yn ei gwneud hi'n fwy anodd i wledydd yn y byd datblygol fynd i'r afael â thlodi a chlefyd.

Mae mwy o'r plant nad ydynt yn mynd i'r ysgol yn byw yn Affrica Is-Sahara nag unrhyw ranbarth arall: 35 miliwn, gan gynnwys 19 miliwn o ferched (UIS). Yn y cyfamser, ar draws De a Gorllewin Asia mae 18 miliwn o blant oed ysgol gynradd allan o'r ysgol, 10 miliwn ohonynt yn ferched (UIS).

Ond mae cynnydd yn cael ei wneud. Gwelwyd cynnydd o dros 41 miliwn yn nifer y plant sydd wedi cofrestru ar gyfer addysg gynradd ar draws y byd rhwng 1999 a 2005. Bellach, mae 95 o ferched wedi eu cofrestru mewn ysgol am bob 100 o fechgyn, o'u cymharu â 92 o ferched am bob 100 o fechgyn yn 1999. Gostyngodd nifer y plant oed ysgol gynradd sydd heb gofrestru mewn ysgol dros 28 miliwn rhwng 1999 a 2006.

Mae'r DFID yn gwario £8.5 biliwn dros ddeng mlynedd i sicrhau, erbyn 2015, y bydd plant ym mhob man, bechgyn a merched fel ei gilydd, yn gallu cwblhau o leiaf pum mlynedd o addysg o ansawdd. Bydd y rhan fwyaf o'r arian yn mynd i Affrica Is-Sahara a De Asia.

Rydym yn gweithio'n agos gyda llywodraethau gwledydd tlawd i sicrhau bod plant yn gallu cael addysg a bod ansawdd yr addysg honno yn gwella.

Er ei bod yn darged anodd, mae cyflawniadau rhai gwledydd yn rhoi sail i fod yn optimistaidd. Mewn gwledydd fel Uganda a Malawi, er enghraifft, mae nifer y plant sy'n cofrestru mewn ysgol gynradd wedi dyblu mewn pum mlynedd ac mae bellach dros 90 y cant.

Ffigur 27 Darn o wefan Adran dros Ddatblygu Rhyngwladol (*DFID: Department for International Development*) y DU. Ffynhonnell: www.dfid.gov.uk/mdg/education.asp

Thema 6: Datblygiad

Pa gynnydd sy'n cael ei wneud gan wledydd De Asia?

De Asia yw'r rhanbarth sydd â'r gyfradd isaf o lythrennedd ymhlith menywod, gyda dim ond 63 y cant o fenywod ifainc a 46 y cant o oedolion sy'n fenywod yn gallu darllen ac ysgrifennu. Mae nifer y merched sy'n cofrestru mewn ysgol uwchradd wedi gwella, ond nid yw'r un fath â nifer y bechgyn.

- Roedd 25 miliwn o blant ar goll o ysgolion cynradd yn India yn 2003.
- Mae system coleg/prifysgol India yn un o'r mwyaf yn y byd gyda thros 10 miliwn o fyfyrwyr.
- Roedd 9.6 miliwn o blant ar goll o ysgolion cynradd yn India yn 2007.
- Dim ond 1 o bob 10 o bobl ifainc sy'n mynd i addysg uwch. Mae'r rhan fwyaf o'r rhain yn dod o deuluoedd cyfoethog.
- Mae llai na 40 y cant o bobl ifainc yn eu harddegau yn India yn mynychu ysgolion uwchradd.
- Dangosodd arolwg ar ddiwedd yr 1990au nad oes llyfrgell gan 72 y cant o ysgolion India.
- Mae angen i'r cwricwlwm newid fel bod myfyrwyr yn dod yn ddysgwyr annibynnol ac yn gallu meddwl yn feirniadol.
- Yn aml, mae rhieni yn amharod i anfon eu merched yn eu harddegau i ysgol lle nad oes athrawon sy'n fenywod.
- Mae prifysgolion India yn cynhyrchu'r trydydd nifer mwyaf o beirianwyr bob blwyddyn.
- Mae plant o gefn gwlad yn aml yn gorfod teithio pellter hir i ysgolion uwchradd. Mae cost teithio yn gallu atal teuluoedd tlawd rhag anfon eu plant i'r ysgol.

Ffigur 28 Addysg yn India: cynnydd ai peidio?

Gweithgaredd

1. Darllenwch y disgrifiad o'r projectau cymorth yn Ffigur 26.
   a) Disgrifiwch pwy sy'n darparu'r cymorth hwn.
   b) Rhowch dri o fanylion sy'n disgrifio'r grŵp sy'n elwa ar y project hwn.
   c) Rhowch ddwy ffaith y gellid eu defnyddio i fesur llwyddiant y project.
   ch) Eglurwch sut y dylai'r project hwn roi grym i fenywod.

2. Defnyddiwch Ffigur 27.
   a) Disgrifiwch pwy sy'n darparu'r cymorth hwn.
   b) Enwch y ddau ranbarth sydd â'r nifer mwyaf o blant allan o'r ysgol.

3. Gwnewch boster neu gyflwyniad sy'n crynhoi'r wybodaeth yn Ffigur 28 o dan ddau bennawd:
   a) Heriau datblygiad (yn amlinellu'r problemau sy'n wynebu plant heddiw).
   b) Cynnydd (yn amlinellu'r cynnydd tuag at gyrraedd cyrchnod 2 ar addysg).

4. a) Rhannwch y ffeithiau yn Ffigur 28 yn ddau grŵp: datganiadau cadarnhaol a datganiacau sy'n dangos bod angen mwy o gynnydd.
   b) Defnyddiwch y datganiadau hyn i awgrymu:
      i) tri rheswm pam nad oes presenoldeb llawn yn ysgolion India
      ii) tair strategaeth ar gyfer gwella presenoldeb mewn ysgolion.

Thema 6: Datblygiad

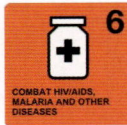

Cyrchnod 6 Brwydro yn erbyn HIV

Mae Cyrchnod Datblygiad y Mileniwm 6 wedi gosod targed i wrthdroi lledaeniad HIV, malaria a chlefydau eraill erbyn 2015. Mae'r clefydau hyn yn achosi i filiynau o bobl farw'n gynnar. Maent hefyd yn un o brif achosion tlodi mewn sawl cymuned. Pobl o oedran gweithio sy'n cael eu heintio gan HIV gan amlaf. Mae marwolaethau yn y gweithlu nid yn unig yn achosi gofid i deuluoedd ond hefyd yn lleihau gallu'r teulu i ennill arian.

Affrica Is-Sahara yw'r rhanbarth sydd wedi ei daro waethaf gan HIV, clefyd nad oes modd ei wella sy'n ymosod ar y system imiwnedd ac sy'n arwain at AIDS yn y pen draw. Yn 2007, amcangyfrifir bod 1.5 miliwn o bobl Affrica Is-Sahara wedi marw o AIDS a bod mwy nag 11 miliwn o blant sy'n amddifad oherwydd AIDS yn byw yn y gwledydd hyn yn Affrica.

Mae yna arwyddion y gall y cyrchnod hwn gyrraedd ei darged yn rhai o wledydd Affrica o leiaf. Cyrhaeddodd cyfraddau heintio HIV uchafbwynt ddiwedd yr 1990au. Ers hynny, yn y rhan fwyaf o wledydd Affrica Is-Sahara, mae canran yr oedolion sy'n byw gyda'r firws wedi lefelu neu leihau. Y rheswm am hyn yw fod llai o bobl yn cael eu heintio oherwydd llwyddiant rhaglenni addysg. Yn Uganda, er enghraifft, gostyngodd cyfraddau heintio HIV pan gyflwynodd y llywodraeth raglen hyfforddi ar gyfer gweithwyr gofal iechyd ac addysg a gwasanaeth cynghori i'r cyhoedd.

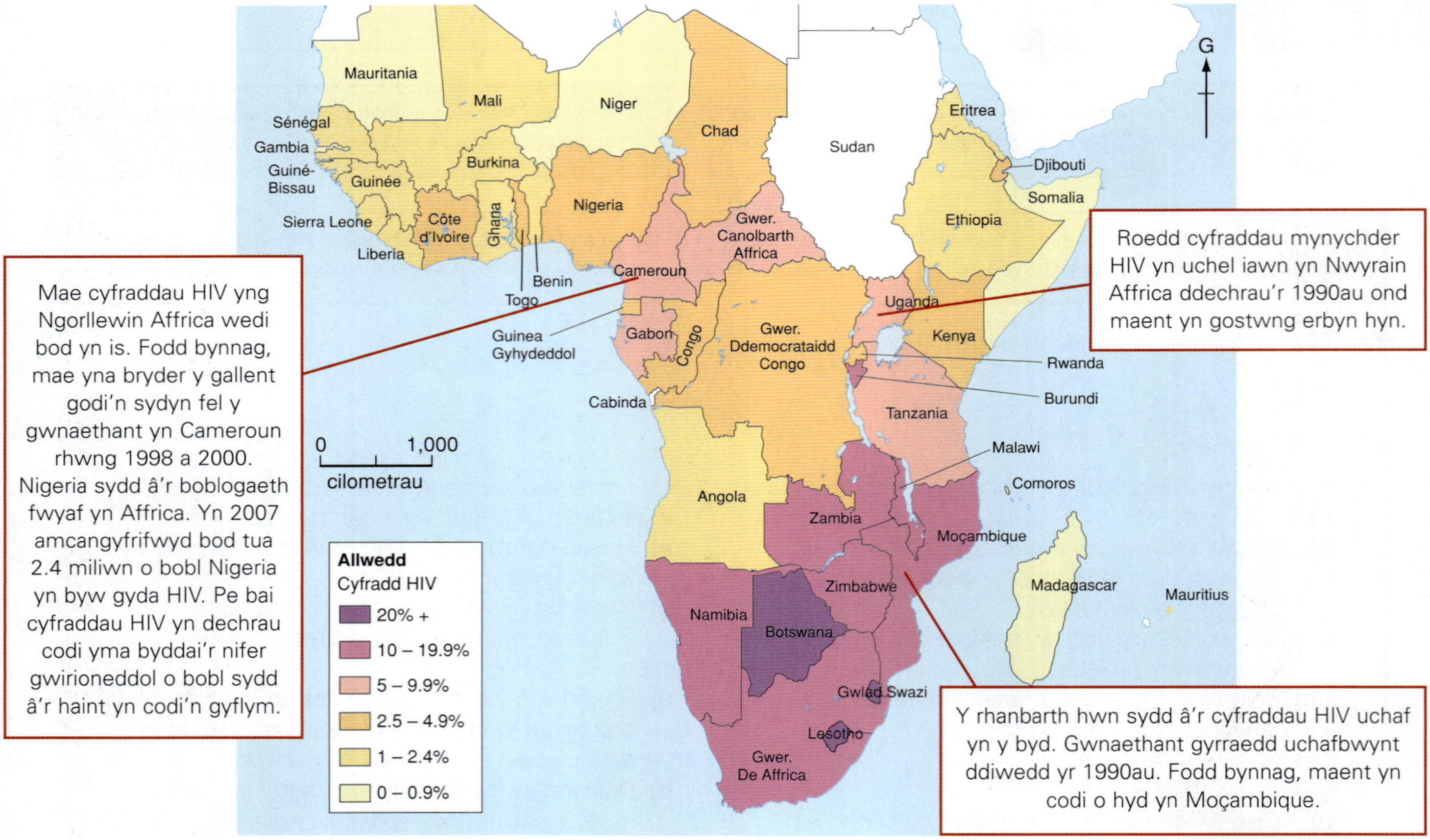

Ffigur 29 Cyfradd mynychder HIV (2007) yn Affrica Is-Sahara (canran o oedolion 15–49 oed sy'n HIV positif)

Mae cyfraddau HIV yng Ngorllewin Affrica wedi bod yn is. Fodd bynnag, mae yna bryder y gallent godi'n sydyn fel y gwnaethant yn Cameroun rhwng 1998 a 2000. Nigeria sydd â'r boblogaeth fwyaf yn Affrica. Yn 2007 amcangyfrifwyd bod tua 2.4 miliwn o bobl Nigeria yn byw gyda HIV. Pe bai cyfraddau HIV yn dechrau codi yma byddai'r nifer gwirioneddol o bobl sydd â'r haint yn codi'n gyflym.

Roedd cyfraddau mynychder HIV yn uchel iawn yn Nwyrain Affrica ddechrau'r 1990au ond maent yn gostwng erbyn hyn.

Y rhanbarth hwn sydd â'r cyfraddau HIV uchaf yn y byd. Gwnaethant gyrraedd uchafbwynt ddiwedd yr 1990au. Fodd bynnag, maent yn codi o hyd yn Moçambique.

Allwedd Cyfradd HIV
- 20% +
- 10 – 19.9%
- 5 – 9.9%
- 2.5 – 4.9%
- 1 – 2.4%
- 0 – 0.9%

Gweithgaredd

1 Defnyddiwch Ffigur 29 i ddisgrifio dosbarthiad y gwledydd sydd â chyfradd mynychder HIV:
   a) dan 2.5 y cant
   b) dros 10 y cant
   c) dros 20 y cant.

2 Eglurwch pam y byddai ychydig o gynnydd mewn heintiau HIV yn Nigeria yn achosi pryder.

Thema 6: Datblygiad

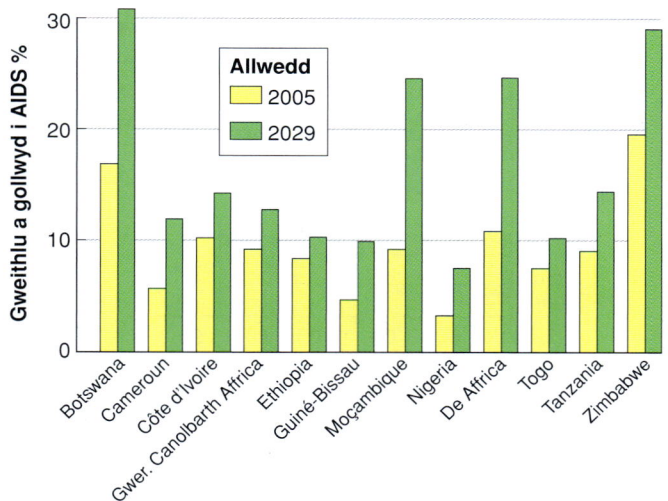

Ffigur 30 Gweithlu a gollwyd i AIDS yn 2005 ac amcangyfrif ar gyfer 2029

Gweithgaredd

3 Eglurwch y cysylltiadau rhwng HIV/AIDS a thlodi. Defnyddiwch Ffigurau 30 a 31 i roi tystiolaeth dros eich eglurhad.

4 a) Dewiswch dechneg graffigol i brosesu'r data yn Ffigur 32.
   b) Disgrifiwch y tueddiadau sydd i'w gweld ar eich graffiau.
   c) Defnyddiwch eich graffiau a Ffigur 29 i gymharu tueddiadau yn Nwyrain Affrica a De Affrica.
   ch) Defnyddiwch eich graff i ragweld beth a allai ddigwydd i bob gwlad erbyn 2015.

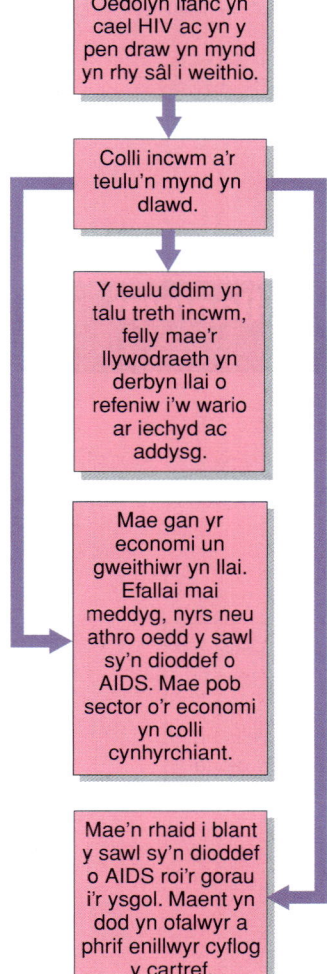

Ffigur 31 Canlyniadau cymdeithasol ac economaidd HIV

	Malawi	Moçambique	Uganda	Lesotho	Nigeria	Ghana	De Affrica
1990	2.1	1.4	13.7	0.8	0.7	0.1	0.8
1991	3.6	1.8	13.8	1.5	1.0	0.1	1.2
1992	5.6	2.3	13.5	3.1	1.2	0.3	1.9
1993	8.0	2.9	13.1	5.7	1.5	0.7	2.9
1994	10.3	3.7	12.5	9.7	1.9	1.3	4.4
1995	12.1	4.5	11.8	14.2	2.2	1.8	6.2
1996	13.1	5.5	11.1	18.3	2.5	2.2	8.4
1997	13.7	6.5	10.5	21.1	2.7	2.4	10.6
1998	13.8	7.6	9.8	22.8	2.9	2.5	12.8
1999	13.7	8.6	9.1	23.6	3.0	2.4	14.5
2000	13.5	9.5	8.5	23.9	3.1	2.4	15.9
2001	13.3	10.3	7.9	23.9	3.2	2.3	16.9
2002	13.0	11.0	7.4	23.8	3.2	2.2	17.6
2003	12.8	11.5	6.9	23.7	3.2	2.2	17.9
2004	12.5	11.9	6.5	23.6	3.2	2.1	18.1
2005	12.3	12.2	6.1	23.4	3.2	2.0	18.2
2006	12.1	12.3	5.7	23.3	3.1	2.0	18.2
2007	11.9	12.5	5.4	23.2	3.1	1.9	18.1

Ffigur 32 Tueddiadau yng nghyfraddau mynychder HIV (1990–2007)

127

Thema 6: Datblygiad

Cyrchnod 7 Gwella'r cyflenwad dŵr yn Affrica Is-Sahara

Mae'r CU wedi gosod targed i haneru nifer y bobl sydd yn methu â chael at ddŵr glân ac **iechydaeth** (cael gwared ar garthion yn ddiogel) erbyn 2015. Er mwyn cyrraedd y targed hwn gellir:

- gwastraffu llai o ddŵr trwy drwsio gollyngiadau
- defnyddio dŵr yn fwy effeithlon, er enghraifft, trwy ddefnyddio dŵr llwyd (dŵr gwastraff ar ôl golchi) i ddyfrhau'r ardd
- cynyddu'r cyflenwadau o ddŵr ffres.

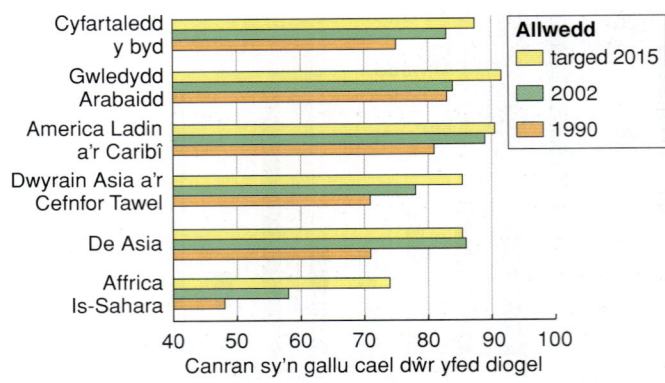

Ffigur 33 A fydd pob rhanbarth yn cyflawni ei Gyrchnod Datblygiad y Mileniwm ar gyfer dŵr diogel?

Gweithgaredd

1. **a)** Gan weithio gyda phartner, gwnewch restr o'r holl ffyrdd rydych yn defnyddio dŵr bob dydd.
   b) Faint o'r defnyddiau hyn sy'n hanfodol a faint ohonynt y gallech chi fyw hebddynt?

2. **a)** Astudiwch Ffigur 33. Pa ranbarthau:
   i) sy'n debygol o gyrraedd eu targed?
   ii) sy'n annhebygol o gyrraedd eu targed?
   b) Trafodwch pam y mae'n rhaid i ni osod y targedau hyn.

3. Lluniwch erthygl papur newydd 400 gair yn egluro:
   a) pam y mae angen i ni gyflawni Cyrchnod Datblygiad y Mileniwm ar gyfer dŵr ac iechydaeth
   b) sut y gallem ei gyflawni.

Gweithgaredd SGD: Gwefan Cyrchnodau Datblygiad y Mileniwm (MDG: Millennium Development Goals)

www.mdgmonitor.org

Ar y wefan hon gallwch blotio cynnydd tuag at Gyrchnodau Datblygiad y Mileniwm. Cliciwch ar 'MDG map' i weld y map isod.

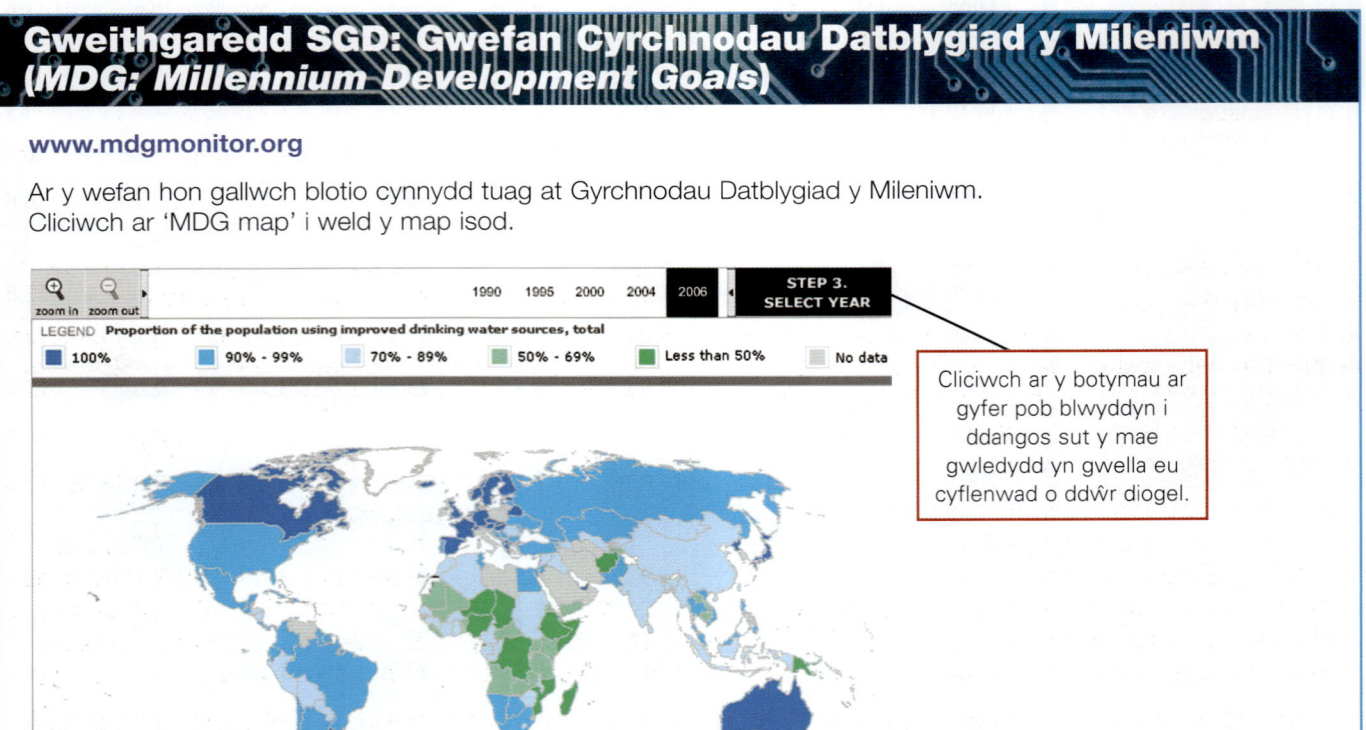

Cliciwch ar y botymau ar gyfer pob blwyddyn i ddangos sut y mae gwledydd yn gwella eu cyflenwad o ddŵr diogel.

Ffigur 34 Sgrinlun yn dangos cyfran y boblogaeth lle y mae ansawdd dŵr yfed (dŵr diogel) wedi gwella

Thema 6: Datblygiad

De Affrica — Gwella'r cyflenwad dŵr i Johannesburg, De Affrica

Yn Affrica Is-Sahara, mae pobl sy'n byw mewn ardaloedd trefol ddwywaith yn fwy tebygol o allu cael at ddŵr na phobl sy'n byw mewn ardaloedd gwledig. Yn **aneddiadau anffurfiol** dinasoedd Affrica nid yw llawer o bobl yn gallu cael dŵr trwy beipen. Maent yn cael eu gorfodi i brynu dŵr gan werthwyr preifat oddi ar gefn certiau. O ganlyniad, gall pobl sy'n byw mewn dinasoedd mewn gwledydd LlEDd dalu cymaint â 50 gwaith yn fwy am ddŵr na phobl sy'n byw mewn dinasoedd mewn gwledydd MEDd.

Yn 1986, daeth De Affrica i gytundeb â'i chymydog, Lesotho, i gyflenwi dŵr i ddinas Johannesburg. Mae'r cynllun a ddatblygwyd, Project Dŵr Uwchdiroedd Lesotho (*LHWP: Lesotho Highlands Water Project*), yn anferth. Mae'n cynnwys adeiladu chwe argae mawr yn Lesotho a 200 km o systemau twnnel i drosglwyddo dŵr i system Afon Vaal yn Ne Affrica. Wedyn, mae Afon Vaal yn cludo'r dŵr i Dalaith Gauteng ac i ddinas Johannesburg.

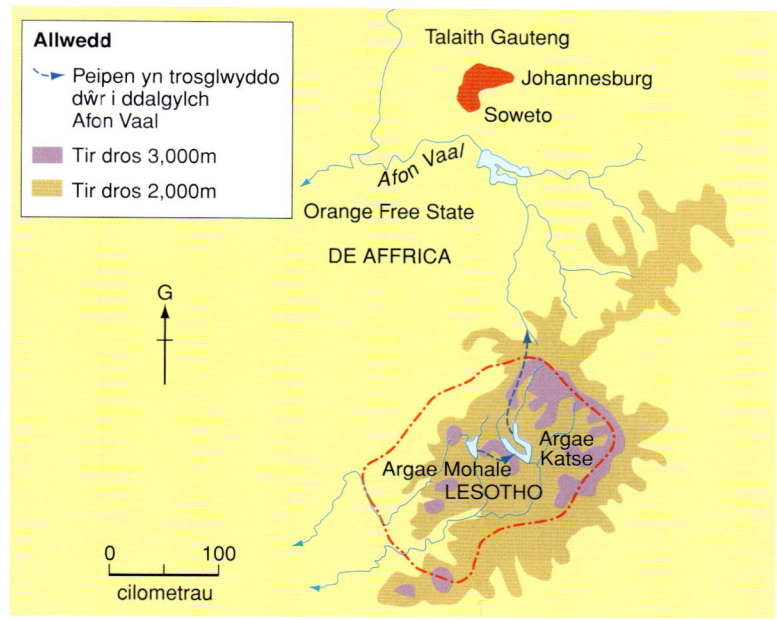

Ffigur 35 Map o gynllun rheoli a throsglwyddo dŵr *LHWP*

Beth yw manteision ac anfanteision *LHWP*?

Lesotho yw un o wledydd mwyaf tlawd y byd. Yr Incwm Gwladol Crynswth y pen yw $590 UDA, mae'r gyfradd diweithdra tua 50 y cant ac nid oes adnoddau naturiol i'w gwerthu heblaw dŵr. Mae llywodraeth Lesotho yn gobeithio y bydd *LHWP* yn helpu i ddatblygu'r wlad. Mae'r incwm a dderbynnir o werthu dŵr trwy'r project yn darparu 75 y cant o incwm y wlad.

Rhagwelir y bydd y project yn costio $8 biliwn UDA, sy'n cael ei roi ar fenthyg gan Fanc y Byd. Yn y pen draw bydd yn rhaid i lywodraeth De Affrica ad-dalu'r arian hwn. Bydd llywodraeth Lesotho yn cael arian am werthu dŵr. Yn y tymor hir gallai hyn helpu Lesotho i ddatblygu ei chynlluniau rheoli dŵr ei hun.

Yn y tymor byr mae Lesotho yn dal i frwydro prinderau dŵr ac iechydaeth wael. Nid yw pobl leol wedi cael dim o'r dŵr sy'n cael ei gyflenwi gan yr argaeau, gan fod y dŵr i gyd yn cael ei beipio i Dde Affrica.

Ond cynyddodd y ganran o bobl sydd â chyflenwad dŵr diogel yn Ne Affrica o 83 y cant i 87 y cant rhwng 1990 a 2002. Yn 2002 dim ond 76 y cant o'r bobl yn Lesotho oedd â chyflenwad dŵr diogel a dim ond 37 y cant oedd ag iechydaeth.

Mae'r rhan fwyaf o ddŵr y project yn cael ei drosglwyddo i Johannesburg yn nhalaith Gauteng De Affrica. Ond mae llawer o breswylwyr Johannesburg yn anfodlon oherwydd i'w biliau dŵr godi cyn iddynt gael gwell gwasanaeth dŵr. Nid oedd rhai o'r bobl yn gallu cael adnoddau dŵr sylfaenol. Aeth y biliau i fyny er mwyn ariannu'r argae a thalu am atgyweirio peipiau oedd yn gollwng.

Lansiodd pobl leol ymgyrch i atal y gwaith o adeiladu argae Mohale hyd nes i'r peipiau dŵr yn Johannesburg gael eu gwella. Yn 2000 roedd hyd at 50 y cant o'r dŵr yn cael ei wastraffu oherwydd bod peipiau'n gollwng. Er gwaethaf hyn, aeth y gwaith o adeiladu argae Mohale yn ei flaen yn gynt na'r disgwyl.

Thema 6: Datblygiad

Bydd yr argaeau yn darparu pŵer trydan dŵr yn ogystal â dŵr. Mae argae Muela wedi cael ei gysylltu â gorsaf bŵer trydan dŵr 72 megawat sy'n darparu ffynhonnell adnewyddadwy o drydan rhad i Lesotho. Mae Lesotho yn elwa ar well ffyrdd a gafodd eu hadeiladu i gyrraedd safleoedd yr argaeau.

Fodd bynnag, mae llawer o bobl wedi cael eu dadleoli gan y gwaith o adeiladu'r argaeau a llenwi'r cronfeydd dŵr. Effeithiodd argae Katse, argae mawr cyntaf y project a gwblhawyd yn 1997, ar fwy nag 20,000 o bobl. Adleolwyd llawer o'r bobl hyn a chawsant iawndal ond maent yn hawlio eu bod wedi cael yr arian yn rhy hwyr. Hefyd, cawsant hyfforddiant fel y gallent ddod o hyd i swyddi newydd, ond cafodd yr hyfforddiant ei feirniadu ac mae'r rhan fwyaf o'r bobl a gafodd eu dadleoli yn gwneud swyddi incwm isel o hyd.

Crëwyd swyddi newydd gan waith adeiladu'r project. Mae tuag 20,000 o bobl wedi symud i aneddiadau anffurfiol i weithio ar yr argaeau. Fodd bynnag, mae hyn wedi arwain at gynnydd anferth mewn AIDS, puteindra ac alcoholiaeth.

Hefyd, dinistriodd y project filoedd o hectarau o dir pori a thir âr. Gan mai dim ond 9 y cant o Lesotho sy'n cael ei ystyried yn addas i gnydau, gallai hyn arwain at broblemau anferth yng nghyflenwad bwyd y wlad.

Bydd y project yn effeithio ar lif y dŵr i lawr yr afon o'r argaeau. Yn ogystal â lleihau cyfanswm y dŵr, credir y bydd yr argaeau'n lleihau cyfanswm y gwaddodion, lefelau ocsigen, maetholion a hyd yn oed tymheredd y dŵr. Bydd hyn yn cael effaith negyddol ar bobl, cynefinoedd a bywyd gwyllt gwlypdiroedd, gan gynnwys llawer o rywogaethau mewn perygl.

Ffigur 36 Argae Mohale. Gallwch weld yr argae hwn ar Google Earth: cyfeirnod lleoliad: 29 27' 29.97"S, 28 5'56.17"E

Afon	Senqunyane
Cynhwysedd	958 miliwn m³
Uchder	145 m
Defnydd	Arglawdd wyneb concrit wedi'i lenwi â 7.8 miliwn m³ o greigiau
Twnnel rhyng-gysylltiol	I Katse (32 km o hyd)
Cynhwysedd trosglwyddo dŵr	10.1 m³ yr eiliad
Benthyciad gwreiddiol	$45 miliwn UDA (wedi ei roi i Lesotho ac i gael ei ad-dalu i Fanc y Byd gan Dde Affrica)
Nifer y bobl a gafodd eu heffeithio	7,400, llawer ohonynt wedi colli eu cartrefi

Ffigur 37 Ffeil ffeithiau ar argae Mohale (cwblhawyd yn 2002)

Gweithgaredd

1. Rhowch grynodeb o nodau Project Dŵr Uwchdiroedd Lesotho (*LHWP*).

2. Defnyddiwch y testun ar y tudalennau hyn i gwblhau copi o'r tabl canlynol. Bydd mwy i'w ysgrifennu mewn rhai bocsys nag eraill.

	Manteision (+) ac anfanteision (–) tymor byr y project	Manteision (+) ac anfanteision (–) tymor hir y project
Lesotho	+ -	+ -
De Affrica	+ -	+ -

3. Rhowch grynodeb o farn bosibl y grwpiau canlynol o bobl am yr *LHWP*:
   a) ffermwr yn Uwchdir Lesotho
   b) gweinidog y llywodraeth yn Lesotho
   c) preswylwyr yn Johannesburg

4. A ydych o'r farn fod *LHWP* yn enghraifft o broject rheoli dŵr cynaliadwy da? Eglurwch eich rhesymau.

Thema 6: **Datblygiad**

De Affrica

Gweithgaredd

5 Dewiswch bum techneg sydd i'w gweld yn Ffigur 38. Ar gyfer pob techneg eglurwch sut y mae naill ai'n casglu dŵr glaw neu'n adfer storfeydd dŵr daear.

6 Eglurwch pam y mae'r math hwn o reoli yn gynaliadwy.

A oes ffyrdd amgen o reoli dŵr De Affrica?

Mae 539 o argaeau mawr yn Ne Affrica, sef bron i hanner yr holl argaeau yn Affrica. Ond, er gwaethaf hyn, mae nifer fawr o bobl De Affrica yn methu â chael dŵr yfed glân. Mae llawer o'r bobl hyn yn byw mewn rhannau gwledig, anghysbell o Dde Affrica; maent yn rhy anghysbell i fod yn rhan o'r projectau mawr fel *LHWP* ac yn rhy dlawd i ddrilio tyllau turio i godi dŵr daear. Yn hytrach mae'n rhaid iddynt ddibynnu ar ddulliau rhad ar raddfa fach o gasglu dŵr glaw.

Astudiaeth achos o reoli dŵr yn gynaliadwy ar fferm fach

Ffermwr yn Ne Affrica yw Ma Tshepo Khumbane sy'n dysgu technegau casglu dŵr glaw. Mae ei strategaethau yn fforddiadwy i deuluoedd, waeth pa mor fach yw'r fferm neu ba mor brin yw eu harian.

Gall cartrefi unigol neu gymunedau cyfan fynd ati i gasglu dŵr glaw. Nid yw'r dulliau hyn yn ddigon mawr fel arfer i gael effaith negyddol ar y dalgylch afon cyfagos felly maent yn gynaliadwy. Mae'r dulliau hyn yn rhad, ymarferol a hawdd eu cynnal a'u cadw gan ddefnyddio technoleg briodol. Mae nifer o'r technegau hyn i'w gweld yn Ffigur 38; maent wedi eu cynllunio er mwyn

- casglu a defnyddio dŵr glaw, er enghraifft trwy gasglu dŵr o do'r fferm
- cynnal lleithder y pridd trwy annog cymaint o ymdreiddio â phosibl; fel hyn mae storfeydd dŵr daear yn cael eu hadfer.

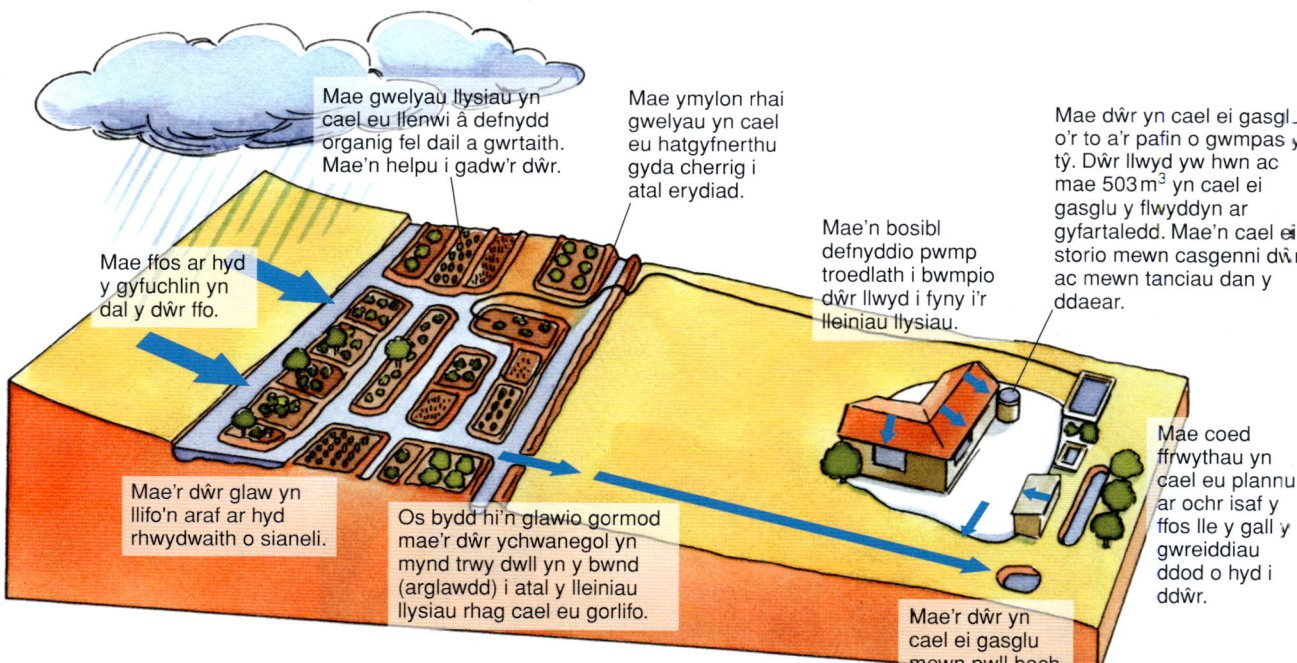

Ffigur 38 Technegau casglu dŵr glaw a ddefnyddir gan Ma Tshepo Khumbane

Thema 6: Datblygiad

Mae pentref Athol yn nhalaith Limpopo yn un gymuned sydd wedi elwa ar addysg Ma Tshepo Khumbane. Yn 1982 roedd y gymuned yn brwydro sychder a diffyg maeth. Er nad ydynt yn gallu cael at gyflenwad dŵr yn rheolaidd, mae pentrefwyr Athol wedi dysgu rheoli eu dŵr yn gynaliadwy trwy gasglu dŵr glaw a chynnal lleithder y tir. Nod nesaf y pentrefwyr yw adeiladu argae bach o gerrig i gasglu a storio dŵr glaw; bydd hyn yn rhoi cyflenwad dŵr mwy sicr iddynt. Maent yn apelio ar y llywodraeth i ddarparu tractorau i gyflymu'r broses.

Ffigur 39 Ma Tshepo Khumbane yn bwrw golwg ar lysiau yn tyfu mewn basn pridd. Mae'r pridd da yng nghanol pob basn yn casglu dŵr glaw.

Technoleg briodol

Yn Ne Affrica mae'r rhan fwyaf o ddŵr yn cael ei thynnu o ffynhonnau gan ddefnyddio pympiau llaw. Gall hyn fod yn waith caled i fenywod a phlant. Yn yr 1970au a'r 1980au buddsoddwyd mewn pympiau diesel. Mae'r pympiau hyn yn alldynnu dŵr llawer yn gynt, ond maent yn ddrud eu gosod a'u cynnal. Mae peiriannydd yn gorfod cynnal a chadw'r pwmp yn rheolaidd a gall cydrannau fod yn ddrud.

Bellach mae dull amgen yn lle pympiau llaw a diesel sy'n fwy priodol i'r lefel dechnoleg a chyfoeth mewn cymunedau mwy tlawd yn Affrica Is-Sahara. Mae cwmni wedi dyfeisio chwyrligwgan sy'n pwmpio dŵr allan o dwll turio. System ddŵr PlayPump® yw'r enw arno. Mae'r plant yn chwarae ar y chwyrligwgan ac yn arbed llawer o waith i'w mamau! Erbyn hyn mae dros 1,200 o systemau PlayPump® yn Ne Affrica, Zambia, Moçambique, Gwlad Swazi a Lesotho.

Mae system ddŵr PlayPump® yn costio $14,000 UDA. Mae cwmnïau'n gallu rhentu'r gofod hysbysebu ar y bilfyrddau o gwmpas y tanc storio ac mae'r incwm yn talu costau cynnal a chadw'r system. Mae systemau PlayPump® fel yr un yn ysgol feithrin Thabong yn Davieton (Ffigur 40) yn golygu bod mwy o bobl yn gallu cael dŵr yfed, maent yn gynaliadwy, ac ni ddylent gael unrhyw effeithiau negyddol tymor hir ar yr amgylchedd.

Gweithgaredd

1. Cymharwch effeithiau pympiau diesel ag effeithiau pympiau llaw.

2. Eglurwch fanteision y pympiau chwyrligwgan newydd.

3. Eglurwch pam y mae'r dechneg rheoli dŵr hon yn fwy priodol i gymunedau tlawd na phwmp diesel.

Ffigur 40 Pwmp dŵr chwyrligwgan yn ysgol feithrin Thabong yn Davieton

Geirfa

A

Aber – Y man lle y mae afon yn llifo i lyn neu i'r môr.

Adnewyddadwy – Gair i ddisgrifio rhywbeth sy'n ddefnyddiol i bobl ac sy'n gallu ei adnewyddu ei hun. Mae dŵr, coedwigoedd ac egni gwynt yn enghreifftiau o adnoddau adnewyddadwy.

Allforion – Nwyddau sy'n cael eu gwerthu gan un wlad i wlad arall.

Anathraidd – Pridd neu greigiau na all dŵr basio trwyddynt, e.e. clai.

Anffurfiad – Y canlyniad i'r broses lle mae'r gramen yn cael ei blygu. Mae anffurfiad yn cael ei achosi gan blatiau'n symud.

Anghydraddoldeb rhwng y ddau ryw – Gwahaniaethau mewn incwm neu **ansawdd bywyd** rhwng dynion a menywod.

Anheddiad anffurfiol – Cartrefi lle nad oes gan y deiliaid unrhyw hawliau cyfreithiol i'r tir, hynny yw, nid oes ganddynt ddaliadaeth gyfreithiol dros eu tai. Yn gyffredinol, cyfeirir at aneddiadau anffurfiol fel trefi sianti ac aneddiadau sgwatwyr.

Ansawdd bywyd – Mesur o ba mor hapus a bodlon yw unigolyn neu deulu.

Arc o ynysoedd – Grŵp o ynysoedd sy'n cael eu ffurfio pan fydd llosgfynyddoedd yn echdorri. O edrych arnynt o'r gofod, mae'r ynysoedd yn ffurfio siâp cilgant (neu arc) yn y môr.

Arch-losgfynydd – Llosgfynydd sy'n echdorri gyda'r grym mwyaf posibl ac sy'n cynhyrchu symiau mawr iawn o ludw a defnyddiau eraill.

Arian cyfnewid tramor – Arian sy'n cyrraedd gwlad o dramor (er enghraifft, trwy werthu **allforion** neu ddenu ymwelwyr tramor).

Arllwysiad brig – Uchafswm llif y dŵr a gofnodir mewn afon yn ystod llifogydd.

B

Biodanwydd – Tanwydd sy'n cael ei ddefnyddio ar gyfer cludiant neu i wresogi cartrefi ac sy'n cael ei wneud o ddefnydd planhigion yn hytrach na thanwydd ffosil (olew).

Bloc masnach – Partneriaethau masnachu rhwng gwledydd gwahanol. Un enghraifft yw'r Undeb Ewropeaidd.

C

Callor – Pant anferth yn wyneb y ddaear sy'n cael ei achosi gan losgfynydd yn dymchwel ar ôl echdoriad enfawr.

Carbon niwtral – Cynnyrch neu ddatblygiad (fel stad o dai) nad yw'n ychwanegu allyriadau carbon deuocsid ychwanegol at yr atmosffer yn ystod ei oes.

Cefnen gefnforol – Cadwyni hir o fynyddoedd sy'n ymestyn ar hyd canol sawl cefnfor, gan gynnwys canol Cefnfor Iwerydd. Mae cefnenau cefnforol yn cael eu ffurfio gan blatiau'n symud.

Ceudyllau – Tyllau sgwrio crwn yng ngbreigwely afon neu nant. Mae ceudyllau'n cael eu ffurfio wrth i gerigos gael eu troi mewn siâp cylch gan lif y dŵr.

Ceunant – Dyffryn cul ag ochrau serth. Yn aml mae ceunentydd i'w gweld yn is i lawr dyffryn na rhaeadr.

Cludo – Symud defnyddiau drwy'r dirwedd gan afonydd, rhewlifau, tonnau ac ati.

Côn lludw – Bryn folcanig sy'n gonigol o ran siâp. Mae côn lludw yn cael ei ffurfio gan echdoriad lafa poethgoch sy'n cael ei daflu o'r agorfa (vent). Mae'r talpiau lafa yn llawn swigod nwy. Maent yn caledu i ffurfio darnau o graig maint cerigos sy'n debyg i ddiliau mêl o ran gwead.

Cramen – Haen allanol y Ddaear sydd wedi ei gwneud o graig solet. Mae dau fath o gramen. Mae'r gramen o dan y cefnforoedd yn ddwys iawn ond nid yw'n fwy na 10–12km o drwch. Mae'r cyfandiroedd wedi eu gwneud o greigiau llai dwys. Mae'r gramen gyfandirol yn 35km o drwch ar gyfartaledd, ond mae'n llawer mwy trwchus na hyn mewn ardaloedd mynyddig.

Cyfradd Marwolaethau Babanod (CMB) – Nifer y plant sy'n marw cyn eu bod yn flwydd oed am bob 1000 sy'n cael eu geni.

Cylchfa dansugno – Ardal ar gramen y ddaear lle y mae un plât yn cael ei ddinistrio wrth gael ei orfodi'n araf o dan blât arall.

Cymorth brys – Cymorth a roddir ar frys ar ôl trychineb naturiol neu wrthdaro er mwyn diogelu bywydau'r bobl sydd wedi goroesi.

Cymorth datblygu – Cymorth a roddir i fynd i'r afael â thlodi ac i wella **ansawdd bywyd**. Mae cymorth datblygu yn cael ei roi gan amlaf i helpu i ddatrys problemau tymor hir fel gwella addysg neu ofal iechyd yn hytrach nag ymateb i argyfwng fel newyn.

Cymudo – Pan fydd pobl yn teithio o'u cartref i weithio mewn man arall.

Cymuned gynaliadwy – Cymuned sy'n cael ei chynllunio i gael cyn lleied o effaith â phosibl ar yr amgylchedd. Gall cymunedau roi pwyslais ar effeithlonrwydd egni a thechnolegau adnewyddadwy a defnyddio swyddi a gwasanaethau lleol i leihau effeithiau cymudo.

Geirfa

Cynhesu byd-eang – Y cynnydd bach yn nhymheredd cyfartalog atmosffer y Ddaear sy'n arwydd o newid **hinsawdd**.

Cyrchnodau Datblygiad y Mileniwm (*MDG: Millennium Development Goals*) – Targedau a bennwyd gan y Cenhedloedd Unedig i geisio annog a mesur gwelliannau mewn datblygiad dynol.

D

Daliant – Proses sy'n cludo gwaddod mân fel silt dros bellteroedd hir i lawr yr afon.

Diffeithdiro – Pan fydd **hinsawdd** rhanbarth sych yn mynd yn sychach fyth. Mae llystyfiant yn marw neu'n cael ei fwyta gan anifeiliaid sy'n pori ac yna mae'r pridd yn debygol o gael ei **erydu**.

Dyddodiad – Y broses o ollwng defnydd gwaddodol ar y dirwedd. Mae dyddodiad yn digwydd pan fydd y grym a oedd yn cludo'r gwaddod yn lleihau.

Dyffryn ar ffurf U – Dyffryn siâp cafn ag ochrau serth iawn a gwaelod gwastad sydd wedi ei erydu gan rewlif.

Dyffryn ar ffurf V – Dyffryn sydd ag ochrau sy'n goleddu'n serth i lawr i afon sydd â gorlifdir cul iawn. Mae dyffrynnoedd ar ffurf V yn cael eu ffurfio lle y mae afon wrthi'n torri tuag i lawr ac felly'n erydu'r dirwedd yn fertigol.

Dyffryn hollt – Dyffryn ag ochrau serth sy'n cael ei ffurfio wrth i gramen y Ddaear gael ei thynnu ar wahân (neu ei hollti) pan fydd platiau'n symud.

E

Economaidd gymdeithasol – Cyfuniad o ffactorau cymdeithasol ac economaidd.

Effaith tŷ gwydr uwch – Cynnydd yn yr effaith tŷ gwydr wrth i bobl ryddhau crynodiadau mawr o **nwyon tŷ gwydr** i'r atmosffer.

Egni geothermol – Egni a gynhyrchir trwy bwmpio dŵr i mewn i greigiau poeth. Mae'n bosibl defnyddio'r dŵr poeth i wresogi adeiladau wrth iddo lifo drwy reiddiaduron. Mewn lleoedd eraill mae'r creigiau yn troi'r dŵr yn ager. Yna, defnyddir yr ager i droi tyrbin er mwyn cynhyrchu trydan.

Endemig – Gair i ddisgrifio clefyd sydd bob amser yn bresennol neu'n fygythiad mewn ardal ddaearyddol benodol neu ymysg grŵp penodol o bobl. Er enghraifft, mae malaria yn endemig mewn sawl rhan o Affrica Is-Sahara, gan gynnwys Malawi.

Erydiad – Y dirwedd yn cael ei threulio'n raddol.

Erydiad ochrol – Y broses lle y bydd afon yn torri i'r ochr ac yn erydu ei glannau ei hun. Dros amser, mae erydiad ochrol yn golygu bod ystumiau afon yn gallu torri ar draws gorlifdir afon.

Ff

Ffermwyr bugeiliol – Ffermwyr sy'n cadw anifeiliaid sy'n pori, fel gwartheg neu eifr.

Ffoaduriaid – Pobl sydd mewn perygl ac yn gadael eu cartrefi er eu diogelwch eu hunain.

Ffos gefnforol – Ceunentydd dwfn, hir yng ngwely'r môr sy'n digwydd o gwmpas ymylon rhai cefnforoedd gan gynnwys y Cefnfor Tawel. Mae ffosydd cefnforol yn cael eu ffurfio gan blatiau'n symud.

Ffotosynthesis – Y prosesau sy'n digwydd mewn planhigion wrth iddynt ddefnyddio egni'r haul i droi carbon deuocsid yn glwcos.

Ffwrnais solar – Technoleg adnewyddadwy sy'n defnyddio egni'r haul. Mae drychau yn casglu ac yn canolbwyntio golau'r haul i wresogi dŵr. Defnyddir yr ager sy'n cael ei greu i droi tyrbin a chynhyrchu trydan.

G

Globaleiddio – Llif pobl, syniadau, arian a nwyddau yn creu gwe fyd-eang fwyfwy cymhleth sy'n cysylltu pobl a lleoedd o gyfandiroedd pell.

Gofal iechyd cychwynnol – Gofal iechyd cychwynnol yw'r pwynt cyswllt cyntaf rhwng gweithiwr gofal iechyd a chlaf. Gall gynnwys gofal ataliol, er enghraifft, imiwneiddio.

Gorlifdir – Yr ardal wastad ger sianel afon sy'n cael ei gorchuddio gan ddŵr yn ystod llifogydd.

Gweithgynhyrchion – Nwyddau sydd wedi cael eu cynhyrchu mewn ffatri neu weithdy.

Gwledydd Llai Economaidd Ddatblygedig (LlEDd) – Y gwledydd i'r de o Linell Brandt yng Nghanolbarth a De America, Affrica a rhannau o Asia. Mae gan y rhan fwyaf o wledydd LlEDd incwm is na **Gwledydd Mwy Economaidd Ddatblygedig (MEDd)**.

Gwledydd Mwy Economaidd Ddatblygedig (MEDd) – Y gwledydd i'r gogledd o Linell Brandt yng Ngogledd America, Ewrop, gogledd Asia a rhannau o Oceania. Mae gan y rhan fwyaf o wledydd MEDd incwm uwch na **Gwledydd Llai Economaidd Ddatblygedig (LlEDd)**.

Gwrthdrefoli – Pobl a busnesau'n symud o ddinasoedd mawr i drefi llai ac ardaloedd gwledig.

H

Hinsawdd – Patrymau a thueddiadau cyfartalog **tywydd** ardal, sydd wedi eu cofnodi dros amser hir.

Hydoddiant – Y broses lle y mae mwynau o greigiau yn hydoddi mewn dŵr.

Geirfa

Hylifiad – Proses yn ymwneud â'r pridd sy'n gallu digwydd yn ystod daeargryn cryf. Mae dŵr yn y pridd yn cael ei wthio i fyny oherwydd y cryndod. Mae'r dŵr yn gwthio'r gronynnau pridd ar wahân, gan droi'r ddaear yn jeli. Mae'r broses hon yn achosi i adeiladau suddo (neu ymsuddo).

I
Iechydaeth – Gwaredu a thrin carthion a dŵr gwastraff yn ddiogel.

J
Jökulhaup – Gair o Wlad yr Iâ sy'n golygu 'echwythiad rhewlifol'. Llif sydyn yw hwn sy'n cael ei achosi pan fydd llosgfynydd yn echdorri o dan yr iâ.

L
Lahar – Gair o Indonesia sy'n disgrifio llif dŵr a lludw folcanig neu leidlif i lawr llethr llosgfynydd. Mae *lahars* yn cael eu hachosi pan fydd dŵr glaw yn cymysgu â lludw folcanig rhydd. Mae *lahars* yn beryglus iawn.

Ll
Llif dŵr daear – Llif dŵr trwy greigiau.

Llif pyroclastig – Tirlithriad o ludw, creigiau a nwyon poeth yn dilyn echdoriad folcanig anferth. Mae llifoedd pyroclastig yn symud yn gyflym iawn. Fel arfer maent yn cynnwys nwyon sydd â thymheredd o sawl can gradd Celsius.

Llif trostir – Llif dŵr ar draws arwyneb y ddaear.

Llosgfynydd tarian – Llosgfynydd mawr sydd â llethrau graddol. Dyma siâp rhai o losgfynyddoedd Gwlad yr Iâ a Hawaii.

Lludw – Darnau o greigiau ar ffurf powdr sy'n cael eu taflu o losgfynydd yn ystod echdoriad ffrwydrol.

Llwyth – Y gwaddod sy'n cael ei gludo gan afon.

M
Mantell – Y rhan o'r Ddaear sydd o dan y gramen. Mae'r creigiau yn y fantell yn boeth ac mae llawer o bwysau arnynt. Felly maent yn ymddwyn yn debyg i blastig ac yn anffurfio'n hawdd. Creigiau tawdd yw rhai o'r creigiau yn y fantell.

Mesurydd gogwydd – Offeryn gwyddonol a ddefnyddir i fesur gogwydd y ddaear. Gellir defnyddio mesuryddion gogwydd i fesur newidiadau bach yn siâp y ddaear sy'n digwydd pan fydd y siambr fagma o dan losgfynydd yn llenwi â chraig dawdd.

Mewnforion – Nwyddau y mae gwlad yn eu prynu gan wlad arall.

Microhinsawdd trefol – Hinsawdd leol dinas fawr sy'n cael ei dylanwadu gan ei hadeiladau a'i thraffig.

Mudwr economaidd – Mudwr sy'n symud er mwyn dod o hyd i waith.

Mynyddoedd plyg – Cadwyni mawr o fynyddoedd sydd wedi cael eu ffurfio gan broses blygu wrth i ddau blât tectonig wrthdaro. Y mynyddoedd plyg mwyaf yn y byd yw'r Himalaya. Mae'r rhain yn cael eu ffurfio wrth i blât India wrthdaro â gweddill Asia. Amcangyfrifir bod India yn symud tua 50mm i'r gogledd bob blwyddyn.

N
Neidiant – Y broses lle y mae gronynnau maint tywod yn sboncio ar hyd gwely'r afon yn y llif dŵr.

Nwyddau cynradd – Defnyddiau crai sydd heb gael eu prosesu, e.e. glo, mwynau a bwydydd sydd heb eu prosesu.

Nwyon tŷ gwydr – Nwyon fel carbon deuocsid a methan sy'n gallu dal gwres yn yr atmosffer.

O
Oediad amser – Y gwahaniaeth mewn amser rhwng storm law a'r adeg pan fydd llif y dŵr yn ei anterth (arllwysiad brig) i lawr yr afon.

Ôl-gryniad – Daeargryn sy'n digwydd funudau neu ddiwrnodau ar ôl daeargryn mawr. Fel arfer mae ôl-gryniadau yn llai na'r daeargryn mawr cyntaf ond gallant ddymchwel adeiladau sydd wedi eu gwanhau, ac felly maent yn parhau i fod yn beryglus.

P
Peirianneg feddal – Dull o leihau llifogydd trwy blannu coed neu adael i ardaloedd orlifo'n naturiol.

Peirianneg galed – Strwythurau artiffisial fel waliau môr neu argloddiau afon concrit. Maent yn cael eu hadeiladu i geisio rheoli proses naturiol fel afon yn gorlifo neu erydiad arfordirol.

Peryglon cynradd – Digwyddiadau sy'n peryglu bywydau pobl yn ystod echdoriad folcanig (fel llif pyroclastig) neu ddaeargryn (fel adeiladau'n dymchwel oherwydd bod y ddaear yn crynu).

Peryglon eilaidd – Digwyddiadau sy'n peryglu bywydau pobl rywbryd ar ôl echdoriad folcanig neu ddaeargryn. Er enghraifft, mae clefydau'n lledaenu ar ôl daeargryn yn berygl eilaidd.

Platiau – Rhannau anhyblyg o gramen. Mae'r platiau'n gorwedd ar ben y fantell. Maent yn gallu symud mewn perthynas â'i gilydd. Maent yn symud yn araf, ond mae'r grym sy'n cael ei greu wrth iddynt symud yn achosi daeargrynfeydd a pheryglon folcanig.

Plethog – Patrwm afon sy'n cael ei ffurfio ar ôl i afon fas ddyddodi ynysoedd o raean, gan rannu'r afon yn sawl sianel fach. Wrth edrych i lawr ar yr afon, mae'n edrych ychydig yn debyg i wallt wedi ei blethu.

Geirfa

Protocol Kyōtō – Cytundeb a lofnodwyd gan arweinwyr y byd yn Kyōtō, Japan, i ddechrau lleihau allyriadau carbon deuocsid.

Rh

Rhewlifol – Gair i ddisgrifio cyfnodau oer yn hanes y Ddaear lle yr ymestynnodd rhewlifau a chynyddodd llenni rhew cynyddu mewn maint.

Rhyngrewlifol – Gair i ddisgrifio cyfnodau mwy cynnes yn hanes y Ddaear pan enciliodd y rhewlifoedd a lleihaodd maint llenni rhew.

S

Sefydliadau Anllywodraethol (*NGO: Non-governmental Organisation*) – Sefydliadau di-elw, fel Oxfam, ActionAid neu WaterAid, sy'n annibynnol ar lywodraeth.

Straen dŵr – Pan nad yw pobl yn gallu cael at ddigon o ddŵr glân.

Strato-losgfynydd – Llosgfynydd mawr gydag ochrau serth a ffurfiwyd o haenau o lafa caled a lludw sydd wedi'u creu gan sawl echdoriad gwahanol.

T

Tanrewlifol – Unrhyw broses neu nodwedd sy'n digwydd o dan rewlif neu len rhew. Yng Ngwlad yr Iâ mae yna sawl losgfynydd tanrewlifol pwerus sy'n echdorri o dan yr iâ.

Tarddiad – Y man lle y mae afon yn dechrau llifo.

Teffra – Term sy'n disgrifio'r holl ddarnau sy'n cael eu taflu allan o losgfynydd yn ystod echdoriad. Mae'r creigiau poeth yn llawn nwy pan fydd y llosgfynydd yn ffrwydro ac felly, yn aml, mae teffra yn debyg i ddiliau mêl (fel pwmis) o ran gwead.

Teleweithio – Swyddi lle y mae rhywun yn gweithio gartref y rhan fwyaf o'r wythnos waith. Mae'r defnydd o gyfrifiaduron personol, technoleg symudol a'r rhyngrwyd yn golygu bod mwy o bobl yn gallu teleweithio.

Trefoli – Twf ffisegol a dynol trefi a dinasoedd.

Trwylif – Llif dŵr i lawr llethr drwy'r pridd.

Trylifo – Llif yn y gylchred ddŵr. Dŵr yn symud allan o'r pridd ac i mewn i'r creigiau islaw.

Tyniant – Y broses gludo sy'n disgrifio symudiad cerigos a choblau mwy wrth iddynt rolio ar hyd gwely afon.

Tywydd – Nodweddion fel tymheredd, glawiad, gorchudd cymylau a gwynt ar yr adeg y maent yn cael eu profi. Gellir cofnodi mesuriadau o'r nodweddion hyn dros gyfnodau hir a chyfrifo cyfartaleddau. Rydym yn cyfeirio at y cyfartaleddau hyn fel **hinsawdd.**

Y

Ymdreiddio – Dŵr yn symud o wyneb y ddaear i'r pridd.

Ymyl plât – Ffiniau platiau'r Ddaear lle y maent yn cyfarfod â'i gilydd.

Ymyl plât adeiladol – Lle y mae dau blât yn symud oddi wrth ei gilydd ac mae cramen newydd yn cael ei chreu.

Ymyl plât ddinistriol – Lle y mae dau blât yn cyfarfod ac mae un yn cael ei ddinistrio wrth gael ei dynnu o dan y llall.

Ynys wres drefol – Pan fydd tymheredd dinas yn uwch na thymheredd yr ardal wledig gyfagos.

Ystum afon – Tirffurf afon. Tro neu blyg mawr yng nghwrs yr afon.

Mynegai

Adran dros Ddatblygu Rhyngwladol (*DFID*), Y DU 124
addysg 71, 122–3, 124–5
    addysg gynradd i bawb 122
afonydd
    amddiffynfeydd rhag llifogydd 14, 16, 17, 20
    cynlluniau llifogydd 16
    prosesau 2–6
    rheoli 14
    tirffurfiau 2, 4, 5, 6–7
    Valency 8, 10, 12, 13
    ystumiau 2, 4, 5
anghydraddoldeb rhwng y ddau ryw 122, 133
allforion 106, 133
amddiffynfeydd rhag llifogydd 14, 16, 17, 20
anffurfiad 58, 63, 133
arc o ynysoedd 49, 133
arch-losgfynyddoedd 66, 133
argae Mohale 129–30
arllwysiad brig 10, 133
Arsyllfa Llosgfynyddoedd Montserrat (*MVO*) 58–9, 63
Asia-Pacific Economic Co-operation (APEC) 108
athreuliad 3, 4, 6

BedZed, cymuned 44
biodanwyddau 38, 41, 133
blociau masnach 98, 108, 133
Boscastle, Cernyw 8, 10, 14–15
Bryniau Soufrière, Montserrat, llosgfynydd 49, 50, 57, 58, 59, 63
    mapio peryglon 64
    tabl rhybudd o beryglon 65

callorau 52, 133
carbon 24
carbon deuocsid 23, 24, 25–6, 27, 38, 43
casglu dŵr glaw 131–2
cefnen gefnforol 46, 133
Cenhedloedd Unedig (CU:UN) 120
ceubyllau 4, 133
ceunentydd 6, 133
clefyd endemig *gweler* endemig
conau lludw 47, 133
corwyntoedd 33
cramen 45, 46, 48, 49, 133
Cromlin Keeling 25
cwmnïau amlwladol (CA) 90
    Nokia 91–4
    Tata 100, 101–2
cyd-ddibyniaeth 90, 100–1
cyflenwad dŵr: Affrica Is-Sahara 128–32
cyfraddau genedigaethau 76, 77

cyfraddau marwolaethau 76, 77
cyfraddau marwolaethau babanod (CMB) 77, 82, 114, 119, 134
cylchfaoedd peryglus
    byw mewn 56–7
    lleihau risgiau 58–9
cylchfaoedd tansugno 48–9, 135
cylchred garbon 24, 25
cymorth brys 124, 133
cymorth datblygu 124, 133
cymunedau cynaliadwy 44, 133
cynhesu byd-eang 25, 134
cynlluniau llifogydd 16
Cynnyrch Gwladol Crynswth (CGC), *gweler* Incwm Gwladol Crynswth (IGC)
cyrathiad: *gweler* sgrafelliad
Cyrchnodau Datblygiad y Mileniwm 85, 120–32, 134
    addysg 122–3, 124–5
    anghydraddoldeb rhwng y ddau ryw 122
    cyflenwadau dŵr 128–32
    iechyd 85, 126–7
cyrydiad 3

daeargrynfeydd 46, 48
    ac echdoriadau folcanig 59, 63
    lleihau effeithiau 60–2
    mapio peryglon 64
    peryglon 50, 54–5
    Sichuan, China 54–5, 60
dalgylchoedd afon 9, 10, 19
    Afon Valency 13
daliant 2, 134
dargyfeirio lafa 61
datblygiad
    cyfoeth gwlad 112–13
    Cyrchnodau Datblygiad y Mileniwm 85, 120–32
    iechyd 114–15
    nodweddion 111
    patrymau byd-eang 111–19
De Affrica
    cyflenwad dŵr 129–32
    mudo trefol 70–2
De Asia
    addysg 125
    ffrwythlondeb 80–1
diffeithdiro 37, 134
disgwyliad oes 114, 115
draen doniau (*brain drain*) 72, 96–7
drifft cyfandirol 48
dŵr
    cyflenwad dŵr: Affrica Is-Sahara 128–32
    dŵr glaw, casglu 131–2
    dŵr llwyd 131

    storfeydd 9, 19
    straen dŵr 36, 136
dyddodiad 2, 3, 4, 5, 134
    patrwm plethog 14, 135
dyffrynnoedd
    ar ffurf U 7, 134
    ar ffurf V 4, 134
    hollt 47, 134

effaith tŷ gwydr 23–4, 25
effaith tŷ gwydr uwch 25, 134
egni
    adnewyddadwy 34, 35, 56, 130, 133
    geothermol 35, 56, 134
    pŵer niwclear 40
    pŵer trydan dŵr 34, 35, 130
    solar 38–9, 44, 134
eirth gwyn 30
endemig 82, 133:
    gweler hefyd malaria
erydiad 2, 4, 5, 6, 134
    ochrol 4, 134
    prosesau 3

ffos gefnforol 48, 49, 134
ffotosynthesis 24, 134
ffrwythlondeb 76, 77, 80–1
ffwrneisiau solar 38–9, 134
ffynonellau egni adnewyddadwy 34, 35, 56, 130
    egni geothermol 35, 56, 134
    egni solar 38–9, 44, 134
    pŵer trydan dŵr 34, 35, 130

Ghana 106, 107, 109–10, 116–19
    coco 106, 109, 110, 117
    cyfradd marwolaethau babanod (CMB) 119
    Incwm Gwladol Crynswth (IGC) 116
    masnach â'r UE 106, 109–10
    patrymau datblygiad 116–19
globaleiddio 89–94, 96–98, 104–10, 134
    a mudo 96–7
    effaith 98
    India a 100–2, 104–5
    manteision 84
    Nokia 91–4
    Tata 100, 101–2
gofal iechyd cychwynnol 76, 134
gordewdra 115
gorlifdiroedd 4, 5, 134
Grimsvötn, Gwlad yr Iâ, llosgfynydd 51–2
Gullfoss, rhaeadr 6
gweithred hydrolig 2, 3, 6, 8

Mynegai

Gwlad yr Iâ
  ac ymylon platiau 47
  ffynonellau egni 34, 35, 36
  llosgfynyddoedd 51–3
  newid hinsawdd 34–5
  rhaeadrau 6–7
  tywydd 28
Gwledydd Llai Economaidd Ddatblygedig (LlEDd) 69, 112, 134
  Gwledydd MEDd a 93, 94
Gwledydd Mwy Economaidd Ddatblygedig (MEDd) 69, 94, 112, 134
gwrthdrefoli 74, 134

HIV/AIDS 73, 76, 126–7
hydoddiant 2, 134
hylifiad 54, 135

Incwm Gwladol Crynswth (IGC) 77, 112, 116
India
  a chyd-ddibyniaeth 100–1
  a globaleiddio 100–2, 104–5
  addysg 125
  buddsoddiad tramor yn 104–5
  patrymau ffrwythlondeb 81

jökulhaup 52, 135

lahars 50, 135
LHWP gweler Project Dŵr Uwchdiroedd Lesotho

lleidlifau: gweler lahars
llif dŵr daear 9, 135
llif trostir 9, 11
llifoedd dŵr 9, 19
llifoedd lafa 51, 61
llifoedd pyroclastig 50, 57, 64, 135
llifogydd 8, 10, 32, 33, 54
  amddiffynfeydd rhag llifogydd 14, 16, 17, 20
  cynlluniau llifogydd 16
  peryglon llifogydd 18–19
  atebion 20
Llinell Brandt 112–13
llosgfynyddoedd 47, 49, 50–2, 58–9
  a thwristiaeth 57
  arch-losgfynyddoedd 66, 133
  Bryniau Soufrière, Montserrat 49, 57, 58, 63
  mapio peryglon 64
  tabl rhybudd o beryglon 65
  Grimsvötn, Gwlad yr Iâ 51–2
  Gwlad yr Iâ 51–3

lleihau effeithiau 60–2
llosgfynyddoedd tarian 47, 135
mapio peryglon 64
monitro 58–9, 63
peryglon 50, 51
strato-losgfynyddoedd 49, 135
lludw 47, 51, 57, 135

malaria 36, 76, 82–5
Malawi 83–5
Mali 36, 124
mantell 45, 135
mapio peryglon 64
masnach wedi ei diogelu 107, 109
masnach rydd 107, 108, 109
mesuryddion gogwydd 63, 135
mewnforion 106, 135
microhinsoddau trefol 42, 135
Mohale, argae 129–30
mudo 68–75, 96–8
  cylchol 72, 73
  gwrthdrefoli 74
  globaleiddio a 74
  trefol 70–2
  trefoli 68–9
mudo trefol: De Affrica 70–2
mynyddoedd plyg 48, 135

neidiant 2, 135
newid hinsawdd 23–8, 32–44
  a llifogydd 18
  bywyd gwyllt a 30, 33
  dyfodol carbon isel 38–41
  effaith 32–7
  Gwlad yr Iâ 34–5
  mewn gwledydd LlEDd 36–7
  newidiadau i ffordd o fyw drefol 42–4
  tystiolaeth dros 26–8
nodweddion tanrewlifol 52, 136
Nokia 91–4
nwyon tŷ gwydr 23, 25, 38, 135

oediad amser 10, 135
ôl-gryniadau 54, 135
Oxfam 110, 124

patrymau datblygiad: Ghana 116–19
peirianneg feddal 14, 135
peirianneg galed 14, 20, 135
platiau 45, 135 gweler hefyd: ymylon platiau
poblogaeth
  Affrica Is-Sahara 82–5
  De Asia 80–1
  dosbarthiad 68–9

newid yn y boblogaeth wledig 75
newidiadau yn y dyfodol 88
sy'n heneiddio 115
y byd 76–7
Population Action International 86–7
Project Dŵr Uwchdiroedd Lesotho (LHWP) 129–30
prosesau
  afon 2–6
  erydu 3
  cludo 2
Protocol Kyōtō 38, 134
pŵer niwclear 40
pŵer trydan dŵr 34, 35, 130

rhaeadrau 6–7
  Gullfoss 6
rheoli afonydd 14
rhewlifol, cyfnodau 26, 27, 136
rhyngrewlifol, cyfnodau 26, 27, 136

sgrafelliad (cyrathiad) 2, 3, 4, 6, 8
Sichuan, China, daeargryn 54–5, 60
storfeydd dŵr 9, 19
straen dŵr 36, 136
strato-losgfynyddoedd 49, 135
syrthni ariannol 57
system ddŵr PlayPump® 132

Tata 100, 101–2
technoleg carbon niwtral 38, 44, 133
teffra 50, 136
teleweithio 74, 136
tirffurfiau afon 2, 4, 5, 6–7
trefoli 68–9, 136
trwylif 9, 11, 21, 136
tsunami 54, 62
twristiaeth 35, 53, 66
  llosgfynyddoedd a 57
tyniant 2, 136
tywydd 28, 136

Undeb Ewropeaidd (UE) 38, 41, 98
  masnach â gwledydd LlEDd 106, 107, 108

Valency, afon 8, 10, 12, 13

Yellowstone, arch-losgfynydd 66
ymylon platiau 45, 46–9, 136
  adeiladol 46–7, 136
  dinistriol 46, 48–9, 50, 56, 136
ynysoedd gwres trefol 42–3, 136
ystumiau afon 2, 4, 5